本书获“外交学院中央高校基本科研业务费专项资金”资助；
本书为2023年全球中文教育主题学术活动智慧教育专项项目“以智
养目标落实——以中国文化类教学为例”（项目编号：SH23Y41）
项目“基于‘脚本-行动’模型的国际中文教育线上线下融合教学及
CTI2021ZB06）的阶段性研究成果

多元·创新·融合：

区域国别视域下文化教学与传播研究前沿

王鹏飞◎编著

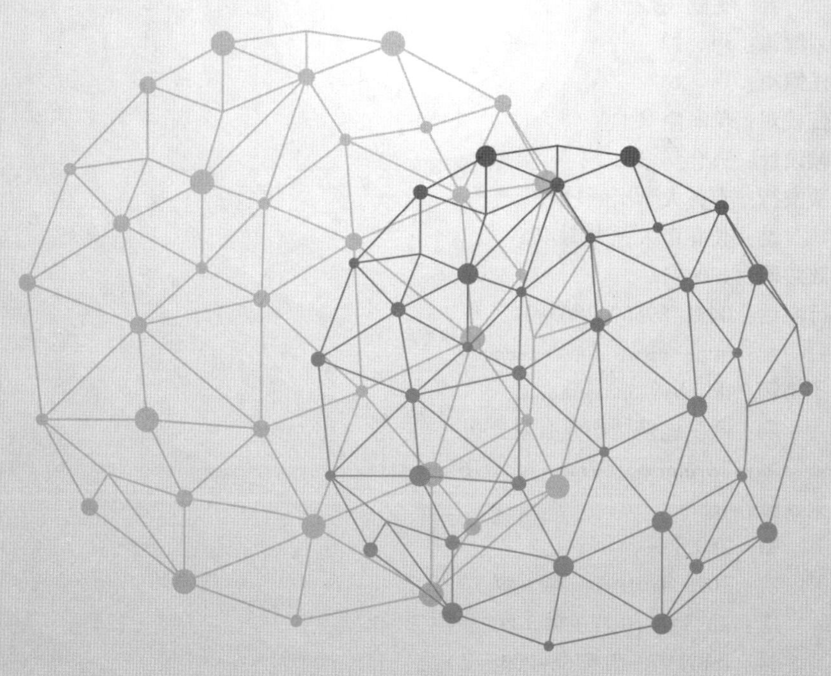

吉林大学出版社
·长　春·

图书在版编目（CIP）数据

多元·创新·融合：区域国别视域下文化教学与传播研究前沿 / 王鹏飞编著. -- 长春：吉林大学出版社，2023.10

ISBN 978-7-5768-2338-7

Ⅰ. ①多… Ⅱ. ①王… Ⅲ. ①中华文化—教学研究—文集 Ⅳ. ① K203-53

中国国家版本馆 CIP 数据核字（2023）第 207898 号

书　　名：多元·创新·融合：区域国别视域下文化教学与传播研究前沿
DUOYUAN · CHUANGXIN · RONGHE：QUYU GUOBIE SHIYU XIA WENHUA JIAOXUE YU CHUANBO YANJIU QIANYAN
作　　者：王鹏飞
策划编辑：卢　婵
责任编辑：卢　婵
责任校对：单海霞
装帧设计：三仓学术
出版发行：吉林大学出版社
社　　址：长春市人民大街 4059 号
邮政编码：130021
发行电话：0431-89580028/29/21
网　　址：http：//www.jlup.com.cn
电子邮箱：jldxcbs@sina.com
印　　刷：武汉鑫佳捷印务有限公司
开　　本：787mm × 1092mm　　1/16
印　　张：16.75
字　　数：250 千字
版　　次：2023 年 10 月　第 1 版
印　　次：2023 年 10 月　第 1 次
书　　号：ISBN 978-7-5768-2338-7
定　　价：95.00 元

序　言

王鹏飞老师于2020年年底就任外交学院－法属波利尼西亚大学孔子学院的中方院长一职。该论文集是他主持孔子学院工作以来，围绕中国语言文化在国际上的教学与传播这一主题，勤于思考、善于总结、广交智友、博采众长的心血之作。

该论文集评析了不同国家和区域的中文教育现状，从“虚拟仿真教学模式”“脚本－行动教学模型”等前沿的教学概念出发，探讨了中国语言文化教学的新思路；并结合疫情期间多语种线上线下融合教学的新实践，勾勒出可供国际中文教育借鉴的教学发展新路径。

难能可贵的是，鹏飞老师把从事国际中文教育同讲好中国故事、推进文明交流互鉴等时代命题相结合，并从区域国别研究的视角，将文集的学术内涵提升至服务国家发展战略的高度，体现了青年一代学者立足祖国、放眼世界的学问精神和使命担当。

由衷为鹏飞老师及其团队取得的成绩感到欣慰。谨此为序，以示祝贺。

王晓侠

2023年春于外交学院

前　　言

加强中外人文交流，推进国际传播能力建设，讲好中国故事，展现真实、立体、全面的中国，是时代赋予我们的光荣任务。在新的发展阶段与发展形势下，要以文明交流超越文明隔阂，以文明互鉴超越文明冲突，以文明共存超越文明优越。这一系列重要思想和论断，充分体现了我国的全球视野、世界胸怀和大国担当，具有强大的吸引力、感召力和生命力。

为了更好地完成中国文化教学与传播任务，编者基于在外交学院－法属波利尼西亚大学孔子学院从事中文和中国文化教学与传播工作期间的心得体会，并吸收不同区域与国别视域下从业教师践行语言与文化传播的宝贵经验，结合当下对文化教学与传播的范式革新、科技赋能的最新要求，编辑本文集。文集以“多元·创新·融合”三大维度展开，以多元的视角、创新的路径及融合的方法展现18组教学与研究团队在理论探讨、实践探索、经验总结等方面的最新成果，集中展现区域国别视域下文化教学与传播研究的新动态。

在编写工作完成之际，感谢在孔子学院工作期间所有指导、关心和帮助过孔子学院团队及编者本人的领导、同事和学友！同时感谢外交学院一流学科创新团队区域国别重点建设领域领军学者王晓侠教授及创新团队的老师们对本论文集的大力支持！感谢所有赐稿作者对论文集组稿工作的贡献！最后，感谢孔子学院教学团队全体老师同学的团结协作与敬业付出！

王鹏飞

2023 年春于北京

目　　录

多元：语言与文化教学的多国别实践探索

创新：国际中文领域文化教学与传播模式探寻

融合：多语种语言与文化线上、线下融合教学成果与经验

多元：语言与文化教学的多国别实践探索

随着中文在国际交往中的作用日益凸显，世界各国民众学习中文、了解中国文化的热情持续高涨，个性化、差异化、多样化的中文学习需求与日俱增。作为中文与中国文化的教学者与传播者，必须把握好如何应对不同文化背景的学习者差异化的学习实际和多样化的学习需求。本节选取的六篇论文针对不同国别的中文与中国文化教学、传播，因地制宜提出了具有鲜明特色的传播背景、传播思路和具体传播路径，对区域国别视域下的语言与文化教学进行了有益的多元化尝试和经验积累。

爱沙尼亚中文教育现状、问题及对策①

上海财经大学，国际文化交流学院　汪如东　耿直

一、爱沙尼亚及其中文教育概况

爱沙尼亚共和国东临俄罗斯，西临波罗的海，北望芬兰，与南部的拉脱维亚和立陶宛一起组成“波罗的海三国”。爱沙尼亚全国人口133.93万，面积4.5万平方公里，主体民族为爱沙尼亚族，通用语言为爱沙尼亚语，使用人口约110万。第二大民族为俄罗斯族，人口32.6万人。②爱沙尼亚原为苏联的一个加盟共和国，1991年脱离苏联独立。爱沙尼亚独立后，于2004年加入欧盟和北约。

近年来，中爱在经贸、教育、文化领域合作交流日益频繁。2010年，爱沙尼亚第一所孔子学院塔林大学孔子学院正式成立。中文教学在该国逐步发展，在首都塔林和东部纳瓦尔俄罗斯族集聚的大学和中小学修读汉语的人数增长稳定，得到中国政府奖学金来中国留学的学生增多，多项与中

---

① 本文为教育部中外语言交流合作中心2021年度国别中文教育项目“爱沙尼亚中文教育基本情况调查及开展商务汉语教学可行性研究”阶段性成果。

② 《爱沙尼亚国家概况》，中国外交部网站，2022年7月，https://www.mfa.gov.cn/gjhdq_676201/gj_676203/oz_678770/1206_678820/1206x0_678822。

国文化相关的交流活动持续展开，两国人民之间的了解进一步加深。但由于该国人口基数较小，全球化的发展带来了强势语言和文化对多元文化和语言空间的挤压。再加上近年来疫情的影响，爱沙尼亚当前的国际中文教育也面临着诸多问题，比如学生数量不多、本土教师缺乏、高水平学习者流失严重等。

笔者所在单位上海财经大学与塔林大学于 2014 年合作共建塔林大学孔子学院。除了承担日常教师选拔、孔子学院运行等工作外，还在中外语言交流中心的指导和项目支持下，陆续承担爱沙尼亚外语政策和中文教育的一些相关研究。学界关于爱沙尼亚中文教育的研究还比较少。本文结合新冠疫情暴发以来（2020 至今），笔者基于从各种网络媒体上能查阅到的相关信息，依托塔林大学孔子学院教学情况的统计数据，以及在爱沙尼亚各类中文教育从业者的访谈和各类社会人士多方面的反馈信息等，对爱沙尼亚中文教育的现状和存在的一些问题进行了调研和分析，以期与同行进行交流和探讨。

二、爱沙尼亚中文教育的现状

在爱沙尼亚，除了高校自设语言考试中心外，没有专门的法语联盟、歌德学院、塞万提斯学院这类西欧语言文化推广机构。在该国，汉语教学工作主要由塔林大学孔子学院组织和规划。成立于 2010 年的塔林大学孔子学院是爱沙尼亚唯一一所孔子学院，在中爱两国语言文化交流中发挥了重要的作用。截至 2018 年，该孔子学院在塔林大学、塔尔图大学、塔林理工大学设有三个教学点，并在塔林及其他城市的中小学设有 13 个教学点。在塔林孔子学院的推动下，爱沙尼亚汉语教学从零散到正规发展，师生规模也不断扩大。然而，2020 年全球新冠疫情暴发后，中国选派的教师和志愿者无法正常到达爱沙尼亚补充师资队伍，因此塔林大学孔子学院依靠存量老师重点维持了大中小学总共 5 个教学点的教学，在任中国教师共 5 人，同时聘请本地代课教师 3 人，每学期修读中文的总人数维持在 600 人以上。

2020—2021 年，塔林孔子学院及各教学点还开展了与中文教育相关的各类文化活动，共计 32 场次，各类活动参与人数累计 2 200 人。在塔林举办的各类活动包括：中国农历鼠年春节联欢活动，塔林大学孔子学院开放日，“孔子日”庆祝活动，汉语桥选拔赛，端午节、中秋节、国庆节孔子学院文化体验活动，欧盟语言日教学展示活动，汉语角，中国文化学习沙龙等。各个教学点的文化活动包括：春节写“福”、迎春节包饺子、迎春节写对联学汉字、品尝中国美食、庆中秋等活动；此外，孔子学院还参加了部分高层文化活动，如中文国际教育大会、欧洲（德国）汉学会网上年会等。比较大型的语言文化活动，如上海财经大学－塔林大学孔子学院中国春节联欢活动、孔子学院开放日活动、库雷萨雷高中和纳尔瓦语言学校举办的春节“包饺子”“画熊猫”“写汉字”中国文化体验活动，均吸引了很多人参加。尤其是 2020 年中国农历鼠年春节期间，由塔林市和北京市联合举办的迎春活动在塔林自由广场举行，前来孔子学院展台体验中国文化的市民多达上千人。这一庆祝中国农历春节的活动在爱沙尼亚已连续举办数年，如同冬天冰天雪地中的一簇篝火，带来阵阵暖意，丰富了人们的精神生活。此外，2021 年 9—10 月，外方院长安老师牵头与一家中国茶餐厅合作，举办了四期“中国书法与文化”工作坊，吸引了来自 6 个以上国家的众多热爱中国文化的年轻人参加。

三、爱沙尼亚中文教育存在的主要问题

（一）中文处于边缘地位，学生中文起步晚、水平低

爱沙尼亚位于连接中东欧和南北欧的位置，被誉为“欧洲的十字路口”。其外语教育政策重点是融入欧洲，学习英语、德语、法语、俄语等欧洲强势语言。近十几年来，爱沙尼亚相继出台了多个与教育相关的政策

文件，如《2010学校教育发展战略》《学前教育法》《爱沙尼亚终身学习战略：2014—2020年》《基础教育学校与高中学校法（2010年修订）》《教师培育和地位法》《面向2035教育战略》《爱沙尼亚2035行动计划》等。在其外语教育政策中，将基础教育阶段（1—9年级）的外语科目分为A类和B类。A类包括英语、法语、德语和俄语，而其他语言则划至B类。小学阶段1—3年级外语周学时为3课时，开设外语一般限于A类的英语、法语、德语、俄语。4—6年级外语A类每周9课时，B类3课时。7—9年级外语A、B类均为9课时。这一政策导致早期外语学习生源都选择了A类外语，而B类外语科目，如汉语，只能在4—6年级以兴趣班的形式开设，且到7—9年级的初中才可能开设比较系统的课程。如，在塔林孔子学院穆斯塔麦教学点，2021学年汉语学生的主要生源来自7—9年级的初中学生。这群学生中只有少数人能坚持到10—12年级继续学习汉语，如该校高中一、二、三年级分别有8人、3人、8人学习中文。到了大学阶段，选修中文的学生的语言水平相对于学习英、法、德、俄等外语科目的同学还是偏低。大部分学生仍处于入门阶段，能坚持到高级班的同学依然非常少。例如，根据塔林孔子学院相关数据的统计，2021年，所开设的中文专业必修课A1、A2、B1.1、B1.2、B2.1、B2.2班修读人数分别为20人、14人、19人、11人、5人和2人。有在塔林孔子学院工作的志愿者曾指出："塔林大学孔子学院的学生水平明显落后于美国、韩国及泰国等汉语教学比较受重视的地区。学习汉语的时间不充足是造成学生汉语水平偏低的最主要原因。"① 可以说，爱沙尼亚代表了海外中文教学在中文教育基础比较薄弱的国家所面临的困境：政府不重视、民众不了解、人数规模少、语言水平低。

① 王璇：《爱沙尼亚中小学汉语教学初级阶段文化导入方法研究及课堂设计》，硕士学位论文，中国石油大学，2018年。

（二）教师等“三教”问题突出，国别化教学发展滞后

爱沙尼亚本身华人移民不多，当地精通中文的多语本土师资更是缺乏。目前，爱沙尼亚中文师资力量主要来自塔林大学孔子学院的中国公派汉语教师及志愿者。他们很大程度上承担了爱沙尼亚大、中小学、学前教育等各层次的汉语课堂教学和社会上的文化推广工作。这些师资的专业背景主要是汉语国际教育，为爱沙尼亚中文教学的正规化、专业化发展做出了很大的贡献。但同时，也面临着师资短缺和本土师资力量薄弱的问题。尤其是疫情暴发以来，国际旅行受阻，中国选派的教师和志愿者无法正常到达爱沙尼亚补充师资队伍。塔林大学孔子学院 2020—2021 学年在任的中国教师仅有 5 人，只能依靠这些存量老师重点维持大中小学 5 个主要教学点的教学，同时另外聘请了本地代课教师 3 人。但本土教师队伍的发展缓慢。孔子学院自身培养的汉语高水平优秀学员对从事汉语教师的工作兴趣有限，已有本土教师也因各种原因流失严重。随着未来爱沙尼亚基础教育阶段外语政策的调整，汉语教学和修读人数和人员结构会发生一定变化。线上教学的新形势对教师素养也提出了新的挑战。

同时，爱沙尼亚中文教材和教法也亟待更新。目前孔子学院及其教学点基本上使用的是《发展汉语》《快乐汉语》等系列国内出版的通用汉语教材。外文注释基本上采用英语作为通用语，偶用法语、俄语、西班牙语等欧洲语言，几乎没有以爱沙尼亚语为媒介语的中文教材。从语言特点来说，爱沙尼亚语属于芬兰 - 乌戈尔语族，属于乌拉尔语系，既不属于印欧语系也不是汉藏语系。我国的语言学界对此较少关注。如果能够组织中外方师资力量，开展汉语与爱沙尼亚语的对比分析，针对爱沙尼亚文化和学生的特点编写系列汉语学习教材，不仅对爱沙尼亚汉语教育有帮助，也可应用到芬兰等乌拉尔语系国家的中文教学中。更重要的是，它有助于打破汉语教材和读物以英语为主要注释外语这样一种单语倾向，可以让爱沙尼亚的外语政策管理者和中文学生在心理上更加亲近中国，加快中文融入当地语言教育体系的步伐。

另外，与教材息息相关的还有教学法的革新。爱沙尼亚的教育理念非常重视以学生为中心以及认可教师的专业自主决策权，教师对课程内容、教学方法、评估方式都有很大自由空间。因此在教学中更应因地制宜、因人制宜，谨慎使用朗读课文、默写生词、教师讲学生听等传统教学方法。因此在教学中更应因地制宜、因人制宜，谨慎使用朗读课文、默写生词、教师讲学生听等传统教学方法。可以通过游戏、任务、角色扮演、自由创作等方式促进学生的学习。①

四、新时代爱沙尼亚中文教育发展对策

（一）文化导入、兴趣优先，营造良好的中文教育发展环境

针对当前中文教育在爱沙尼亚基础教育阶段处于边缘地位的问题，笔者建议，基础教育阶段的中文教学可以采取“文化导入、兴趣优先”的发展策略，积极开展形式丰富多样的课内外中文学习和文化活动，培养学生对了解中国、学习中文的兴趣。这种活动也事实上受到了当地学校和家长的欢迎。比如塔林穆斯塔麦中学、萨列马岛库雷萨雷中学和纳尔瓦语言学校等教学点均把中华文化课程纳入了学校的文化类课程体系；派尔努、约赫维等地的学校积极与塔林大学孔子学院联系，希望在中国教师正常来到爱沙尼亚的情况下，恢复或新增设中文及有关中国文化课的学习。很多市民和学生一直都非常喜欢中国文化，在各教学点的中国文化展示活动能够吸引许多人参加。笔者希望通过“文化导入、兴趣优先”的方式，为高中乃至大学阶段的中文课招生打好基础，持续为爱沙尼亚的中文人才后续培养提供源头活水。

另外，虽然由于历史和地理原因，英语、德语、法语、俄语现在是而

---

① 叶承隽：《“游戏”理念下初级汉字教学设计——以爱沙尼亚中学生汉语教学为例》，硕士学位论文，上海财经大学，2020年。

且可预见的将来也会是爱沙尼亚的强势外语，但随着世界局势的变化以及国际关系的发展，爱沙尼亚的外语政策也必然会随之调整。伴随着全球汉语学习的升温以及“一带一路”倡议的深入拓展，汉语这门“非欧洲语言”很有希望被纳入爱沙尼亚的国民教育体系并获得更高的地位。笔者建议，应当以多种渠道推动中文纳入爱沙尼亚国民教育体系，让汉语在爱沙尼亚的学生中更受欢迎，营造更好的中文教学发展环境。

（二）创新孔子学院管理体制，开发中文教学本土资源和标准

师资选拔和孔子学院运行体制也应该随着事业的发展进行进一步的调整。例如，广泛与国内开设爱沙尼亚语专业的院校（如北京第二外国语学院）合作，培养和选拔懂爱沙尼亚语和中文教学的复合型师资。又例如，有些爱沙尼亚的中文教学点位于俄语居民聚集区，可以定向选拔懂俄语的老师负责这些教学点的教学和管理工作。此外，要善于利用本土教师资源，积极发掘在爱沙尼亚定居的、擅长中文教学或者有中国文化一技之长并且具有一定影响力的华人或者本国人等社会人士，利用其宣传力和影响力推动汉语国际教育在爱沙尼亚的普及和发展。相应地，孔子学院应出台相应的政策，在师资选聘、工资津贴等方面给予激励，吸引更多的老师投入到国际中文教育事业的发展中去。

此外，作为依托中外大学和科研机构成立的孔子学院，还应该发挥合作研究力量，开发完善本土化的中文教学资源和标准。例如，开发适用于各级水平的针对爱沙尼亚母语者的中文教材，以教材建设为抓手促进爱沙尼亚中文教育的标准化和本土化。此外，还应联合中爱学者开展科学研究，结合“欧洲语言共同参考框架”“国际中文教育中文水平等级标准”“HSK（汉语水平考试）”“YCT（少儿汉语考试）”等，研究体现爱沙尼亚学生的需求和学习特点、适用于爱沙尼亚基础教育阶段和大学课程的中文教学和考试标准。通过创新突破海外中文教育的“三教”发展瓶颈，推动爱沙尼亚中文教育事业的快速发展。

（三）多界联手，充分发挥中文教育的桥梁作用，助推中爱教育、文化、经贸多领域合作

目前，爱沙尼亚的中文教育主要由塔林大学孔子学院承担。除了孔子学院及其教学点外，爱沙尼亚还有两个比较大的汉语教学机构：一个是位于萨列马岛上的库雷萨雷中学，这是最早在爱沙尼亚设立汉语教学的单位，该校的汉语教师由原国家汉办直接委派，不属于塔林大学孔子学院管理；另一个是塔林市俄罗斯中心学校，在该校也设有汉语教学点，汉语教师是由该校自行聘请的华人教师。此外，虽然爱沙尼亚著名的塔尔图大学没有中文学科，但偶尔也会开设中文课程，教材及教师多来自中国台湾。我们应该积极发挥中文教育的桥梁沟通作用，加强中爱教育和文化间的合作。

除了中文教育机构外，爱沙尼亚还有不少中资企业和民间组织。通过调研中国驻爱沙尼亚大使馆经济商务参赞处，笔者了解到在爱沙尼亚的中资企业中，华为技术有限公司与当地电信服务提供商Elisa公司有合作协议。另外，顺丰快递曾计划在爱沙尼亚及周边国家开展业务，但近两年因疫情原因不得不中止。随着更多中资机构进入爱沙尼亚，商务和职业汉语人才的培养和布局也应跟上。此外，塔林大学孔子学院与政府和社会机构开始了系列的合作，虽然实质性合作项目还比较欠缺，但第一、二届上海中国国际进口博览会已有中文学员作为爱沙尼亚代表团成员，带着自己公司的产品来中国上海参展。相信未来，中国和包括爱沙尼亚在内的欧洲国家的贸易及经济合作将迎来新的发展局面，商务汉语、旅游汉语也会迎来发展的黄金期，为“一带一路”倡议的发展搭桥铺路。

南亚孔子学院文化活动研究[①]

北京师范大学　吴成年　吴媛媛

一、引言

目前学界针对南亚孔子学院文化活动进行的研究尚少，大部分学者研究的是具体国家孔子学院的汉语教学。李婕欣、郭磊、李洋、郭诗妤、葛平平[②]对南亚不同国家孔子学院的汉语教学现状进行了调查研究。白雪对斯里兰卡凯拉尼亚大学孔子学院2017—2018年的文化活动进行了调查分

① 本文为教育部语合中心重点项目（编号YHJC21ZD-011）；北京师范大学“十四五”期间高等教育领域重大教材建设教改项目；同济大学国家语言文字推广基地“双强项目”一般项目（编号TJSQ22YB08）的阶段性成果。

② 李婕昕、郭磊：《南亚国家孔子学院现状研究——以孟加拉国南北大学孔子学院为例》，《国际公关》，2020年第11期，第1–2页；李洋：《“一带一路”背景下巴基斯坦汉语教学现状、问题及对策》，硕士论文，西安石油大学，2020年；郭诗妤：《巴基斯坦旁遮普大学孔子学院汉语教学现状及相关对策研究》，硕士论文，郑州大学，2020年；葛平平：《“一带一路”倡议和“中巴经济走廊”建设背景下巴基斯坦高校汉语教育发展现状——以四所国立院校为考察对象》，《汉语国际教育学报》，2019年第1期，第183–195页。

析，并就存在的问题提出了建议。[①] 学界关于欧美等国文化活动的研究相对比较丰富，张会对孔子学院文化活动进行了分类并对文化活动的开展提出了建议。[②] 王丹、梁宇对美国孔子学院 2010—2020 年的文化活动进行了调查研究[③]；李文秀则对日本孔子学院文化活动的举办现状进行了调查研究[④]；郑婕茹对意大利孔子学院文化活动进行了研究[⑤]。以上学者在研究不同国家孔子学院文化活动举办情况时，发现了许多共性问题，给本文的研究提供了借鉴。目前学术界还没有对整个南亚地区孔子学院开展的文化活动进行专门的研究，本文将在对南亚孔子学院开展的文化活动定量分析的基础上进行探讨，为将来南亚孔子学院文化活动的开展提供参考与建议。

二、南亚孔子学院分布情况

据统计，截至 2021 年，南亚共有 26 个孔子学院和孔子课堂，其中孔子学院 13 个，孔子课堂 13 个。印度与巴基斯坦的孔子学院和孔子课堂数量最多，均有 7 个；尼泊尔与斯里兰卡均有 4 个孔子学院和孔子课堂；孟加拉国有 3 个孔子学院和孔子课堂；马尔代夫只有一个汉语中心；不丹则还没有设立孔子学院和孔子课堂。根据张东辉、郑佳的统计，截至 2020 年，全球范围内已有 162 个国家（地区）设立了 541 所孔子学院和 1 170 所孔

---

① 白雪:《斯里兰卡凯拉尼亚大学孔子学院文化活动调查报告》，硕士论文，重庆师范大学，2019 年。

② 张会：《孔子学院文化活动设计与反思》，《云南师范大学学报》（对外汉语教学与研究版），2014 年第 5 期，第 6–12 页。

③ 王丹、梁宇：《美国孔子学院文化活动研究》，《云南师范大学学报》（对外汉语教学与研究版），2021 年第 2 期，第 12–18 页。

④ 李文秀：《日本孔子学院的文化活动现状研究》，《中华文化海外传播研究》，2018 年第 2 期，第 240–254 页。

⑤ 郑婕茹：《基于知识扩散理论的意大利孔子学院文化活动研究》，硕士论文，辽宁师范大学，2020 年。

子课堂。[①] 在亚洲，开办孔子学院最多的国家是韩国、泰国和日本。总的来说，南亚孔子学院设立数量无论在亚洲范围内或是世界范围内都是很少的，相关研究数量也较少，研究角度也不够丰富深入。

三、2017—2021 年南亚孔子学院文化活动开展情况

孔子学院开展的文化活动突出中国文化元素，能够起到宣传中国文化、表达中国思想的作用。本文主要研究 2017—2021 年间南亚孔子学院文化活动开展情况，并从以下几个方面展开研究。

（一）2017—2021 年各孔子学院及孔子课堂举办文化活动频次分析

据笔者的统计，各孔子学院及孔子课堂 2017—2021 年举办文化活动的情况如表 1 所示。

表 1　南亚各孔子学院及孔子课堂 2017—2021 年文化活动举办情况统计

<table>
<tr><th colspan="2">孔子学院及孔子课堂</th><th>2017 年</th><th>2018 年</th><th>2019 年</th><th>2020 年</th><th>2021 年</th><th>总计</th></tr>
<tr><td rowspan="4">尼泊尔</td><td>加德满都大学孔子学院</td><td>20</td><td>10</td><td>9</td><td>12</td><td>1</td><td>52</td></tr>
<tr><td>特里布文大学孔子学院</td><td>0</td><td>0</td><td>0</td><td>1</td><td>0</td><td>1</td></tr>
<tr><td>尼泊尔–中国人民友好联络委员会广播孔子课堂</td><td>0</td><td>0</td><td>0</td><td>0</td><td>0</td><td>0</td></tr>
<tr><td>L.R.I. 国际学校孔子课堂</td><td>2</td><td>6</td><td>4</td><td>3</td><td>0</td><td>15</td></tr>
<tr><td rowspan="3">孟加拉国</td><td>南北大学孔子学院</td><td>9</td><td>22</td><td>7</td><td>2</td><td>4</td><td>44</td></tr>
<tr><td>达卡大学孔子学院</td><td>8</td><td>9</td><td>18</td><td>4</td><td>11</td><td>50</td></tr>
<tr><td>CRI 孟加拉国山度玛丽亚姆机构广播孔子课堂</td><td>0</td><td>0</td><td>3</td><td>0</td><td>0</td><td>3</td></tr>
</table>

① 张东辉、郑佳：《孔子学院海内外镜像之比较——基于 2015—2020 年间的孔子学院中英文文献述评》,《中国人民大学教育学刊》，2021 年第 1 期，第 151–169 页。

续表

孔子学院及孔子课堂		2017年	2018年	2019年	2020年	2021年	总计
印度	韦洛尔科技大学孔子学院	8	1	0	0	0	9
	孟买大学孔子学院	2	3	4	0	0	9
	拉夫里科技大学汉语教学中心	0	2	1	1	0	4
	金德尔全球大学汉语言培训与研究中心	0	1	0	0	0	1
	加尔各答中文学校孔子课堂	0	2	1	0	0	3
	印度巴拉蒂大学广播孔子课堂	0	0	0	0	0	0
	曼格拉姆大学汉语教学中心	0	0	3	0	0	3
巴基斯坦	伊斯兰堡孔子学院	3	2	3	2	2	12
	卡拉奇大学孔子学院	1	3	8	16	7	35
	费萨拉巴德农业大学孔子学院	5	1	2	0	2	10
	旁遮普大学孔子学院	4	1	3	1	2	11
	萨戈达大学孔子学院	0	0	1	2	0	3
	穆扎法尔格尔短波收听俱乐部广播孔子课堂	0	0	0	0	0	0
	佩特罗中学孔子课堂	1	1	0	14	5	21
斯里兰卡	凯拉尼亚大学孔子学院	25	20	2	3	3	53
	科伦坡大学孔子学院	1	4	4	8	2	19
	CRI 斯里兰卡兰比尼听众协会广播孔子课堂	0	0	0	1	0	1
	萨伯勒格穆沃大学孔子课堂	0	0	4	8	4	16
马尔代夫	维拉学院汉语中心	0	0	0	0	0	0

由表 1 可知，南亚的孔子学院，只有尼泊尔—中国人民友好联络委员会广播孔子课堂、印度巴拉蒂大学广播孔子课堂、巴基斯坦的穆扎法尔格尔短波收听俱乐部广播孔子课堂和马尔代夫的维拉学院汉语中心从未举办过文化活动。此外，特里布文大学孔子学院、CRI 孟加拉国山度玛丽亚姆机构广播孔子课堂、韦洛尔科技大学孔子学院、拉夫里科技大学汉语教学中心、金德尔全球大学汉语言培训与研究中心、加尔各答中文学校孔子课堂、曼格拉姆大学汉语教学中心、萨戈达大学孔子学院和 CRI 斯里兰卡兰比尼听众协会广播孔子课堂的文化活动频次非常不均衡，有时一年举办几次，有时则一年都不举办，且举办次数非常少，基本每年举办次数不足 5 次。

2017—2021 年举办文化活动次数最多的孔子学院是斯里兰卡的凯拉尼亚大学孔子学院，该孔子学院的文化活动集中在 2017 年和 2018 年，且次数也相对稳定。但 2019 年至 2021 年，其举办次数明显减少，每年都不超过 5 次。其次是尼泊尔的加德满都大学孔子学院，在五年内共举办了 52 次文化活动，除 2021 年只举办了 1 次文化活动外，其余年份基本都能做到举办 10 次以上文化活动。再次是孟加拉国的达卡大学孔子学院，在五年内共举办了 50 次文化活动，其中 2019 年的举办次数最高，为 18 次，除了 2020 年只举办了 4 次，其余年份的举办次数都稳定在 10 次左右，虽次数不多，但还算比较稳定。另外，孟加拉国的南北大学孔子学院在五年内也举办了 40 次以上的文化活动。综上所述，南亚地区大多数孔子学院都能够每年举办文化活动，但每年的举办次数不够稳定，文化活动前后时间间隔过长，且大多次数过少，这会导致文化活动对传播中华文化的助力减小，同时也会导致传播效果大打折扣。

（二）2017—2021 年各孔子学院及孔子课堂文化活动举办形式分析

王丹、梁宇将文化活动类型分为会议讲座类、文化展示类、文化体验类、访问交流类及其他类活动。[①] 张会将文化活动形式分为讲座式、展览式、表演式、比赛式、游戏式等几种形式。[②] 笔者将结合学者们的分类标准，对南亚各孔子学院及孔子课堂 2017—2021 年文化活动举办形式进行分析，详情如图 1 所示。

① 王丹、梁宇：《美国孔子学院文化活动研究》，《云南师范大学学报》（对外汉语教学与研究版），2021 年第 2 期，第 10–18 页。

② 张会：《孔子学院文化活动设计与反思》，《云南师范大学学报》（对外汉语教学与研究版），2014 年第 5 期，第 6–12 页。

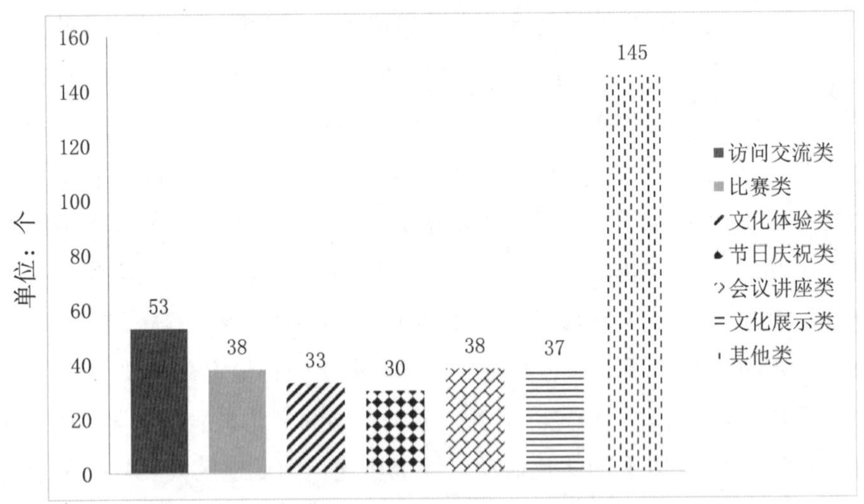

图1　南亚各孔子学院及孔子课堂2017—2021年文化活动举办形式

由图1可以看出，南亚各孔子学院及孔子课堂举办的文化活动形式多样，除其他类文化活动外，访问交流类文化活动举办次数最多，包括合作交流、夏令营、培训活动三种形式；其次是会议讲座类和比赛类文化活动，会议讲座类文化活动包括论坛讲座和相关会议两种形式，比赛类文化活动包括唱歌、“汉语桥”等多种比赛形式；文化展示类文化活动排名第三，包括晚会表演和文化展览；文化体验类文化活动排名第四，包括举办体验工作坊等参与性强的活动，能够让参与者对中华文化有更深的了解；最后是节日庆祝类文化活动，主要是在当地或中国重大节日时举行的一系列庆祝活动。其他类文化活动包括HSK考试、汉语班开班仪式或结业仪式、奖学金宣讲会等。

（三）2017—2021年各孔子学院及孔子课堂文化活动涉及的文化元素分析

本文通过对新闻网页的具体内容逐条分析，对各孔子学院及孔子课堂举办的文化活动的文化元素进行了细致的统计，详情见表2。

表 2　各孔子学院及孔子课堂文化活动的文化元素统计

国家	孔子学院及孔子课堂	文化元素分类								
		音乐、舞蹈、戏曲、电影文化	书画、剪纸、篆刻艺术	节日文化	中国武术	中式建筑	思想教育文化	语言文字	饮食文化	其他
尼泊尔	加德满都大学孔子学院	中文歌曲、戏曲、话剧、歌舞、吹打乐、民乐演奏、笛子、唢呐、古筝、京剧、脸谱、中国电影	书法、剪纸	春节传统习俗	武术	故宫、长城	《道德经》、孔子、《论语》《图说孙子》	诗词	茶艺、筷子、茶叶	杂技、象棋、中医药、风筝、灯笼、中国结、中国龙、毽子、紫砂、中国城市景点（上海博物馆、南京路步行街）、空竹
	特里布文大学孔子学院									
	尼泊尔—中国人民友好联络委员会广播孔子课堂									
	L.R.I. 国际学校孔子课堂	中文歌曲、中国肢体动漫剧、音乐剧、歌舞、古筝	中国画、书法、剪纸	端午节习俗（粽子、龙舟）、中秋节习俗（月饼、玉兔）	太极拳、少林拳、功夫扇	长城、中国园林		中国成语故事、汉字	茶叶、中国茶文化	击鼓传花游戏、中式服装

续表

国家	孔子学院及孔子课堂	文化元素分类								
		音乐、舞蹈、戏曲、电影文化	书画、剪纸、篆刻艺术	节日文化	中国武术	中式建筑	思想教育文化	语言文字	饮食文化	其他
孟加拉国	南北大学孔子学院	中文歌曲	中国画、书法、剪纸	中秋节习俗（月饼、玉兔）	武术、太极、少林拳	中国园林		中国成语故事	茶叶、筷子	
	达卡大学孔子学院	京剧、中文歌曲、中国舞、少数民族歌舞、中国电影、古琴	汉字文化、剪纸、书法、中国画	春节（新年的来历、春联、包饺子、团圆饭和新年美食、春晚、传统红包和电子红包、新年传统服饰）、中秋节（月饼）	中华武术（长拳、杨氏太极拳和陈氏太极拳）中国气功（八段锦、功夫扇）	中国传统建筑（故宫、四合院、窑洞和福建土楼）		诗词	茶文化	中国少数民族、中国刺绣、扎染、中国非物质文化遗产、中国名人（徐悲鸿、林徽因、徐志摩、冰心）、青花瓷、中国民族、杂技、中国民族服装、毽子、中国象棋、十二生肖、中医、中国扇子
	CRI孟加拉国山度玛丽亚姆机构广播孔子课堂		书法、国画	中秋月饼	中华武术				茶艺、中国美食	
印度	韦洛尔科技大学孔子学院	音乐	书法							

续表

国家	孔子学院及孔子课堂	文化元素分类								
		音乐、舞蹈、戏曲、电影文化	书画、剪纸、篆刻艺术	节日文化	中国武术	中式建筑	思想教育文化	语言文字	饮食文化	其他
印度	孟买大学孔子学院	中文歌曲、舞蹈、琵琶、古筝、京剧					儒家文化	诗歌		
	拉夫里科技大学汉语教学中心									
	金德尔全球大学汉语言培训与研究中心									
	加尔各答中文学校孔子课堂		篆刻		中国武术		儒家文化			中国城市（云南的风景和文化）
	印度巴拉蒂大学广播孔子课堂									
	曼格拉姆大学汉语教学中心									

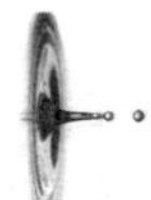

续表

国家	孔子学院及孔子课堂	文化元素分类								
		音乐、舞蹈、戏曲、电影文化	书画、剪纸、篆刻艺术	节日文化	中国武术	中式建筑	思想教育文化	语言文字	饮食文化	其他
巴基斯坦	伊斯兰堡孔子学院	舞蹈、歌曲	书画	中秋节（月饼）	武术			中文	中华美食、茶道	中华服饰、中华医药
巴基斯坦	卡拉奇大学孔子学院	中文歌曲、舞狮、相声、竹竿舞、扇子舞、古典舞、中国唐朝乐曲和歌舞	书法					中文、成语故事、汉字	中华美食	五子棋、陶艺
巴基斯坦	费萨拉巴德农业大学孔子学院	舞蹈、葫芦丝、快板、中文歌曲	书法、剪纸					绕口令	茶艺	中国结、中国名人（三毛）、中国动漫
巴基斯坦	旁遮普大学孔子学院	中文歌曲、舞龙舞狮、民歌、舞蹈、川剧变脸、中国民族乐器（二胡、琵琶、古筝、扬琴）	剪纸、国画		功夫扇、少林拳、五步拳、太极拳				汤圆、茶艺	
巴基斯坦	萨戈达大学孔子学院									

续表

国家	孔子学院及孔子课堂	文化元素分类								
		音乐、舞蹈、戏曲、电影文化	书画、剪纸、篆刻艺术	节日文化	中国武术	中式建筑	思想教育文化	语言文字	饮食文化	其他
巴基斯坦	穆扎法尔格尔短波收听俱乐部广播孔子课堂									
巴基斯坦	佩特罗中学孔子课堂	中文歌曲、中国古典舞蹈					道教文化		包饺子、中国茶艺	陶塑、三国文化、古蜀文化、中国城市（成都）
斯里兰卡	凯拉尼亚大学孔子学院	中文歌曲、扇舞、孔雀舞、古典舞蹈、中国戏曲文化	剪纸、书法、长安画派、国画、糖画	春节习俗(红包、压岁钱、新年歌曲)、中秋节（嫦娥、月饼、祭月、赏月、花灯）、元宵节（花灯会）	太极拳、武术、杂技		佛教文化、佛教音乐	中文图书	春卷、茶艺、包饺子、中国传统小吃、包子、瓜子、花生、糖葫芦、筷子、糕点、凉面	对联、中国结、大足石刻、城市景点（磁器口、三峡博物馆、成都熊猫基地、人民大礼堂）、十二生肖彩灯、大红灯笼、熊猫、竹编、魔术表演、中国传统服饰、中国民族服饰

续表

国家	孔子学院及孔子课堂	文化元素分类								
		音乐、舞蹈、戏曲、电影文化	书画、剪纸、篆刻艺术	节日文化	中国武术	中式建筑	思想教育文化	语言文字	饮食文化	其他
斯里兰卡	科伦坡大学孔子学院	中文歌曲、中国古典舞蹈	书法、剪纸、笔、墨、纸、砚	春节（“福”字）			中国礼教的基本礼仪		筷子、饺子、中餐	“喜”字、中国结、踢毽子、跳格子、中国传统服饰
	CRI斯里兰卡兰比尼听众协会广播孔子课堂									
	萨伯勒格穆沃大学孔子课堂		书法	春节（“福”字）					饺子、元宵	红灯笼、中国结
马尔代夫	维拉学院汉语中心									

由表 2 可知，南亚各孔子学院及孔子课堂文化活动包含的文化元素呈现出如下特点。首先，中国传统文化元素很丰富。据统计，在 2017—2021 年南亚各孔子学院及孔子课堂举办的文化活动中，传统文化元素有 103 个，占比 72.5%，现代文化元素 39 个，占比 27.5%。传统文化元素主要是武术、书法、中国传统节日相关文化习俗、中国古典舞蹈、中国传统服饰、太极、剪纸、中国结、中国戏曲、中国画、筷子、杂技、脸谱、儒家思想、佛教文化、茶文化、踢毽子等。相比之下，现代文化元素涉及较少，主要是现代城市景点、中国现代流行歌曲、中国现代电影、中国现代戏剧、现代中国名人等。这样的文化活动安排会导致没来过中国的学生对中国形成不准确甚至是错误的印象，不利于传播中国现代文化，构建现代化的中国形象。

其次，物质文化元素较为丰富，相对而言，精神文化元素较为缺乏。据统计，在 2017—2021 年南亚各孔子学院及孔子课堂举办的文化活动中，涉及精神文化元素的文化活动约 28 次，占比 19.7%。各孔子学院的文化活动大多集中于武术、茶、杂技、书画等文化元素的物质层面，着重让受众欣赏或体验，但对文化元素深层次的精神文化涉及较少，且对民族精神、价值观等精神文化也涉及很少。

再次，文化活动展现中国文化元素的形式大都为表演，缺少更深层次的探讨或讲解。从统计结果来看，各孔子学院及孔子课堂举办的文化活动中，表演、体验、展示类的活动过多，共约 119 次，占比 83.8%，但对文化元素进行深层次讲解的活动形式相对较少，只有约 23 次文化活动涉及对中国文化元素文化内涵的探讨与讲解，占比仅 16.2%，因此，这些文化活动可能只是流于形式，受众并未深刻理解中国文化，文化传播效果也会因此大打折扣。

最后，文化活动中涉及的文化元素重复率过高，尤其是中国歌曲、中国舞蹈、武术表演、茶艺表演、筷子、剪纸、中国结等出现频率过高。这种现象在南亚每所孔子学院几乎都存在，虽然可以使受众对中国的文化符号有更鲜明、更深刻的印象，但一方面会导致受众对中国、中国文化产生刻板印象，认为这些浅层次的文化就是中国文化的全部；另一方面，对于那些对这些文化元素非常熟悉、渴望更深层次了解中国文化的受众群体，这种文化活动安排可能导致他们的参与体验感变差，孔子学院提供的活动不能满足其求知欲，从而使他们失去了参与的兴趣，久而久之，也是不利于巩固和拓宽文化传播的受众范围的。

（四）2017—2021 年各孔子学院及孔子课堂提及“一带一路”的文化活动统计

随着中国“一带一路”倡议的逐步推进，“一带一路”沿线孔子学院的使命除了汉语教学、传播中华文化外，更包括了为建设“政治互信，经济融合，文化包容”的命运共同体服务。笔者对 2017—2021 年南亚各孔子学院及孔子课堂的文化活动中提及“一带一路”的活动进行了统计，详情见表 3。

表 3　2017—2021 年各孔子学院及孔子课堂提及“一带一路”的文化活动统计

国家	孔子学院及孔子课堂	数量	比例（保留两位小数）
尼泊尔	加德满都大学孔子学院	14	26.92%
	特里布文大学孔子学院	0	0.00%
	尼泊尔—中国人民友好联络委员会广播孔子课堂	0	0.00%
	L.R.I. 国际学校孔子课堂	4	26.67%
孟加拉国	南北大学孔子学院	1	2.27%
	达卡大学孔子学院	4	8.00%
	CRI 孟加拉国山度玛丽亚姆机构广播孔子课堂	0	0.00%
印度	韦洛尔科技大学孔子学院	0	0.00%
	孟买大学孔子学院	1	11.11%
	拉夫里科技大学汉语教学中心	0	0.00%
	金德尔全球大学汉语言培训与研究中心	0	0.00%
	加尔各答中文学校孔子课堂	1	33.33%
	印度巴拉蒂大学广播孔子课堂	0	0.00%
	曼格拉姆大学汉语教学中心	0	0.00%
巴基斯坦	伊斯兰堡孔子学院	4	33.33%
	卡拉奇大学孔子学院	5	14.29%
	费萨拉巴德农业大学孔子学院	7	70.00%
	旁遮普大学孔子学院	6	54.55%

续表

国家	孔子学院及孔子课堂	数量	比例（保留两位小数）
巴基斯坦	萨戈达大学孔子学院	0	0.00%
	穆扎法尔格尔短波收听俱乐部广播孔子课堂	0	0.00%
	佩特罗中学孔子课堂	5	23.81%
斯里兰卡	凯拉尼亚大学孔子学院	12	22.64%
	科伦坡大学孔子学院	4	21.05%
	CRI 斯里兰卡兰比尼听众协会广播孔子课堂	0	0.00%
	萨伯勒格穆沃大学孔子课堂	2	12.50%
马尔代夫	维拉学院汉语中心	0	0.00%

"一带一路"建设要实现政策沟通、设施联通、贸易畅通、资金融通、民心相通，语言在其中起到了"搭桥铺路"的重要作用。这对汉语教学及文化传播提出了新的挑战，需要促进"一带一路"沿线国家的各项合作。根据表 3 可知，南亚大部分孔子学院都非常重视国家提出的"一带一路"倡议，会在文化活动中有意识地促进在"一带一路"框架下中国与所在国各领域合作的进一步深化。然而，许多孔子学院的文化活动形式及内容仍然是传统的，忽略了与"一带一路"的结合。据统计可知，巴基斯坦的费萨拉巴德农业大学孔子学院提及"一带一路"的文化活动比例最高，其他巴基斯坦的孔子学院也积极响应了"一带一路"倡议。此外，尼泊尔的加德满都大学孔子学院和斯里兰卡的凯拉尼亚大学孔子学院开展的相关文化活动数量也比较多，但占所有文化活动的比例还是较小。因此，"一带一路"沿线国家孔子学院及孔子课堂应在"一带一路"的背景下，更积极发挥自身作用，深化"一带一路"沿线国家间人才交流合作。但可以明显看出，随着国家"一带一路"建设的实施，"一带一路"沿线国家与中国各方合作交流进一步深入，尤其体现在"汉语 +"人才的培养上。

四、南亚各孔子学院文化活动存在的问题及对策

（一）南亚各孔子学院文化活动存在的问题

1. 活动内容局限性明显

首先，纵观南亚各孔子学院举办的文化活动，基本都以中国传统文化中的武术、太极、中医、书法和绘画为主题，很少涉及现代中国人生活的方方面面。实际上，我们可供传播的文化不仅仅是灿烂的传统文化，还可以是同样具有中国特色的、更能反映中国社会现状的现当代流行文化，或者是真实反映现代中国人生活的相关内容。此外，孔子学院的学生和文化活动的受众群体大多是年轻人，对他们来说，“现在的中国”比“古老的中国”更具吸引力，而且对南亚各国的年轻人来说，了解现代中国对他们个人的职业发展更有用。其次，各孔子学院的文化活动内容缺少与“一带一路”的联系与融合，南亚的孔子学院应与“一带一路”携手同行，打出中华文化的“品牌效应”，促进国家之间各行各业的交流合作，助力“一带一路”建设。①

2. 宣传不够全面

从笔者搜集各孔子学院文化活动的过程来看，南亚各孔子学院普遍存在宣传途径局限、官网建设不够的问题。各孔子学院官网的文化活动报道基本都是零零星星的，有的孔子学院甚至还未建立官网。文化活动的宣传渠道基本包括孔子学院的公众号、文化活动其他相关参与方的公众号或媒体报道，但各方的报道都不够全面，需要彼此补充，才能搜集到完整的文化活动数据。总的来说，各孔子学院目前都缺乏固定进行宣传的平台，也尚未做到对每个文化活动至少进行一次报道。

---

① 李婕昕、郭磊：《南亚国家孔子学院现状研究——以孟加拉国南北大学孔子学院为例》，《国际公关》，2020 年第 11 期，第 1-2 页。

3. 缺乏规律性的、具有孔子学院特色的文化活动

从 2017—2021 年南亚各孔子学院及孔子课堂举办的文化活动来看，首先，活动类型比较固定，基本包括表演类、文化体验类、文化讲座类和节日庆祝类文化活动等，但缺乏具有孔子学院特色的文化活动。其次，各孔子学院除了中国传统节日和孔子学院日时举办的文化活动外，基本没有定期举办的文化活动，不利于形成孔子学院的品牌效应，也不利于形成稳定的受众群体。

4. 文化活动次数较少、频次不稳定

从表 2 可以看出，除去疫情因素，南亚各孔子学院及孔子课堂历年举办的文化活动数量大都较少，许多孔子学院的文化活动一年举办次数都不超过 10 次，有的甚至一年都不举办一次。例如，尼泊尔的特里布文大学孔子学院只在 2020 年举办过一次文化活动，印度的韦洛尔科技大学孔子学院 2019—2021 年都没有举办过文化活动。并且年份之间文化活动的举办频次也不稳定，计划性不够。

（二）针对南亚各孔子学院举办文化活动的建议

1. 顺应潮流，提升文化影响力

习近平总书记在 2013 年提出了“一带一路”合作倡议，为孔子学院提供了不竭的发展动力。要实现“民心相通”，文化因素无疑发挥着至关重要的作用，让双方在文化交流的过程中实现文化认同，因此孔子学院更要多举办为“一带一路”建设助力的文化活动，促进沿线国家间各行各业的深入合作。[①]

此外，孔子学院的学生中年轻人占比更大，相比久远的中国古代文化，了解现代中国的方方面面对他们的吸引力更大，对他们的个人发展更有利，

① 葛平平：《“一带一路”倡议和“中巴经济走廊”建设背景下巴基斯坦高校汉语教育发展现状——以四所国立院校为考察对象》，《汉语国际教育学报》，2019 年第 1 期，第 183–195 页。

因此孔子学院在设计文化活动主题时，也要考虑学生的需求，调整中国传统文化与现当代流行文化的比例，要兼顾传统与现代的、普世与独特的文化元素，这样做一方面能够激发年轻受众群体参加文化活动的意愿，另一方面也能够让学生们了解更真实的中国现状，从而激发其学习汉语的激情。[①]

2. 大力发展“汉语 +”职业化人才培养模式

在第十一届孔子学院大会上，时任教育部副部长的郝平指出：今后，将围绕“一带一路”建设总体要求，进一步完善布局，力争满足沿线所有国家汉语教学布点要求。加强师资队伍和教材建设，大力培养本土双语翻译人才、研究型专业人才、职业技能型人才。[②] 因此，南亚各孔子学院应积极践行国家要求，深化职能引领建设，实行“汉语 +”职业化人才培养模式，充分发挥汉语教学、文化交流在其中起的桥梁作用。[③]

3. 统筹安排文化活动

从对南亚各国文化活动的调查来看，孔子学院举办文化活动时存在计划性不足的问题，活动次数不稳定。要想扩大文化活动的影响力，文化活动应成为常规化的项目。首先，在每年年初时孔子学院要对活动的受众进行兴趣调查，根据调查结果，结合当地人民的时间安排、生活习惯，建立本土化的时间表，对接下来一年的文化活动进行计划。这样可以统筹安排活动次数、活动主题和活动内容；其次，要充分利用各种媒介，包括孔子学院的官方网站、微信公众号，以及当地媒体，对文化活动进行跟踪报道，达到有效宣传的目的；另外，要及时对举办的文化活动进行复盘，搜集参与者的意见与建议，对活动效果进行客观分析，从而指导接下来的文化

① 白雪:《斯里兰卡凯拉尼亚大学孔子学院文化活动调查报告》,硕士论文,重庆师范大学,2019年。

② 《孔子学院助推“一带一路”建设大有可为》，中华人民共和国国务院新闻办公室，2016年12月12日，http://www.scio.gov.cn/31773/35507/35510/Document/1535273/1535273.htm。

③ 郭诗妤：《巴基斯坦旁遮普大学孔子学院汉语教学现状及相关对策研究》，硕士论文，郑州大学，2020年。

活动，方便活动的改进升级。[①]

4. 举办特色文化活动，打造特色孔子学院

南亚孔子学院举办的文化活动大都比较常规，缺乏特色。《孔子学院发展规划（2012—2020年）》提出要“适应学员多样化需求，鼓励兴办以商务、中医、武术、烹饪、艺术、旅游等教学为主要特色的孔子学院”[②]。孔子学院要在国际教育市场上增强自身核心竞争力，就必须着力发展具有自身特色的文化活动项目，打造特色孔子学院，孔子学院的发展壮大也能够更好地助力“一带一路”建设。[③]

五、结语

随着“一带一路”倡议的提出和落实，沿线国家与中国的合作交流进一步深入，人民之间的情谊也越发深厚。南亚各国孔子学院举办的文化活动是推动各国文化交流及各行各业深入交流的重要纽带，在“一带一路”背景下具有重要意义。各孔子学院需要积极承担在构建人类命运共同体、推动各国共同繁荣发展过程中的责任，充分发挥语言、文化活动在增进理解、凝聚共识、促进合作、深化友谊方面的独特作用。

① 郑婕茹:《基于知识扩散理论的意大利孔子学院文化活动研究》,硕士论文,辽宁师范大学,2020年。

② 《孔子学院发展规划（2012—2020年）》，《光明日报》，2013年2月28日，第7版。

③ 李洋：《“一带一路”背景下巴基斯坦汉语教学现状、问题及对策》，硕士论文，西安石油大学，2020年。

大型语言文化赛事资源引入海外汉语口语课堂的思考
——以“汉语桥在华留学生汉语大赛”为例

日本东京长城学院　贺怡然
中央民族大学国际教育学院　田艳

一、问题的由来

（一）以“汉语桥”为代表的大型语言文化赛事影响力逐年增加

在“中国文化走出去”的时代背景下，大型语言文化赛事方兴未艾。其中，影响力最大的当属“汉语桥”系列赛事。由中央电视台与国家汉办、孔子学院总部联合主办，“汉语桥”赛事的参赛对象为非中国籍、母语为非汉语的高级汉语学生。赛事辐射到世界几十个国家和地区，是迄今为止影响力最大的高端语言文化赛事。[①] 作为“汉语桥”三项赛事之一的“汉

① 田艳：《对来华外国留学生语言文化赛事的分析与思考——以中央民族大学为例》，《民族教育研究》，2013 年第 3 期，第 108–112 页。

语桥在华留学生汉语大赛”，每年在中央电视台中文国际频道（CCTV-4）播放。赛事内容丰富精良，题型多样生动。由于其影响力强大，将其作为教学资源进行再利用成为学界关注的热点。

（二）海外汉语课堂教学存在诸多困难

海外汉语课堂教学受制于诸多因素，在教学模式、教学资源等方面存在一定的困难。[①]具体如下。

教学模式需要更新。由于师资等因素的限制，传统教学模式仍然占据着海外汉语教学的统治地位。课堂上大都是以老师为主体，学生跟着老师读、说、练习，缺乏大量自由练习的时间和机会。[②]由于海外汉语教学模式容易受传统教学模式的影响，加之海外汉语师资良莠不齐，因此海外高级汉语课教学在营造课堂教学气氛、情景设置等方面存在一定的不足。

海外汉语教材建设存在着天然的劣势：首先海外纸质汉语教学资源成本较高，同时教材从编写、刊印到使用都要经历较为漫长的周期。时效问题无法保证，给教材随时与社会接轨带来了不小的困难，难以随时反映社会情境的语言变化，造成课堂上所教授的语言并非鲜活的真实语言。

海外高级汉语教学对于丰富语言材料的需求尤为强烈，导入丰富的语言材料是海外高级汉语教学中的重要环节。根据《高等学校外国留学生汉语教学大纲（长期进修）》和《高等学校外国留学生汉语言专业教学大纲》的要求，高级阶段学生总体目标能满足在社会生活领域里从事较高层次、较大范围的语言交际的需要，能够较为准确得体地用汉语表达自己的思想感情；同时对汉语的文化背景和语义内涵有较深的了解。将优质的汉语教学资源引入海外高级汉语课堂，可以为学生提供真实语境以提高汉语交际能力。

---

① 田艳：《国际汉语课堂教学研究——课堂组织与设计》，中央民族大学出版社，2010年，第45页。

② 王若江：《对汉语口语课的反思》，《汉语学习》，1999年第2期，第39–45页。

本文从海外汉语教学的特点与需求出发，将大型语言文化赛事“汉语桥”作为新型教学资源，首先分析了将“汉语桥”赛事内容作为教学资源引入海外高级汉语教学的优势，随后对“汉语桥”决赛环节进行了分析，探讨了“汉语桥”大赛教学资源在形式与内容两方面运用于海外汉语课堂的情况。

二、大型语言文化赛事引入海外汉语课堂教学的优势

在网络信息时代，大型语言文化赛事往往以电视或网络媒介为承载媒体，使得赛事突破有限的场域，传递至远方。人们通过网络，得以随时随地下载和使用该类资源。将其作为教学资源引入高级口语课堂，并充分发挥其独特的视听优势，有利于为海外汉语教学注入全新的活力。

（一）大型语言文化赛事利用视觉技术延展教学空间

美国学者山德尔（Shyam Sundar）进行了多媒体传播效果实验，发现“文字＋照片＋声音＋视频画面”具有最好的认知传播效果，最能吸引受众的注意力。网络电视传媒优势的根源就在于其拥有两种传播符号：“声音语言”和“影像语言”，二者共同作用可以让人感受到真实世界的信息。网络电视是最“真实”的媒介，可以帮助人们实现真实交际情景的还原。①

大型赛事借助电视及网络声画多通道的方式营造了一个奇特的时空，对此加以利用，可以将教学空间大大拓展。如果将大型语言文化赛事作为重要的课堂教学辅助资源加以整合，可以延展教学空间，为学习者在课堂中营造一个可融入型的汉语互动环境，强化学习者的真实体验，并在自主参与交流互动中完成语言的自然输出。这样可以将真实的社会生活情景带入课堂，多通道的输入更容易帮助学习者在头脑中建立语言点和相应语境

① 盛希贵：《影像传播论》，人民大学出版社，2005年，第28页。

间的联系。

在大型语言文化赛事所带来的这种“发现式”学习环境中，学习者可以通过自由探索和自主学习提高自身的交际语用综合能力，进而实现以课堂资源引导学生主动参与积极思考。

（二）大型语言文化赛事为教学提供真实语料

以网络电视为媒介的“汉语桥”节目可以为海外汉语教学课堂提供丰富多样、新颖独特的真实语料。

首先，“汉语桥”决赛各环节试题涉及当下中国人所关注的社会文化生活各个方面，因此可以保证语料反映真实自然的中国现状，使得学习者可以触及立体全面的中国，可以多视角地体察到文化的多层面特性。其次，“汉语桥”决赛试题中包含各种影视剧片段、图片文字、综艺表演等教学素材，包括了“书面真实语料”“听力真实语料”和“视听真实语料”等各种类型。其特点在于数量大、类型多、题材广、难易分明等，从而有利于师生根据教学需求、知识水平、教学环境与条件等情况，有针对性地选取赛事资源并引入海外汉语教学课堂中。

互联网的方便快捷，保证了教学语料的实时更新。大型语言文化赛事通过网络电视的形式，随时随地不断地为课堂教学提供“活的语料”。

（三）大型语言文化赛事生动有趣，利于激发学生学习动机

大型语言文化赛事具有电视节目的特点，注重符合大众心理和传播学规律，因此，不断加强节目的趣味性成为提高节目质量的关键。

从节目类型的角度来看，“汉语桥”大赛是一种集趣味、益智、综艺表演于一身的竞赛类节目。每个环节都要求限时作答，这种比赛设置提高了趣味性和刺激性，能够使观众不知不觉地运用汉语思维参与作答，全神贯注地跟随比赛进程主动学习和创造性学习。同时，选手在作答过程中表现出的机智幽默或面对失败时的遗憾，能够在轻松的氛围中引导观众习得

汉语知识和提高交际能力。另外，由于比赛分环节进行，每个环节的时间都有限制，这样可以避免观众产生视觉疲劳。

作为课堂教学资源，“汉语桥”大赛可以为高级口语课堂提供丰富有趣的教辅资源，发挥竞赛类节目自身趣味性的特色优势，有助于学生在心理上轻松地进入最佳联想和认知状态，克服汉语学习中的焦虑情绪，在相对愉悦的学习状态下学习汉语。

（四）大型语言文化赛事利用情感共鸣，给予学生正向学习动力

大型语言文化赛事的参赛选手均为母语非汉语的外籍在华留学生，其汉语学习者的身份以及汉语学习的经历能让高级口语课堂中的学生产生情感共鸣，从而能在很大程度上提高选手对学习者的积极心理示范作用，激发学习动力。

汉语大赛中的许多比赛环节都要求选手讲述自己学习汉语的心路历程以及宝贵的学习方法，或者讲述自己与中国、汉语及汉字间的故事。这些话题可以帮助海外汉语学习者形成积极的情感学习动力，从而促进学习者在汉语学习的过程中坚定理想、克服困难。

此外，汉语大赛中的选手也会在语音、词汇、语法、语用、文化等各种方面出现错误，当海外汉语课堂中的学习者主动发现选手错误并纠正时，不仅可以提高自己的汉语水平，加深对语言知识点的记忆，而且会因此获得成就感而更加积极地投入汉语学习。

（五）大型语言文化赛事资源“成本低廉”，便于推广使用

传统课堂教学是典型的人际传播范畴，每个教师只能面对一定数量的学生，每次教学活动都是一次课堂信息传播。而网络电视教学资源则打破了传统的时空限制，海外汉语学习者可以以低廉的成本随时随地下载每届“汉语桥”的比赛资源，可以大幅降低学习资源的投入成本。同时，学生

也可以借助视频编辑软件做个性化加工和分类处理。

大型语言文化赛事教学资源也可以有效解决师资质量不足的问题。海外汉语教学师资缺乏、水平参差不齐是客观现实，而且在短时间内很难解决，因此必须最大限度地发掘高水平的汉语示范资源。“汉语桥”等大型语言文化赛事中的教学资源，都是示范性强、内容丰富的真实语料，有利于突破地域局限，缓解海外师资不足的局面。

三、大型语言文化赛事的引入方法

（一）积极借鉴大型语言文化赛事的形式

1. 大型语言文化赛事题型设计基本情况

大型语言文化赛事通常是由汉语教学专家团队与电视节目制作团队合作完成，因此在比赛的形式和题型方面进行了精心的设计。笔者对第五届“在华留学生汉语桥”决赛环节的形式与内容进行了梳理，发现决赛阶段共有 35 种题型。具体内容详见表 1。

表 1　第五届“在华留学生汉语桥大赛”决赛环节的形式与内容

序号	比赛环节	形式与规则介绍
1	自我介绍	一分钟内完成自我介绍，要求语言自然流畅、内容真诚充实、发音准确清晰
2	你说我唱	一分钟内完成自我介绍，同时唱中文歌曲来展现自我
3	各显其能	选手自选中华才艺进行展示
4	情景电影院	想象置身于电影院场景中看电影片段，回答有关问题。考查选手听、说能力
5	我爱看电影	选手选择电影海报，欣赏电影片段回答问题。题目分为客观题和主观话题讲述两类
6	情景聊天室	三位选手一组，先选择话题，然后在聊天室情景中与主持人交谈
7	品茶一席谈	选手分组与主持人在茶室情景下，品茶聊天，讨论话题
8	命题讲述	从大屏幕上抽取一道题，根据题目的主题在一分钟内完成讲述
9	主题演讲	对所选择的主题（如“我最喜欢的一个汉字”“我的国，我的家”）进行演讲，考查语音语调、语言组织能力及现场感染力
10	晒晒我之最	以“最”为话题，进行自我描述或讲述个人经历

续表

序号	比赛环节	形式与规则介绍
11	情景对对碰	选择图书馆、餐馆、医院等情景地点，然后与主持人分别饰演角色，进行即兴表演。表演中主持人故意说出一些意义曲解的词语（成语），选手需要及时指出错误
12	情景中国之旅	欣赏中国文化纪录片，并在一分钟内结合观后感复述片中内容
13	看视频答问题	选手选择视频主题，看视频后回答问题
14	舌尖上的汉语	欣赏中国饮食纪录片，然后描述片中饮食文化的有关知识，并与本国相似菜品进行对比描述
15	实景外拍	让选手在情景剧中扮演中国婚礼中的某个角色，并按照题目要求完成交际任务或处理婚礼中的突发事件
16	五人行动组	选手五人一组以团队形式在户外实际情景中完成交际任务
17	情景辩论会	先以小品的形式引出有关中国文化或社会热点话题，再将选手分为正反两方，在模拟辩论会现场的情景中进行辩论
18	时空大挪移	选手现场选取一个历史人物或历史故事，然后看一段相关动画片，最后按题目要求运用道具演绎历史情景中的历史人物
19	我为喜剧狂	选手分小组抽到剧目后展开场外排练，然后返回舞台进行演出，要求在表演中展示自己的汉语综合表现力
20	赏歌舞答问题	选手先欣赏与古诗词有关的歌舞表演，然后回答相关的问题
21	我是大歌迷	选手现场看着歌词听歌曲，然后回答与歌词相关的问题
22	弦外之音	由专业驻唱歌手现场演唱，考查选手对歌词含义的理解
23	朗诵交叉提问	选手两人一组，先后表演诗朗诵，然后设计问题互相考验
24	闪电红娘	选手两人一组，互饰红娘角色为对方找爱人
25	听力冲击波	选手戴上耳机听辨现实生活中的录音材料，回答相关问题
26	创意配音秀	选手先观看电影片段，再根据题目给影片配音，要求反差创意
27	今夜故事会	选手随机抽取几个词语，然后将词语合理地编造在一个完整的故事里，以考查选手瞬间反应能力和形象思维能力
28	自圆其说	选手根据抽签选取的五个词语和随机选择的道具来组织语言，讲述一个使用这几个词语及道具的故事
29	请你别换台	选手五人一组同时现场模拟主持，每人代表一个频道，评委可以随机点播与换台，使评委点播时间长者为胜
30	T 台主持秀	选手以主持人的角色向观众解说 T 台走秀表演
31	成语达人	选手五人一组，先在规定时间内用字典准确查出自己题板上四个字的页码，然后排列字序组成语并解释
32	幸福来敲门	外景实拍选手做推销员上门推销商品的交际过程
33	情景销售	选手需在现场模拟商店中情景，向评委充当的顾客推销产品
34	步步为赢	在规定时间内尽可能多地回答大屏幕上的题目。必须按顺序答题且不得出错中断
35	我爱中国字	选手用毛笔写下最爱的一个汉字，并讲述喜爱该汉字的理由。考查选手书写能力，以及现场语言表达能力

根据上述环节的表现形式，试题可分为“知识类试题”“综合类试题”

和“才艺类试题”三类。其中，“综合类试题”最为丰富，占比最高。

“知识类试题”重点考查选手对汉语知识的掌握情况和对中国文化知识的了解情况，例如“步步为赢”。“综合类试题”则重点考查选手的语言综合运用能力，可以分为“语言组织能力和表达能力”考查、“听说能力”考查、“交际技能”考查，以及“临场应变能力”考查。其中，题目包括“自圆其说”“T台主持秀”“成语达人”“幸福来敲门”“情景销售”等。而“才艺类试题”则主要考查选手的汉语表达能力、中华才艺现场表演能力和学习表演能力等，例如“我爱中国字”。

在“晒晒我之最”环节中，要求选手以“最”为话题成段表达，介绍自己或个人经历。而在“今夜故事会”中，则要求选手现场随机抽取五个词语，然后将这几个词语按自己编造的事件逻辑关系串联起来，以考查选手瞬间反应能力和形象思维能力。在“创意配音秀”中，选手需要在观看完电影片段后，根据题目的主题要求给影片重新配音，以考查选手应变能力。而在“我爱中国字”环节中，则请选手用毛笔写下最爱的一个汉字，并讲述喜爱这个字的理由，题目设计有彰显选手个性之意。此外，有些题目的设计宗旨是打造合作学习氛围，鼓励小组活动。例如，“情景聊天室”“情景对对碰”“五人行动组”“我为喜剧狂”“闪电红娘”等环节均是以互动合作方式展开的情景交际任务。这些现成的交互性动态场景对高级口语课堂教学有直接借鉴意义。

2. 题型设计体现实用性并弱化语法考核

“汉语桥”以网络电视为教学资源呈现媒介，体现出多层次、大含量、高质量的输入特点。题目设计体现实用性，并弱化语法的考核，为学习者更好地运用汉语进行得体交际提供了条件，为海外汉语学习者有针对性地选用赛事资源提供了便利。例如，在“幸福来敲门”和“情景销售”环节中，要求选手以推销员或售货员的身份完成产品推销。而在“T台主持秀”中，则要求选手以主持人的角色面对随机的T台服装展示来向观众解说引导。在“实景外拍”中，选手需要扮演中国婚礼程序中的某个角色，完成题目要求的交际任务或处理婚礼中的突发事件。

大赛题型设计注重实用性，语料贴近学习者的生活及社会生活的各个侧面，同时确保真实语料能满足学习者的情感需求。

3. 题型设计运用多种媒介引入社会热点话题讨论

大赛的题型设计注重运用多元化的媒介形式，引入社会热点话题以引发选手讨论。例如，在“情景辩论会”中，以小品的形式引出有关中国文化或社会热点的话题，再将选手分为正反两方，以“跨国婚姻好与坏”“生活在大城市好还是小城镇好”等为辩题展开讨论。此外，在“我爱看电影”“情景电影院”“情景中国之旅”“看视频答问题”“舌尖上的汉语”等题目中，大赛节选了《非诚勿扰》《卧虎藏龙》《舌尖上的中国》《故宫》等经典影视及纪录片资源。而在“我是大歌迷”“弦外之音”中，则集合了各种流行歌曲资源。在“听力冲击波”一题中，则运用了丰富的社会生活中的实地录音材料。

（二）积极借鉴大型语言文化赛事的内容

“汉语桥”这类大型语言文化赛事在题目内容的设计上独具匠心，值得海外汉语教学借鉴。

1. 考查内容全面，体现学习者扎实功底

“汉语桥”大赛的常见内容涉及汉字文化、词汇运用、成长经验、时尚影音、社会热点、史地民俗、饮食文化、实践能力以及才艺展示九类，内容全面。其中题目主要考查汉字、词汇、熟语、语句、文化五项，维度较广。

汉字题目全面细致。“汉语桥”大赛的汉字题目主要从“字音相同/相近汉字辨析、字形相近汉字辨析、汉字字义辨析”三方面对选手的汉字知识水平进行考查。汉字作为代表中国语言和文化的符号，在“汉语桥”中文比赛中得到了重视，保证了试题内容的全面性。“汉语桥”的“我爱中国字”等比赛环节的考查模式，帮助我们在实现口语课堂中的汉字教学方面打开了思路。

词汇题目涵盖广泛。“汉语桥”大赛词汇方面的题目设置全面，充分体现了汉语词汇系统的逻辑性和多维性特点。[①] 大赛题目通过对词义辨析和固定搭配的考查，体现了词汇的应用性和准确性，包括中国人生活中使用频率较高的名词、动词、量词等。“汉语桥”中的词汇考查形式丰富多样，取材广泛多元。例如，在“弦外之音”和“我是大歌迷”的环节中，选手通过听歌看歌词的方式熟悉生词语境，然后解释词义。

熟语题目注重实用。熟语是中华文化的瑰宝，蕴含着中华民族的智慧。熟语是中华数千年文化在语言上的积淀[②]，使用熟语的得体度和频率一定程度上体现了说话人的汉语水平。例如，“成语达人”环节考查选手查字典的能力以及成语熟悉度；“情景对对碰”让选手先选择图书馆、餐馆、医院等情景地点，然后与主持人分别饰演两个角色，进行即兴表演。在表演中，主持人故意说出一些不符合典故的词语（成语）解释，例如“牛市是吹牛的地方”“董事长是懂事的年长者”“满盘皆输是一盘子的书”等等，选手需要及时指出错误。

语句考查重在精准运用。外国留学生需要准确理解语句的含义，将其内化为可理解的输入，并通过有效积累增加语言学习者的语言输出能力，最终达到自如交际的目的。“汉语桥”中文比赛通过对语句的语法含义、语气语用和修辞等方面的内容考查，检验了选手精准理解和运用汉语的能力。

文化考查体现博大精深。语言是文化的载体，又是文化的写照[③]，而

① 孙晓明：《国内外第二语言词汇习得研究综述》，《语言教学与研究》，2007 年第 4 期，第 54–62 页。

② 赵清永：《谈谈对外汉语教学中的熟语教学》，《语言文字应用》，2007 年第 A1 期，第 6–10 页。

③ 胡文仲：《跨文化交际能力在外语教学中如何定位》，《外语界》，2013 年第 6 期，第 2–8 页。

语言应用能力既涉及语言知识和语用知识，还应包括目的语文化知识。[①]“汉语桥”大赛以文化角度考查的题目涉及历史地理、传统学术思想、文学艺术、传统节日、饮食文化等多个方面，考查范围广泛，充分体现了中国文化的深厚底蕴和博大精深。

2. 提炼语言组织框架，掌握成段表达技巧

话题表述始终是海外高级口语课堂的主旋律，“汉语桥”大赛的选手们呈现的话题表述是经过精心设计的高水平成段表达范例。其语段的设计思路和组织框架值得海外汉语课堂教学借鉴。其中，开头句、结尾句、过渡句、关联词、熟语以及语用技巧都是值得海外汉语课堂关注的重点。大赛评委在“流利、真实、充实、情感”的评优标准下对选手们的点评和要求，实际上是对选手的有效监督。这一点对引导海外汉语学习者发现问题并进一步完善表达方式给出了明确的引导。

3. 围绕语言交际任务，培养多位实践能力

语言教学应该重视实际交际运用能力，将交际功能视为语言能力培养中最根本的功能。[②]“汉语桥”比赛内容的设置考查和培养了选手的多维能力，例如“介绍”“叙述”“评论”“讨论”“协商”“辩论”等。

“汉语桥”十分重视对选手在情景中的交际语用能力的考核。并且，通过不同的测试环节，分别对交际中的“角色扮演”“交际任务”和“交际策略”这三个具体方面进行考查。例如，在“情景销售”环节，要求选手在现场模拟商店中情景，以售货员的身份向评委充当的顾客推销产品；在“闪电红娘”环节，要求两位选手互相给对方做媒介绍对象。这些环节的突出特点就是交际环境逼真，选手热情投入、强调语气语感、交际题目风趣幽默。将这些交际语用练习资源引入传统口语课堂，一定会使课堂交

① 田艳：《国际汉语课堂教学研究——课堂组织与设计》，中央民族大学出版社，2010年，第80页。

② 翟汛：《对外汉语口语教学的几点思考》，《长江学术》，2007年第2期，第96-100页。

际练习别开生面。

4. 注重文化理解能力和把握能力的培养

中国元素贯穿整个比赛过程的始终。从电视呈现的角度来看，这是一场中国元素的视听盛宴；从参与者的角度来看，这是一次深刻、具体的文化体验，更是一次精心、诚挚的文化表达。从“汉语桥”为海外高级口语课堂提供的文化教学资源来看，可以分为显性资源和隐性资源两类。

文化教学的显性资源主要集中在文化常识的客观题考查、文化纪录片的引用以及中华文化才艺表演等方面。由于“汉语桥”是汉语文化国际传播的窗口，因此可以保证在文化要素选取方面的经典性、节目制作方面的高质量、节目材料内容资源整合方面的大力度，以及节目配套宣传与推广途径的全面化和通达性。

而文化教学的隐性资源可谓无处不在，因为电视媒体为我们呈现了以“汉语桥”为场景的真实的中国社会交际场合。在这一真实的情景中，通过对评委、选手、主持人、观众间交际互动的观察，可以发现中国人崇尚的世界观、价值观、人生观等深层次的文化特质。

例如，赵世民先生曾在点评时赠予选手一个“羞”字，随即讲解了“羞”为“美”的含义。因为“羞”的甲骨文形式为“手执羊肉表奉献”，从而说明了中国人自古以奉献为美的集体主义价值观。另有一名苏格兰女选手常将对自己中国婆婆的感恩挂在嘴边，从而得到了评委们的青睐，因为中国人强调“百善孝为先”。还有一名美国选手以“一”作为自己最喜欢的字进行演讲，当他说到“一生二，二生三，三生万物，所以万物归一，和谐统一”时，即赢得了评委和观众的满堂喝彩，因为他道出了中国人的世界观。另外，我们不难发现一个细节，大赛评委经常会手下留情地给表现较差的选手以“仁慈分”，这也体现了中国人宽厚和美、与人为善的特性。

四、结语

尽管将大型语言文化赛事资源引入海外汉语课堂具有较为突出的优

势，但仍然有一些需要注意的方面。

首先是资源地位问题。虽然将“汉语桥”大赛教学资源引入高级口语课可以加强资源整合与利用度、丰富教学组织形式、增强课堂交互性，但海外汉语课仍然需要按照教学大纲展开教学，基于课本的传统课堂教学模式应该被改善而不能被取代。因此，“汉语桥”教学资源应作为课堂教学辅助手段，在配合日常教学的过程中发挥其应有的作用。

其次是难度筛选问题。对于“汉语桥”大赛教学资源的引入还应考虑难度筛选问题。基于克拉申的 i+1 可理解输入假说[①]，海外汉语教师在使用“汉语桥”大赛教学资源语料时要进行筛选，注意语言难度和文化难度，否则学生无法进行语言输出，不能达到口语交际的目的。[②]

再次是教师角色问题。既然大型语言文化赛事教学资源引入海外汉语课堂教学具有优势，那么在现代教学重心由“讲什么”转入“怎么讲”的今天，教师必须适时有效地创新自己的教学方法。[③] 如果将课堂看作一档电视节目，学生既是选手又是观众，那么老师是否能以主持人的身份，利用主持人的风格进行教学方法改良呢？这又能为传统课堂教学打开怎样生动的局面呢？这个问题值得我们进一步思考。

大型语言文化赛事资源“汉语桥”的利用价值仍有待开发。本文提出的设想期待在实际教学中得到检验和完善。但是，大型语言文化赛事资源的开发与整合工作势在必行，希望相关工作的开展能够为汉语国际教学与传播事业做出更大的贡献。

---

① 刘珣：《对外汉语教育学引论》，北京语言文化大学出版社，2000 年，第 172 页。

② 武惠华：《谈口语课课堂活动及课下练习的设计》，《汉语学习》，2002 年第 5 期，第 58–62 页。

③ 徐子亮：《汉语作为外语的口语教学新议》，《世界汉语教学》，2002 年第 4 期，第 96–103+4 页。

法国汉语教师多语意识对汉语作为外语教学的影响
——以法国海外省留尼汪学区为例

北京外国语大学　孔子学院处　王月

一、法国汉语教学简介

（一）制度概况

根据法国国家教育部官方数据显示，从 2008 年到 2018 年，报名汉语外语课的中学生数量从 20 003 个增加到 44 694 个，其中大部分情况下，汉语被选作第二外语。目前，汉语是法国中学生学得最多的外语之一，仅次于英语、西班牙语、德语和意大利语。

在法国，初中一年级的学生可以选择汉语作为第一外语，初中二年级的学生可以选择汉语作为第二外语，高中一年级的学生可以选择汉语作为第三外语。除了普通语言课程之外，汉语东方班和中文国际班的学生还可以学习一些非语言类的课程，这些课程以汉语授课，例如东方班的中文历史和地理课或国际班的中文数学课等。表 1 总结了法国普通教育公立中小学汉语课程类型以及每周相关的课时量（根据法国教学大纲而定）。

表 1　法国普通教育公立中小学汉语课的课程类型及相关的课时量

类别		一外必修课	二外必修课	三外选修课	中文历史和地理选修课	中文数学必修课	中国语言文学必修课
普通班	小学			1 小时			
	初中	3 小时	2.5 小时				
	高中	3 小时	2 小时	3 小时			
东方班	高中	3 小时	2.5 小时		1 或 2 小时		
国际班	小学	4 小时					
	初中	3 小时				1.5 小时	4 小时
	高中	3 小时				1.5 小时	4 小时

法国中学外语教学主要以外语综合课为主，课时有限，学汉语一般只有普通的语言课。表 1 显示，中文国际班是个例外，与其他班级差别明显。国际班的汉语课时远远超过其他所有班级，也同时引入了“内容与语言整合性学习”（content and language integrated learning，简称 CLIL）和“沉浸式学习”（immersion learning）两种学习方法。国际班包括一门非语言类课程（中文数学）和一门专业课程（中国语言文学），其课时量比其他普通汉语班多三四倍。

对于高等教育，法国现有 32 所开设本科汉语专业的大学，但实际上在全国 20 000 多名学汉语的大学生中，有四分之三是非汉语专业，汉语课是他们的外语选修课。因此，高中毕业后学过汉语的学生大多不再继续学习汉语。其中一个原因是很多院校不开设汉语课程，参加高校入学考试的考生也不能选择汉语作为一外或二外，特别是理科专业的工程师学校。法国高校汉语课程显然没有中学的那么普遍，这可能减少了汉语课程对一部分中学生的吸引力。

根据法国国家教育部各个学区汉语督学的统计，约 60% 以上的法国汉语教师为合同制老师，其中大部分未必是汉语专业出身，或未受过对外汉语教学方面的培训。此外，在一些法国学区，汉语教师群体有一半或一半以上为华侨和法籍华人，他们可能对法国教育制度的了解不充分，不太适应法国教学环境，或难以接受法国和欧洲的外语教学理念。这意味着法国汉语教学本土化的师资培训依然面临严峻的挑战和艰巨的任务。

（二）教学改革

法国最早的汉语教学大纲原本提供的是“内容”（语言知识和班级进程），例如每个班级应该掌握的比较详细的语言知识。但在《欧洲语言共同参考框架：学习、教学、评估》（简称《欧框》，英文“CEFRL”）的影响下，新出的外语大纲主要提供的是“指导”（主题系列和等级标准）。单语制的教法主要侧重于对单学科内容的教学，《欧框》大纲明确每科的具体内容，却忽略了各科目之间的联系，不注重元认知能力（metacognition ability）和对元认知技能（metalinguistic skills）的培养。[①] 大纲作为参考框架，除了指定教学内容，还重视提升学习者以及教师的元认知能力，重视对多语制意识与相应教育模式的培养，随后的一系列教学改革都朝着这个方向发展。近年来，法国进行了多项教育改革，如 2015 年的初中改革、2010 年的高中改革以及从 2019 年起的高中毕业会考系列改革，这些系列改革让教师具有更多的主动权和独立性，有更大的责任和空间，使得整个教育制度更灵活，教学目标更具有针对性。例如，在实行高中考试改革时，每所学校的老师应该与同一门课的老师或各个科目的教师召开教师会议来商量如何做好对学生的水平测试，办好各场考试，然而在法国，一般情况下一所学校只配备一位汉语教师，汉语教师相对来说比较孤单，缺乏与其他汉语教师共事的机会，只能与不懂汉语的各科教师（包括外语类教师）一起完成测试与考试的统一协调工作。在这种情况下，教师需要具备“多语意识”，以便充分了解汉语和其他语言的关系与差别以及中国语言文化和其他科目的关系与共同主题，从而提出有针对性的方案，成功地将汉语教学引入本校课程和测试计划。

---

① Flavell J H，“Metacognitive aspects of problem solving” In Resnick L B，ed. *The nature of intelligence*，Hillsdale，NJ：Erlbaum，1976，p.31.

从另一个角度看，虽然在语言方面的改革重点主要放在欧洲语言上（参见下文关于《欧框》和“欧洲公民”的语言教育政策），但法国初高中教学改革也为全国汉语教师提供了一些反思实践的良机。目前，《欧框》已成为法国教育的主要参考资源和主流参考教学法，其所重视的多元语言文化交际能力这一概念有助于培养相对“隔绝”的汉语教师和汉语学习者的多语意识，让他们更好地融入法国的教学体系和生活。

二、欧盟语言政策对外语教学法的影响

（一）《欧框》背景

《欧框》是欧洲理事会组织其各成员国共同制定的关于语言教学、学习以及评估的整体指导方针与行动纲领。《欧框》于 2001 年正式发行问世以来，随着在欧洲各国语言教育领域的不断推广及应用，影响日渐深远，被称作欧洲现代语言教育的“大革命”，也为世界语言教育揭开了新篇章。①

《欧框》产生的真正动力是欧洲理事会制定的多元语言和文化政策以及为此提出的三项原则，即：欧洲丰富的语言和文化遗产属于欧洲的共同资源，需加以保护和发展；只有更好地解欧洲的现代语言才能促进欧洲各语言使用者之间的交流和互动；欧盟各成员国通过其国家语言教学政策可以达到全欧洲一统的目标。由此可见，欧洲语言参考框架和语言政策的制定，目的是培养欧洲公民意识，通过保持欧洲范围内的语言文化多样性来促进欧洲各语言文化背景国家和族群间的相互理解和尊重，以达到社会的和谐。②

---

① 白乐桑、张丽：《〈欧洲语言共同参考框架〉新理念对汉语教学的启示与推动——处于抉择关头的汉语教学》，《世界汉语教学》，2008 年第 3 期，第 58–73+3 页。

② 张新生：《欧洲汉语能力标准再探》，《国际汉语教学研究》，2016 年第 3 期，第 50–59 页。

（二）多元语言能力

《欧框》在第一章对“多元语言能力”（plurilingualism）给出了定义：“‘多元语言能力’注重个人语言经验在其所处环境中不断增长的事实，即从家中语言到社会大部分人所说的语言，再扩大到其他国家和民族的语言。无论是在学校中学习，还是生活中直接接触，这些语言在学习者心里并没有被分隔孤立开，而是共同建立一种由经验组成的沟通能力。这种能力会促进语言间的联系和交流。”①

《欧框》提出的多元语言能力指的是语言学习者的一生中，除了在学校语言学习过程中掌握的语言外，在工作、生活中所积累的语言交际经验，无论是否经过学校系统的语言教学，在外语的学习过程所获得的经验和知识，构成了多元语言能力。因此，《欧框》提出了终身语言学习的概念，希望语言学习者将语言学习贯彻终身。“多元语言能力”概念的提出摒弃了之前只承认学校语言教育的局限性，认为个体的语言学习是一个终生的过程，无论是否接受过学校语言教育，无论是否参加过正规语言水平考试，对某一种外语的接触和学习都是个体“多元语言能力”的重要组成要素。②

《欧框》将提高“多元语言能力”的目标落实在语言教学及学习实践中，培养跨文化知识、意识被提升到了更新、更重要的高度。在语言教学过程中，学习者是主体，但教师兼备语言使用者、语言分析者和语言教授者三种角色，《欧框》提到，在语言学习过程中，教师是专业人士、决策者、导师和协调者。教师是学习者学习行为的设计者，学习动机的激发者和保持者，是终身学习的良好典范，同时也清楚地了解学习者“想干什么”“能干什么”和“该干什么”。教师应能深刻理解《欧框》的产生背景、设计理念和框架结构，基于“多元语言能力”的概念，树立多语意识，并将其贯

---

① 刘俊、傅荣：《欧洲语言共同参考框架：学习、教学、评估》，外语教学与研究出版社，2008年，第12页。

② 白乐桑、张丽：《〈欧洲语言共同参考框架〉新理念对汉语教学的启示与推动——处于抉择关头的汉语教学》，《世界汉语教学》，2008年第3期，第58-73+3页。

穿于语言教学系统和评价系统之中。

三、教师多语意识——以法国海外省留尼汪学区为例

法国留尼汪的法文名叫“La Réunion”，字面意义是“集合、团结”，正好能反映岛上多民族、多元语言和文化的结合与包容。留尼汪的主要人口来自非洲、印度以及欧洲，也有大量中国广东人移民于此，众多族群经过融合之后形成了今天留尼汪的居民。留尼汪的行政语言、教学语言和媒体语言是法语，不过近 90% 的人口讲留尼汪克里奥尔语，该语言以法语为基础、融合了多个移民群体的语言而形成。对于“多语意识”对汉语教学的研究，作为法国海外省的留尼汪岛有比较典型的多语环境，同时汉语教学早在 19 世纪已经被引入到了该地区。①

（一）教师的语言传记

了解教师多语意识及相关的教学理念之前需要先了解老师的个人语言经历，又称为语言传记（language biography），因为所谓的“意识”只能基于每一个人的多元语言与文化的亲身体验和经历。

由于个人语言经历不同，每个人“多元语言能力”的构成也有所不同。为此，欧洲理事会于 2001 年开始根据《欧框》制定了《欧洲语言档案手册》（*European Language Portfolio*），该档案手册的第二部分“语言传记”有助于学生记录语言学习情况，建立个人档案并伴随终生。②

本次关于汉语教师的调查是在留尼汪地区汉语教学督学的大力帮助和

---

① Joel Bellassen，*Les dynamiques plurielles et les effets périphériques de la construction disciplinaire du chinois en France：de l' implantation du chinois à la Réunion au 19 ème siècle aux évolutions actuelles en Europe*，Commercial Press，Vol. 3，2017，P.54.

② 白乐桑、张丽：《〈欧洲语言共同参考框架〉新理念对汉语教学的启示与推动——处于抉择关头的汉语教学》，《世界汉语教学》，2008 年第 3 期，第 58-73+3 页。

支持下进行的。通过问卷调查、一对一的质性访谈、课堂观察，收集了留尼汪学区30余名汉语教师（其中包括27名固定在职汉语教师）的语言经历、教学经历和个人教学理念等信息。法国留尼汪学区教育局和留尼汪大学法语与克里奥尔语区研究所也为调查工作提供了支持，希望其能有助于提高师资培训的质量，促进汉语外语教学标准化，尤其是外语教学中的多元语言文化教学原则和方法。

表2和表3总结了部分调查信息，以便分析关于汉语教师（2020年参与调查的共25人）的语言经历和教学思想。

表2　2020年至2021年留尼汪教师的语言文化背景

<table>
<tr><th>汉语教师</th><th>人数</th><th>比例</th><th>汉语普通话</th><th>广东话</th><th>法语</th><th></th><th>留尼汪克里奥尔语</th></tr>
<tr><td rowspan="3">中国人或法籍中国人</td><td rowspan="3">12</td><td rowspan="3">48%</td><td rowspan="3">母语</td><td rowspan="3">25%/3人（继承语或母语）</td><td>熟练掌握</td><td>75%/9人</td><td rowspan="3">0%</td></tr>
<tr><td>一般掌握</td><td>8.3%/1人</td></tr>
<tr><td>较差掌握</td><td>16.7%/2人</td></tr>
<tr><td>留尼汪华裔</td><td>10</td><td>40%</td><td>外语</td><td>100%（继承语或母语）</td><td colspan="2">100%（母语）</td><td>100%（继承语或母语）</td></tr>
<tr><td>留尼汪其他族裔</td><td>2</td><td>8%</td><td>外语</td><td>0%</td><td colspan="2">100%（母语）</td><td>100%（继承语或母语）</td></tr>
<tr><td>本土法国人</td><td>1</td><td>4%</td><td>外语</td><td>0%</td><td colspan="2">100%（母语）</td><td>0%</td></tr>
</table>

除了上述表格中列举的语言外，其他语言例如英语，并没有统计在表格内。英语是所有汉语教师的外语，除了一位汉语教师掌握英语较差之外，其他教师都熟练掌握。继承语（heritage language）是指由于语言环境的变化而未能完全掌握的母语或第一语言。

首先可以看到，中国人和华裔占留尼汪汉语教师的88%。有48%的老师的母语为汉语。由于移民历史，19世纪以来大部分留尼汪的华人来自中国广东省。因此，在调查中，52%（13人）的老师以广东话为继承语，包括全部的留尼汪华裔教师。此外，48%（12人）的老师以留尼汪克里奥尔语作为继承语，其中十名留尼汪华裔的继承语为广东话和克里奥尔语两种。

因此，除了法语、汉语普通话和英语之外，大多数留尼汪汉语老师还会或多或少地使用广东话或留尼汪克里奥尔语。

除了汉语普通话以外，留尼汪汉语教师在汉语教学中所使用的媒介语情况如表3所示。

表3　留尼汪汉语教师在汉语教学中所使用媒介语占比情况

法语	英语	广东话	克里奥尔语	其他
90%	8%	0%	5%	0%

（二）语言意识及教学表现

1. 语言意识

语言意识协会将“语言意识”定义为语言学习、教学和使用过程中关于语言的显性知识、有意识的认知和敏感性。[①] 对语言有一种明确的、明白的认识并对语言学习、语言教学和语言使用都能产生有意的感觉和知觉。多语意识就是把语言意识形态实行在多种语言上。如果教师有足够的“语言意识”，他们通过分析自己和学生的语言经历，能了解语言之间的异同点，教学和学习过程中的重难点等，这样教师可以发现一些“近侧发展区”（proximal develoment zone）[②]，从此他们就能实行“支架式教学”（scaffolding instruction）以帮助学生，给学生一些启发，进而提高学生的独立性[③]。

最初，“语言意识”这一概念出现在教学中，旨在提出新的教学方法理念，强调第二语言学习是在第一语言或其他已学语言的基础上发展的，鼓励教师充分利用课堂上学生掌握的所有语言，并将语言作为一种“跨

---

① 安宁、郑咏滟：《〈语言意识与多语制〉述评》，《外语教学与研究》，2020年第3期，第473–478页。

② Lev S.Vygotsky and Michael Cole，eds.，*Mind in Society：Development of Higher Psychological Processes Couverture*，Harvard University Press，1978，p.86.

③ Eric Hawkins，“Foreign Language Study and Language Awareness”，*Language awareness*，Vol. 8，No. 3&4，1999，P.98.

学科的主题”（bridging subject），而不仅仅是一种需要单独学习的内容和知识，也不是一种只在语言课堂上需要单独练习的技能。从一开始，实际的语言意识既包括教师的语言意识，也包括学生的语言意识。教师需要清楚地了解自己和学生的语言经历，只有这样才能培养学生的语言意识和综合学习能力，包括任何语言学习都可以借用的元语言意识。

2. 教学表现

结合之前的统计表格以及留尼汪学区汉语督学 Thomas LAN-NANG-FAN 先生对汉语教师的课堂观察，发现在课堂教学中，除了汉语这一目的语之外，使用的最为普遍的媒介语言是法语。在中文国际班以外，法语占比较高。少数不会法语的教师会使用英语作为教学辅助语言，而使用克里奥尔语的教师占比较少，几乎没有教师使用广东话。尽管留尼汪本地老师占总人数的 48%，但借助克里奥尔语作为媒介语言的教师所占比例很少。这与当地的语言政策密切相关。根据法国教育部的规定，学校教师的教学语言应为法语。但是仍有部分留尼汪本地教师使用克里奥尔语，主要分为两种情况，一种是教师在教学过程中无意识的自发行为，即不自觉地使用克里奥尔语当作教学语言；另一种是教师在进行不同语言的对比教学时，需要将克里奥尔语与目的语进行对比教学，以便学生更好地掌握一门外语。

无意识的教学流露是指在教学过程中自然而然地并无元认知监控而出现的教学行为。克里奥尔语作为本地教师的母语或继承语，他们在说法语时会受到克里奥尔语的影响。主要表现在语音、词汇和语法方面。客观地说，他们时不时会流露出不太标准的法语，是一种结合了克里奥尔语的法语变体。

第二种情况指的是在学校课堂中，由于大部分学生是留尼汪人，掌握克里奥尔语的学生很多，在学习汉语的过程中，学生会出现克里奥尔语负迁移产生的语言偏误。了解克里奥尔语的本地老师清楚地了解学生犯错的根源，于是通过对两种语言的对比来纠正学生的错误。而不了解克里奥尔语的教师则较难发现学生犯错的根源。

留尼汪学区汉语督学通过观察五所学校（包括两所初中，其中一所是教育优先区的初中，以及三所高中，其中包括一所重点高中）的学生对汉语学习的态度和情况，发现会多种语言的汉语教师在汉语教学中获得了更多的积极反响。学生更有学习汉语的动力和兴趣，特别是学习能力较弱的学生，总体来看，他们的学习成绩比其他学生更好。而主要教学只会或只用汉语一种语言的教师，在教学中遇到的困难较多，教师和学生双方的阻力和抱怨偏多。当然，这些教师可以通过改善教学方法等途径提高教学质量，一定程度上会降低学生的学习阻力。但与有多元语言能力或有多语意识的教师相比，他们缺少了很大的优势。

（三）学生反馈

笔者在不同语言背景的教师所授课的班级里随机挑选几位学生进行访谈（远程）。下面是三个有代表性的学生的回答（采访使用法语，以下为汉语翻译）。

问题：你的汉语老师在课堂上会使用几种语言？什么情况下使用？你觉得有帮助吗？你认为汉语课怎么样？

①“我觉得汉语课非常难，我听不懂老师在说什么，她只会讲汉语。”

此学生对这位汉语教师的教学不满意。因为这位教师只会说汉语，几乎不懂法语，在课堂上只使用汉语。由于学生水平的限制，很多内容学生听不明白，甚至包括一些课堂用语。这使得学生认为汉语非常难学，导致有些学生产生厌学情绪，甚至有学生想要放弃继续学汉语。

②“老师有时候会说法语让我们更明白。老师也会举一些英语的例子。我觉得汉语和法语、英语很不一样，很有意思。”

在汉语教学中，此位教师适当地使用法语和英语，给学生塑造了一个多语环境。虽然这位教师不会当地的克里奥尔语，但学生有一定的英语基础。通过简单的英语和汉语的对比，让学生进一步理解了汉语的独特性，从而对这一神秘的语言产生兴趣，而不是陌生感和畏难情绪。

③“我喜欢老师的课，她很了解我们，她会说很多语言，有时候会用不同语言给我们讲解。”

此位汉语教师会法语、汉语、克里奥尔语、英语和西班牙语，是本地教师，具备多语背景，在教学中具有多语意识。班上有的学生只会法语，也有具有西班牙语背景的学生，大部分为克里奥尔人（但并非所有人都讲克里奥尔语）。在某些教学环节中，老师灵活运用不同语言与学生交流，并有针对性地对学生进行纠错。在学汉语的同时，某些学生也积累了其他语言的知识。因此课堂生动有趣，充满活力。

如同《欧框》所示，多元语言能力可以让学生提高跨文化交际能力，增强身份认同感，懂得语言终身学习的内涵。学生未必要真正完全掌握另一门语言，教师在教学中潜移默化地传达出的多语意识，能够让学生在以后的生活、工作和学习中也具备多语意识，进而走向具备多元语言能力的状态。

（四）超语实践

超语实践（translanguaging）指交际参与者综合运用多种语言和模态的表意资源展开交际活动的社会实践。[①] 该概念最早由 Cen William 提出，他在研究英国威尔士地区英语教学过程中的师生双语互动时提出了这一概念。经过二十多年的发展，超语实践已从双语和多语教学中的语言现象，逐步发展为具有特定本体论和认识论基础的语言研究理论，并被应用于认知语言学、教育语言学和社会语言学等多个研究领域。[②]

超语实践突出了意义建构过程中的多感官、多模态、多符号和多语言属性。在高等教育国际化背景下，超语实践的研究关注多语教学环境和学生的多语语言背景，重视国际化教学场景作为语言文化接触带（contact

---

① García，O.and W，Li.，eds.，*Translanguaing：Language，Bilingualism and Education*，Palgrave，2014，p.11.

② Li, W.“Translanguaging as a practical theory of language”, *Applied Linguistics*, Vol.3, 2018, P.9.

zone）的独特属性，着重分析课堂内外教学和日常活动中多模态与多重语言资源的综合参与。“超语实践”的前缀 trans- 突出了 Cook 所说的语言学习者与使用者的“多能力”（multi-competence），这种多能力不仅体现为运用多种语言的能力，还体现为语言学习与使用的过程中协调多种语言、认知和符号资源的能力。[①]

多语使用是超语实践的表现形式之一，它促进了多语者之间的有效交流，使得他们可以行使自身的决策能力，充分调动多语者整体语言库存，激发学习者语言意识的发展。

学习语言的目的是成为双语者和多语者，而不是成为另一门语言的单语者。大多数双语和多语者为了交流的目的选择在不同的语言之间切换与混用。但是，在现代语言教学中，我们很少将这类语言混用的双语和多语者作为语言学习的典范。相反，我们将母语单语者理想化，认为语言混用与切换是语言能力匮乏的体现。超语实践教学法并不要求学生掌握传统的语言与文化知识，而是希望他们可以带着开放式的思维，作为一个共同学习者进入课堂，并且相信他们可以从其他学生身上学到很多东西。[②]

作为教师，运用超语实践教学法在教学中具有很大的挑战性。尽管他们认识到让学生接触更多的语言是有益的，但在实际操作中，教师们在自身未掌握的语言上的管理能力是有限的。

持多能力视角的研究者认为语言学习者不再与所谓的单语母语者进行对比，而是被看作一个具有多种语言能力的学习者，这也是多能力视角最显著的成果。此外，在实践中，人们总是期待非母语者能达到母语者的表达水平，而他们自身的语言、社会文化知识和资源却未受到重视，甚至被认为是无关紧要的。多能力视角则挑战了传统观点中的语言定义，他们认为，只要

---

① Cook，V.and W.Li.，eds.，*The Cambridge Handbook of Linguistic Multi-Competence*，Cambridge University Press，2016，p.24.

② 李嵬、沈骑：《超语实践理论的起源、发展与展望》，《外国语》（上海外国语大学学报），2021 年第 4 期，第 2–14 页。

一个人仍然在使用语言，那么他（她）就永远是一个语言学习者，因为没有人可以真正地完全掌握一门语言，人类的认知也在不断地发展变化。①

《欧框》提出了中介语言活动的概念。作为输入与输出同时进行的行为，主要分为口译、笔译和中介人三种。中介人（mediation）指的是语言使用者无须表达自己的思想，而只是在不能直接沟通的对话者之间充当中间人角色。在国际中文教学的课堂上，大多主张沉浸式教学法，大部分教师尽量避免学生在课堂上使用母语，取而代之的是尽可能用目的语交流。从《欧框》提出的教学理念来看，这样的教学方式并不是必须的，《欧框》提出的中介理论，打破了独立的语言交流环境，使得语言的输入和输出更加多元化，语言的使用更加复杂化。②

在对留尼汪学区汉语教学督学 Thomas LAN-NANG-FAN 先生进行采访时，他说过这样一段话令我印象深刻："我刚到北语留学的时候，班上有来自世界各地的外国同学，日本、韩国、印尼、美国、澳大利亚、法国等。我永远忘不了一种现象：我们外国留学生的共同语言是汉语，但我发现我们在马路上聊天的时候，旁边的中国人根本听不懂我们在说什么。难道我们说的不是汉语吗？后来我一直在想，为什么当时我们不同国家的外国留学生都能用汉语沟通交流并互相明白而中国人偏偏听不懂我们的话呢？我跟同学开玩笑说，那是因为我们肯定说的是一种汉语方言，叫作北语外国留学生汉语方言！我们留学生在一起的时候，有时也说英语，我也学到了一些简单的韩语、日语、泰语、印尼语，大家在一起时各种语言混杂在一起，真像一个小联合国。"

在这段访谈中，所谓的"留学生方言"即二语习得理论的中介语（interlanguage）。许多不同国家的留学生母语不一样，有时会不自觉地说

① 李嵬、沈骑：《超语实践理论的起源、发展与展望》，《外国语》（上海外国语大学学报），2021 年第 4 期，第 2–14 页。

② 朱昊华：《欧洲语言共同参考框架下对外汉语教学模式研究》，硕士论文，上海师范大学，2020 年。

一些自己的母语，他们不可能有相同的中介语作为共同语言，我们也可以称之为社会方言（sociolect），即某一个社会群体使用的一种语言变体。由于这些外国留学生的汉语词汇量十分有限，而且使用同一套教材，学习一模一样的内容，因此无论初级学生的发音有多么洋腔洋调，他们仍然能在汉语交际中互相推测对方的意思。督学表示，虽然大家在一起说“社会方言”，以及来自留学生的各种语言，但实际上学习效果非常好。在学习过程中，学生的动机和积极性一直很强，这里良好的学习效果基于学生自己建立的语言实践社群（language practice community），以各种语言互动，共享多样的策略学习汉语。在这样一个群组里，学生们不停地进行频繁的语言实践活动，该群组里每一个成员的语言行为不总是受到规范或标准的约束，不妨碍使用母语的词语或其他变体，因此群组里的语言行为符合超语的实践原则。

以督学的经验为例，如果法国的汉语教师能与学校其他课程的老师合作，共同建立一个“语言实践社群”，例如在课堂上尝试利用超语学习语言和其他学科知识，那么是否能得到同样很强烈的学习动机和积极性，从而提高学生的综合学习能力，包括多元语言意识和能力，这是值得我们进一步探索的。

英国孔子学院文化活动发展探究
——以爱丁堡大学苏格兰孔子学院为例

中央民族大学国际教育学院 / 爱丁堡大学苏格兰孔子学院　张齐红
中央民族大学，国际教育学院　田艳

一、引言

孔子学院作为世界各民众学习汉语和中华文化的平台和窗口，促进了中国与各个国家之间的人文交流，为中外民心相通和文明交流互鉴发挥了积极作用。2019 年中共中央、国务院印发的《中国教育现代化 2035》也明确提出，“开创教育对外开放新格局”“促进孔子学院和孔子课堂特色发展”。[①] 为适应国际中文教育事业发展，孔子学院一方面加速品牌转型，注入更强大的动力，另一方面通过大量文化活动的开展，让世界各地更多的人了解中国的历史和文化，了解当代中国的政治和经济制度，全面提高中国的国际形象。

英国作为欧洲第三大经济体，是欧洲开设孔子学院最多的国家之一，

① 《中国教育现代化 2035》，中共中央、国务院印发，2019 年 2 月 23 日，http://www.gov.cn/zhengce/2019-02/23/content_5367987.htm。

截至2022年8月18日共开设了30家孔子学院，数量位居世界第二位。在中英两国各领域合作交流日益深化的背景下，汉语教学和文化活动在英国如火如荼地开展。

本文以中国知网（CNKI）为主要文献来源，经扩大搜索范围发现，目前针对英国孔子学院文化活动的相关研究仅有1篇。此外，英国地区与孔子学院文化相关的研究也仅有8篇，而且这些研究呈现出研究地区集中、量化分析较少、单一文化元素多等特点。具体来看，研究地区全部集中在英格兰地区，其他地区如苏格兰几乎没有涉及。例如张俣[①]的研究对象曼彻斯特大学孔子学院、伦敦大学金史密斯舞蹈与表演孔子学院均在英格兰地区。从研究方法上来看，多为定性描述，量化分析较少，例如陈婧卓[②]对孔子学院文化活动个案进行具体描述，总结文化活动成功经验。从文化元素上来看，多是针对某一单一文化推广的相关研究，例如马秀杰等[③]、金艳[④]围绕武术文化研究其在英国的传播策略。

基于此，本文采用内容分析法、数据分析法和个案研究等方法，以英国苏格兰地区影响较大的爱丁堡大学苏格兰孔子学院（以下简称“爱大孔子学院”）为研究对象。借助爱大孔子学院官方网站[⑤]、新闻报道及学院内部手册[⑥⑦]等资源，统计其中华文化传播活动的相关数据，分析文

---

① 张俣：《英国孔子学院文化传播功能研究》，硕士论文，中国石油大学（华东），2018年。

② 陈婧卓：《英国孔子学院文化传播活动现状调查与研究》，硕士论文，天津大学，2019年。

③ 马秀杰等：《传播与变迁：太极拳在英国的发展历程与传播动力》，《上海体育学院学报》，2020年第3期，第55-64页。

④ 金艳：《英国武术协会与中华武术的国际传播研究》，《传播力研究》，2019年第18期，第28-29，33页。

⑤ 爱丁堡大学苏格兰孔子学院官方网站：https：//www.confuciusinstitute.ac.uk/。

⑥ 《爱丁堡大学苏格兰孔子学院2006—2020年》，爱丁堡大学苏格兰孔子学院，https：//www.confuciusinstitute.ac.uk/wp-content。

⑦ 《爱丁堡大学苏格兰孔子学院2007—2011年》，爱丁堡大学苏格兰孔子学院，https：//www.confuciusinstitute.ac.uk/wp-content/uploads/CIS-5-Yr-Rep-Ch-S.pdf。

化活动类型和文化符号，归纳文化活动举办的特点。在此基础上，探讨文化活动的发展策略，以期为促进英国孔子学院文化传播提供有益借鉴。

二、爱丁堡大学苏格兰孔子学院简况

2006 年，在英国苏格兰地区的支持下，爱丁堡大学和复旦大学合作成立了苏格兰地区第一家孔子学院——爱丁堡大学苏格兰孔子学院。该孔子学院是苏格兰地区推广中文和中国文化的机构。近年来，英国苏格兰地区与中国在教育、文化、旅游等领域合作日益紧密，爱大孔子学院从中发挥了有力的助推作用，为苏格兰地区与中国在教育、经济和文化领域的合作搭建了平台，促进了苏格兰政府和中国政府的经济文化交流。

成立后的十几年时间里，爱大孔子学院迅速发展，连续五年被授予先进孔子学院称号，并获得了孔子学院开创者奖和孔子学院突出贡献奖章。2015 年爱大孔子学院被评为模范孔子学院，2016 年又与全球另外 10 家孔子学院一起入选文化示范孔子学院。

爱大孔子学院每年提供 70 余门语言课程，并提供一对一私人教学。该孔子学院不仅教授中文，更延伸至文化、艺术、商务等领域，受到苏格兰各界民众的欢迎和喜爱。截至 2019 年 12 月，爱大孔子学院在疫情前已经开展了 1 232 节中文学期课程，共有 8 776 个学生进行学习，举办了 911 个活动，其中讲座 289 场，工作坊 41 个，参与孔子学院各项活动的人数已达 453 851 人。

爱大孔子学院的成功，主要在于它拥有其他孔子学院不一定具备的特色。首先是官方支持。苏格兰地区对孔子学院大力支持，将其视作全面发展苏格兰和中国友好合作关系的重要新平台，致力于将其办成最好的孔子学院。其次是学术实力。孔子学院双方合作院校爱丁堡大学及复旦大学均为世界一流大学，拥有雄厚的学术实力。孔子学院与中国、欧洲、美国等高等教育机构也都建立了良好的合作关系，能够支持举办一系列学术性较

强的讲座及研讨会。最后是管理层经验丰富，相关负责人均在中国语言及文化领域有所建树。高素质的团队和优越的教学条件，有力地保障了学院的高效运作。

三、爱丁堡大学苏格兰孔子学院文化活动调查分析

文化活动是配合文化海外传播的一种形式，可以分为配合教学的文化活动和以文化大众传播为目的的文化活动。[①] 本文将对爱大孔子学院2020—2022年10月期间的文化活动进行收集和分析。据不完全统计，自2007年成立以来，爱大孔子学院举办的不同规模的文化活动有上千场。为后续研究文化活动具体内容的可操作性，本文以有无具体内容记载为标准进一步对文化活动进行筛选，发现有相关内容记载的中华文化活动共有230场。将不符合文化传播活动定义的活动，例如孔子学院内部人员文化交流类的活动剔除，共选取了2007—2022年爱大孔子学院举办的212场文化活动作为样本数据，从文化活动类型和文化元素两方面进行分析。

（一）文化活动举办类型分析

以往有关活动类型划分并没有统一的标准，学者划分维度主要有两种。一是按照活动具体呈现形式将文化活动类型划分为表演、文化体验、展览、讲座、会议、比赛、游戏。[②] 二是按照文化的不同层面，将文化活动划分为物质文化、行为文化和精神文化活动。[③] 本文综合两种归纳方式，同时考虑到可操作性的难易度及具体数据覆盖类别，将样本数据分为讲座会议类、文化展示类、文化体验类、课程培训类和其他（文化交流、比赛、辩论）

---

① 王学松：《汉语国际教育语境下的“文化活动”刍议》，《云南师范大学学报》（对外汉语教学与研究版），2014年第5期，第1–5页。

② 陈婧卓：《英国孔子学院文化传播活动现状调查与研究》，硕士论文，天津大学，2019年。

③ 程裕祯：《中国文化要略》，外语教学与研究出版社，2003年，第3页。

五大类型。如表 1 所示。

表 1　2007—2022 年爱丁堡大学孔子学院文化活动类型[①]

排名	活动类型	数量	占比
1	讲座会议	105	49.53%
2	文化展示	62	29.25%
3	文化体验	29	13.68%
4	课程培训	13	6.13%
5	其他活动	3	1.42%

根据表 1，爱大孔子学院开展的文化活动类型整体表现出一定的差异性。其中讲座会议类活动最多，占比 49.53%。文化展示类活动排名第二，占比 29.25%。文化体验类活动次之，课程培训类活动排名第四，其他活动最少。其具体内容和形式如下。

（1）讲座会议类活动。主要包括讲座和会议两种形式。孔子学院会定期邀请来自世界各地的权威专家作为主讲人，如复旦大学倪世雄、哈佛大学王德威（David Der-wei Wang）、波士顿大学卡瑟琳·万斯·叶（Catherine Vance Yeh）等。讲座内容涵盖中国文化的方方面面，包括中国历史、艺术、文学、语言、文字等。会议则更强调围绕某一领域话题进行讨论，与参会人员共同探讨。爱大孔子学院组织的相关会议多以汉语教学为主题。

（2）文化展示类活动。主要分为文化表演及艺术展览两种形式。文化表演类活动多与当地文化机构合作，将中国传统文化及当代文化介绍给苏格兰民众。文化表演具体有中国戏剧表演、中国传统音乐会、中国服饰秀等多种表现形式，规模较大，受到当地居民的欢迎和喜爱。例如，在 2018 年的爱丁堡艺术节上，中国旗袍时装秀在爱丁堡老学院（Old College）普莱费尔（Playfair）厅亮相，为当地民众展现中国传统服饰及当代服饰之美，反响热烈，《苏格兰人报》（*The Scotsman*）等多家媒体对此进行了报道。艺术展览指通过展览的形式，将带有中国符号的作品呈现给参观者。爱大孔子学院组织的展览包括中国元素大型灯展、中国电影展、秦始皇雕塑展

① 涉及多种类型的文化活动，笔者按照各类型在文化活动中所占的比重进行归类。

等，为当地民众提供了近距离接触中国文化的机会。

（3）文化体验类活动。相对于其他活动，文化体验类活动参与性更强，活动占比 13.68%，位列第三位（见表 1）。这类活动通常以体验工作坊、文化比赛、游戏、辩论等形式进行，活动内容涉及多种传统艺术表现形式，如剪纸、书法、服饰、茶艺等等。文化体验类活动除每年固定的孔子学院日、中文日等庆祝活动外，多在庆祝某一传统节日时举办，其中为庆祝新年举办的相关文化体验系列活动规模最大。例如，2012 年爱大孔子学院龙年主题春节联欢会就吸引了超过 300 人参加。中外友人通过参与"画龙点睛""龙腾虎跃""乒乓接龙"等一系列以"龙"为文化主题的游戏加深了当地民众对龙文化的认知。此外，文化体验活动有时与其他文化活动类型相结合，以提高参加活动者的参与感。例如，2022 年 9 月 29 日孔子学院举办的中国书法绘画讲座结束后，设置了书法体验环节，让体验者亲身感受到了中国书法文化的魅力。

（4）课程培训类活动。主要分为文化课程及语言文化教学培训两种形式。文化课程多面向学生，为非学期制的文化体验课程，时间多为一到两天。爱大孔子学院会定期为小学阶段的学生举办中国日活动，提供书法、中国音乐、太极、舞蹈等文化体验课程。2012 年，爱大孔子学院联合苏格兰中国教育网络（SCEN）团体、爱丁堡大学及爱丁堡大学学生会启动了针对小学阶段学生的语言外延计划，帮助更多的学生参与到项目中来。语言文化教学培训多面向教师。苏格兰汉语教学大会是爱大孔子学院主办的汉语教学及研究类会议。截至 2023 年 8 月，已经成功举办六届。会议邀请国际中文教育领域研究专家及教学经验丰富的教师进行交流分享，以加强苏格兰汉语教师的交流合作，促进相关研究更高层次的发展。

（5）其他活动。主要包含经验分享、交流访问等形式。这类活动并非典型的文化传播活动，但活动举办的过程中也有中华文化元素，故归入本文的研究范畴中。经验分享主要指爱大孔子学院会组织参加比赛获奖的学生分享其比赛历程，也间接帮助其他学生对中华文化有更深入的了解。合作交流的形式主要是合作洽谈、领导访问、书籍出版等，这些活动有助于爱大孔子学院进一步寻求文化合作机会。

（二）文化活动中的文化符号分析

文化符号是指能代表一国文化的突出而具高度影响力的象征。[①]中华文化符号则是指能代表中国文化的突出而具高度影响力的象征形式系统。结合爱大孔子学院的发展历程，笔者按照建立初期、快速发展、持续发展、成熟稳定和疫情期间五个阶段，对文化活动中所使用的中华文化符号进行了统计，详见表2。

表2 爱丁堡大学孔子学院中华文化符号统计

时间	发展阶段	文化符号
2007—2009年	建立初期	中国电影、书法、社交媒体、元宵节、儒家思想、现代中国、中国照片、当代中国音乐、春节、北京奥运会、当代中国著作、现代舞、邮票、经济
2010—2012年	快速发展	上海世博会、哲学思想代表人物、中国音乐传播、舞龙舞狮、鼓乐、侗族、苗族、中国在全球的地位、中国现代历史、古刺绣、中国电影、政治经济、文学与革命、佛教、民族音乐、中国崛起、书法、熊猫、七夕节、中国龙、饺子
2013—2015年	持续发展	现代戏剧、中秋节、嫦娥、月饼、兵马俑、中国海报艺术、旗袍、中国结、麻将、象棋、剪纸、中国福、太极、维吾尔族舞蹈、茶艺、糕点、华为、电子商务、改革、民航、文学及电影作品中的乡土文化、外卖、熊猫、书法、中国功夫、默剧
2016—2018年	成熟稳定	传统小吃、灯笼、太极、舞龙舞狮、手工艺品、纪录片、戏剧、木偶戏、京剧、昆曲、传统乐器、象棋、饺子、歌剧、民谣、商务、中国快速修复技术、折纸、编手链、中国电影、社交媒体、早期无声电影、绘画艺术传统与现代、中国年轻人、当代雕塑、当代戏剧、中国发展变化、中国服饰、大灯笼、中国灯展、中国纪录片、当代艺术、中国历史、旗袍、传统与现代、一带一路、四大神兽、民间传说、中国小说
2019—2022年	疫情期间	线上春节、民间文化、中国纺织、中国电影、经济、元宵节、地名起源、大气东方主义、春节、对联、红包、十二生肖、包饺子、虎、水墨画、汉字、汉服、剪纸、书法、茶艺、投壶、民族音乐、月饼、中秋节

① 黄岩、宁隐琦：《中国文化符号在对外汉语留学生中的传播现状调查研究》，《才智》，2019年第17期，第53页。

通过对孔子学院文化活动中华文化符号的统计，可以发现：在数量上，爱大孔子学院所展示的中国文化符号种类较为多样化；在内容上，活动大致分为文学历史、当代艺术和传统文化三类。

1. 文学历史类文化符号

该类文化符号涉及中国历史及中国文学。爱大孔子学院背靠爱丁堡大学“文学、语言与文化学院”的亚洲研究系，该系设有中国学研究中心，师资团队具有多样化的学术背景，研究领域广阔，深入到中国政治、文化、文学思想等。因此，孔子学院开展的文化讲座中不乏大量涉及中国文学、中国历史等深层文化符号，例如2021年10月份开展的围绕“中国地名起源”的讲座，2011年9月举办的主题为“新中国的未来”，以及“梁启超的文学与革命的愿景”的讲座。此外，在展示、体验等活动形式中也多次涉及此类符号，例如中国女书文化表演、秦始皇雕塑展、投壶体验活动，以及邀请刘震云在爱丁堡国际书展期间举行座谈会等。

2. 当代艺术类文化符号

该类文化符号涉及电影、音乐、戏剧等当代艺术。爱大孔子学院在艺术领域有众多合作伙伴及当地组织，以确保艺术活动的水准。主要文化合作伙伴包括苏格兰国家剧院、苏格兰歌剧院、中国国家话剧院、中国舞蹈学院等，同时也得到了爱丁堡中华文化协会、爱丁堡大学中国学生学者联谊会等当地社区组织的支持。艺术内容包含了反映时代发展和彰显民族精神的文化符号，例如2020年在爱丁堡边缘艺术节表演的原生态民族歌舞《鼓韵蝉音》就展现了中国苗族侗族的文化特色。

3. 传统文化类符号

该类文化符号涉及中国传统习俗、传统节日、传统音乐等。爱大孔子学院组织的节日庆祝活动及体验活动内容多以传统文化符号为主，且重复性较高，基本都包含剪纸、中国结、书画、中国美食、茶艺等文化。例如在2022年10月份举办的“孔子学院日”活动中，孔子学院的老师们设计了各类文化体验活动，包含书法、剪纸、汉服以及茶文化体验，让当地民众深度参与到各个活动中感受中国传统文化。

四、爱丁堡大学苏格兰孔子学院文化活动传播特点

（一）活动频次多，开展规模较大

根据前文数据，疫情前爱大孔子学院平均每年举办的文化活动数量将近 70 场，其活动频次和形式之多令人赞叹。即使在疫情期间，孔子学院也没有中断活动，而是积极开展线上文化活动，让中华文化得以持续传播下去。此外，积极寻求与本土各大机构开展合作也促成了爱大孔子学院各类大型活动的举办。据不完全统计，爱大孔子学院在商业、教育、文化等领域的合作伙伴多达 41 家，与社会各界有着广泛的合作关系。在合作过程中，爱大孔子学院也注重在文化活动中适当融入本地文化，增强文化通感，避免了文化差异导致的认知隔阂。①

（二）活动受众多，关注当代文化

爱大孔子学院为各个年龄段的群体提供了广泛接触中国语言和文化的机会。文化活动不仅面向成人，还积极为低龄学生提供文化体验及语言课程，辐射年龄段较为广泛。部分大型活动的参与人数超过万人。例如 2010 年在苏格兰地区举办的上海市博览会，有超过三万人观看了此展览。此外，从表 2 中得知，孔子学院活动文化符号不仅重视中国传统文化的输出，同时关注当代中国文化，以激发人们对中国的兴趣并增加人们对当代中国社会的了解。例如，在 2008 年奥运会举办之际，爱大孔子学院组织了“现在中国”中国文化节，吸引了超过 70 000 名观众参与其中；2014 年爱大

① 王丹、梁宇：《美国孔子学院文化活动研究》，《云南师范大学学报》（对外汉语教学与研究版），2021 年第 2 期，第 10–18 页。

孔子学院邀请华为公司来爱丁堡大学讲述企业发展；等等。

（三）活动形式多，文化符号广泛

爱大孔子学院的活动内容涉及的文化符号不仅有表层文化，也有深层文化。其中，众多有关中国的学术讲座是爱大孔子学院的一大特色。爱大孔子学院充分利用高校资源，定期邀请高水平教授举办讲座，吸引相关专业师生前来学习。这类讲座内容已经不只触及中国文化的表层，而是深入到了中国文化的精神内核。此外，讲座形式不局限于场地，不限于内容，线上线下均可进行。疫情期间，爱大孔子学院也开展了众多线上讲座，成为一种解决疫情期间文化活动实施困难的有效方法。

五、英国地区文化活动发展建议

（一）定期开展活动，形成品牌特色

除大型活动外，孔子学院常规的体验类活动开展频率并不高，基本集中在传统节日。一般的小型活动偶尔举办一两次，很难有广泛深远的传播效果。[①] 同时，因庆祝传统节日基本围绕习俗展开，内容相对较为固定，长此以往难免会让当地群众一提到中国就联想到饺子、书法、红灯笼等传统文化符号。因此，同样需要加强对现代文化的提炼和传播，从而打破国外民众对近代中国以来形成的固有形象认知，塑造一个蓬勃发展、自信平和而又真实立体的国际新形象。[②] 鉴于此，爱大孔子学院可以定期开展文化展示及体验相关活动，在活动内容上以呈现物质文化与精神文化的变化

---

① 王学松：《汉语国际教育语境下的“文化活动”刍议》，《云南师范大学学报》（对外汉语教学与研究版），2014 年第 5 期，第 1–5 页。

② 刘胜枝：《做好网络空间的对外文化传播》，《人民论坛》，2021 年第 31 期，第 36–39 页。

为主[①]，将传统文化符号和当代文化符号结合，形成特色品牌，引导当地人民发现和关注中国。

（二）举办文化赛事，扩大区域影响

从活动类型来看，英国孔子学院应多举办影响力大的语言文化赛事。英国主要的中文类赛事是由中外语言交流合作中心主办的“汉语桥”赛事，而其他中文类的活动赛事较少。相对于讲座、表演等文化活动形式，比赛形式的文化体验活动对参赛者的影响更加深远，活动连续性也更强。以赛促学的方式，也会吸引更多的人参与到文化活动中来。此外，语言文化赛事的内容灵活多样，因此可以根据当地民众的喜好和特色，针对不同水平的选手设计不同的比赛项目，为参赛选手提供展示舞台，同时吸引更多的人参与其中。

（三）创新活动模式，增添文化内涵

长时间按照固定模式开展文化活动可能会使当地民众形成对中国文化的刻板印象，从而减少活动的吸引力。我们认为，文化活动应尽量创新形式，避免文化活动模式的高重复率。爱大孔子学院在2022年举办的中秋游园会就做了积极尝试。游园会的门票被设计成通关打卡形式，参与者通过传统投壶游戏、书法作坊、剪纸体验和中华知识竞猜四项内容集齐四张贴纸后就可以领取礼物，极大地增加了活动的趣味性。游园会后，孔子学院又安排了中秋音乐会，整场活动获得了当地民众的高度评价和一致认可。值得一提的是，在疫情期间爱大孔子学院也对文化活动的举办形式进行了探索尝试，如线上虎年新春庆祝活动。活动将新年传统文化符号——红包与现代科技及当代生活相融合的微信电子红包进行了介绍与展示，取得了较好的效果。因此，当前孔子学院也应紧跟科技发展步伐，充分利用线上

---

① 陆俭明：《汉语国际教育与中华文化国际传播》，《同济大学学报》（社会科学版），2015年第2期，第79-84页。

教育模式，扩宽文化传播渠道。[①] 当然，在文化符号不变的情况下可以尝试去拓展文化符号的广度和深度。阐释中华文化的深刻内涵，能够促进中华优秀传统文化与世界各国的文化实现交流、碰撞。[②] 以茶艺展示为例，可以在传统表演的基础上，创新讲解模式，将茶艺的每个步骤与中国人的精神思想结合进行详细阐释，以增添文化内涵。

（四）拓宽宣传渠道，扩大宣传影响

目前英国孔子学院的相关新闻报道来源主要为中国外宣媒体，且当地群众对其关注度不够，宣传效果也有一定的进步空间。孔子学院可以与多方中国外宣媒体展开合作，主动进行推介。例如，爱大孔子学院书法及国画讲师张弛 2022 年接受了 BBC 苏格兰[③] 专访，并代表中国艺术家参与了 BBC 纪录片的拍摄，取得了很好的宣传效果。

此外，孔子学院可以加大国际社交媒体的宣传力度。首先，应加强官方账号及志愿者教师个人账号的运营。账号发布内容应为异文化的相通之处，融入当地文化，以日常叙事手段宣传东西方共同的价值观念[④]，这样有利于世界各国民众产生共鸣。孔子学院可以将各个孔子学院或者志愿者发布的优质内容进行二次推广，选取几个优质账号进行包装，培养粉丝利用网红效应进行中华文化推广。其次，可借助海外华文媒体提高宣传效率。海外华文媒体熟悉中国国情，又有着融通中外的话语体系的天然优势，是海外主要的中国故事讲述者。[⑤] 孔子学院如果能够借助海外华文媒体这一

---

① 李宝贵：《新时代孔子学院转型发展路径探析》，《云南师范大学学报》（哲学社会科学版），2018 年第 5 期，第 27–35 页。

② 韩莹：《中华文化怎样更好地“走出去”》，《人民论坛》，2018 年第 35 期，第 138–139 页。

③ “BBC Scotland”即 BBC 苏格兰，是英国广播公司在苏格兰的分支机构。

④ 肖悦：《孔子学院作为跨文化传播主体的发展情况研究》，《汉字文化》，2022 年第 19 期，第 185–187 页。

⑤ 赵文刚：《海外华文媒体讲好中国故事的路径探析》，《对外传播》，2020 年第 8 期，第 46–48 页。

桥梁加强舆论宣传，不仅有利于汉语国际传播，更有利于世界各国民众包括海外华人全面而真实地了解孔子学院。

爱大孔子学院成立以来积极开展各类文化活动，积累了宝贵的经验，为英国地区文化活动的开展提供了有益的参考和借鉴。今后，爱大孔子学院也将不断开拓创新，更加有力地推动中国文化在当地的传播，增进和加深中国与英国的文化交流。

关于南非中学生汉语课堂管理的调查与分析①

中山大学中文系　邓淑兰
深圳龙岗平湖第二实验学校　马丽萍

一、引言

南非是金砖五国成员之一，也是非洲经济最发达的国家之一，并与中国交往密切。截至 2021 年，在南非已设立了 6 所孔子学院和 3 个孔子课堂。自 2016 年起，南非教育部门正式将汉语纳入南非的国民教育体系，汉语已成为南非 4—12 年级（相当于国内小学四年级到高中三年级）学生的一门外语选修课程。此外，孔子学院还在所属地区的一些公立学校开设汉语教学点推广汉语。笔者曾在南非的孔子课堂教了近一年的中学生汉语课。在教学中，最让人头疼的问题就是课堂管理问题。在与其他汉语教师志愿者的交流中，笔者发现，由于语言沟通、文化差异、缺少经验等原因，南非中学生课堂管理问题是所有汉语教师都遇到过的难以处理且发生频率高的问题。

研读文献发现，目前关于非洲国家的汉语研究相对较少。现有研究主

① 本文为中山大学 2021 年本科教学质量工程与教学改革工程项目（11100-31911131）“文化自信视域下中华优秀文化与国际学生汉语类课程融合路径之研究”阶段性成果。

要是赴南非的汉语志愿者和公派教师基于自身教学的研究或调查，如冯雷提出南非的汉语教学急需加强学生的学习动机，探讨在教学中如何平衡听、说、读、写四项技能教学[①]；孙琴等探讨了南非汉语教师在跨文化适应方面存在的困难[②]；王振宇调查了开普敦地区具有代表性的三所中学的汉语教学现状[③]；任少泽调查了斯坦陵布什大学孔子学院下属两个小学教学点的情况[④]；逯珊珊调查了南非行政首都比勒陀利亚地区的中国文化和国际教育交流中心孔子课堂（CCCCIEEC）[⑤]；吴华鹰调查了南非开普敦西蒙镇学校中学生汉语学习者场独立/场依存认知风格与口语输出之间的关系[⑥]。以上研究以汉语志愿者的硕士论文为主，多是针对南非汉语教学情况进行的个案或小范围调查研究，缺乏针对汉语课堂管理问题进行的专门研究。

而课堂管理的好坏直接影响教学效果的好坏。不同国家、不同文化背景的学生课堂问题行为产生的原因各不相同。南非中学生的年龄大都处于14 ~ 18岁之间，正处于人生中的青少年阶段。其生理、认知、情绪等都处于不稳定的青春期。根据皮亚杰的认知发展理论，青少年处在思维能力由具体运算向形式运算过渡的时期，也有学者将这一时期的变化称为“智力的生长突进”。其思维的独立性、批判性、灵活性都有了显著的发展，可以摆脱成人的限制，形成自己对人对事的看法，自我效能感很强。鉴于此，有必要结合南非中学生的特点对汉语课堂的管理情况进行调查和分析。

---

① 冯雷：《南非汉语教学急需解决的两个实际问题》，世界汉语教学学会秘书处，《世界汉语教学学会通讯》，2009年第3期。

② 孙琴、李艳：《国际汉语教师跨文化适应策略分析——以国家公派到南非的教师为例》，《云南师范大学学报》（对外汉语教学与研究版），2012年第1期，第63–67页。

③ 王振宇：《南非中学汉语教学现状调查》，硕士学位论文，中山大学，2016年。

④ 任少泽：《南非中小学汉语作为第二辅助语言的教学现状分析以及发展建议》，硕士论文，渤海大学，2017年。

⑤ 逯珊珊：《CCCCIEEC汉语教学现状调查报告》，硕士学位论文，黑龙江大学，2018年。

⑥ 吴华鹰：《场独立/场依存认知风格与汉语初级口语关系的研究》，硕士学位论文，中山大学，2019年。

二、调查设计

（一）调查目的

为了了解南非中学生在汉语课上易于出现的问题行为及产生的原因、教师的处理方法以及教师的课堂管理规则等，笔者结合教师的课堂管理理念与课堂管理实践，设计了本次调查问卷。

（二）调查对象

本次问卷的调查对象是在南非中学（8—12年级）有过汉语教学经历的老师，包括现任教师和已经离任的教师。不包括疫情期间赴任、只有线上教学经历但没有线下教学经历的教师。发放范围包括斯坦陵布什大学孔子学院、开普敦大学孔子学院、约翰内斯堡大学孔子学院、德班理工大学孔子学院、开普数学科技学院孔子课堂、威斯福中学孔子课堂、中国文化和国际教育交流中心孔子课堂等7所孔子学院及孔子课堂的汉语老师。

（三）调查内容

闻亭等在《国际汉语课堂管理》一书中指出，课堂管理的内容应该包括：教学环境、教师行为、学生行为与能力、课堂规则与秩序、课堂效率、教学过程与目标以及其他综合因素。① 笔者结合相关理论和南非的实际情况，将问卷分为五个部分，调查内容分别为教师基本信息、南非汉语课的基本情况、教师对课堂管理的看法、教师的课堂管理方法、学生的问题行为和教师的处理方法，共33道题，其中两道为关联题，若上一题答案为“否”可直接跳过。

① 闻亭、常爱军、原绍锋：《国际汉语课堂管理》，高等教育出版社，2013年，第3页。

（四）调查实施

由于调查对象遍布南非各省，一部分已经回国，并且因疫情原因不便发放纸质问卷，因此，笔者使用线上平台“问卷星”于 2020 年 10 月 21 日共发放 25 份问卷，回收了 25 份有效问卷。

三、调查结果及分析

（一）基本信息

在 25 位调查对象中，志愿者有 22 位，占比达 88%，公派教师仅 3 位，占 12%，没有本土教师。所有教师的学历都在大学本科及以上，其中 96% 为硕士研究生，只有一位教师为大学本科学历；72% 的教师专业为汉语国际教育。在赴南非任教前，72% 的教师有过教学经验，其中 88.89% 的教师有过汉语教学经验，但在赴南非任教前汉语教学经验不足一年的教师达到了 75%。这些信息表明南非的汉语教师队伍受过高等教育，具备一定的汉语教学能力和专业性。然而，25 位调查对象中有 52% 的教师在南非的任教时长不足一年，只有 8% 的教师任教时间超过三年。此外，这些教师都同时教授小学和中学的多个班级。由此可见，南非中学的汉语教师主要由志愿者组成，任期短，因此教师队伍的稳定性和延续性不足，教学经验也明显不足。

（二）南非中学汉语课的基本情况

第一题是关于教师任教的中学汉语课类型，调查结果如图 1 所示。

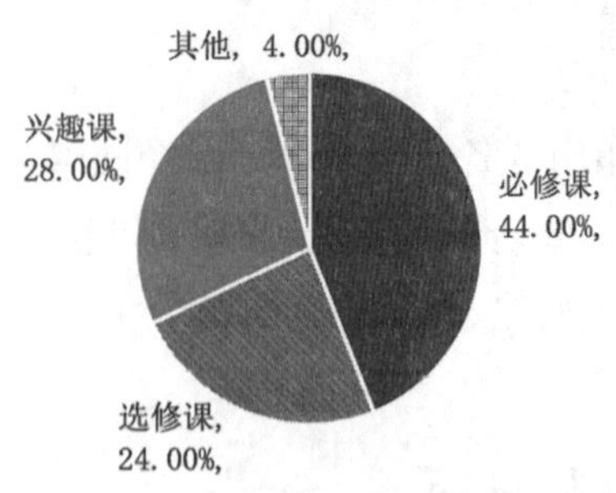

图 1　各中学汉语课的类型

由图 1 可以看出，虽然汉语在 2018 年已正式成为南非高考自选科目之一，但仍有 28% 的学校将汉语设置为兴趣课，说明南非大部分学校对汉语课不够重视。另外，虽有 44% 的学校将汉语设置为必修课，但由于 8、9 年级的汉语成绩不计入学生档案，不影响其升学，导致学生学习汉语缺少了外部压力的学习动机，影响了学生对待汉语课的态度。

第二题是关于教师所在教学点是否有专门的汉语课教室。调查结果显示，20% 的教学点没有专门的汉语教室。笔者曾访谈过没有固定汉语课教室的老师，他们表示由于没有固定教室，每次上课可能都在不同的教室，导致学生经常不知道去哪里上汉语课。有时找到的教室条件不好，教师要自备白板，对学生和教师的教学都造成了很大不便。可见，没有固定的汉语课教室对汉语教学产生了不利的影响。

第三题是关于汉语课使用的教材，为填空题，结果统计如图 2 所示。

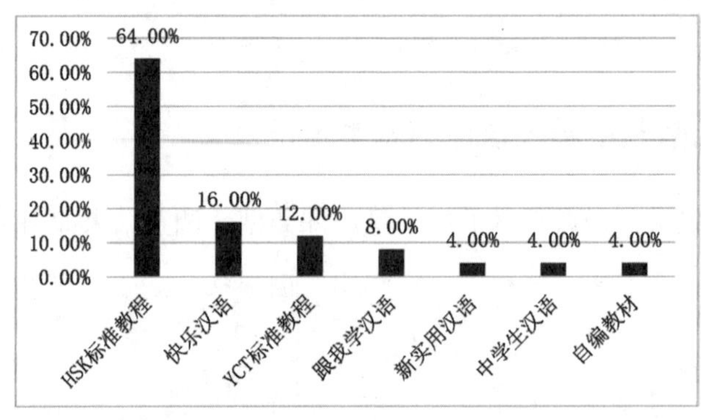

图 2　南非中学汉语教材使用情况

注：有使用两种及以上教材的教师，所以数据之和非 100%。

南非没有本土汉语教材，各学校也没有统一的汉语教材，而是由教师自行选择。其中《HSK 标准教程》使用最广泛，占 64%，其他常见教材依次为《快乐汉语》《YCT 标准教程》《跟我学汉语》《新实用汉语》和《中学生汉语》，还有 4% 的教师使用自编教材。这表明，尽管汉语已成为南非高考科目之一，并且有考试大纲，但并没有统一的教材，而是由各教学点的教师自行选择，教学内容不够规范。另外，由于南非的汉语教师多为短期汉语教师志愿者，教学交接程序不完善，经常出现新教师接手教学的情况，导致学生重复学习已掌握的内容，进而对汉语学习产生厌倦。

（三）教师对课堂管理的看法

本部分设计了 8 道问题。关于“课堂管理的重要性”，调查结果如图 3 所示。

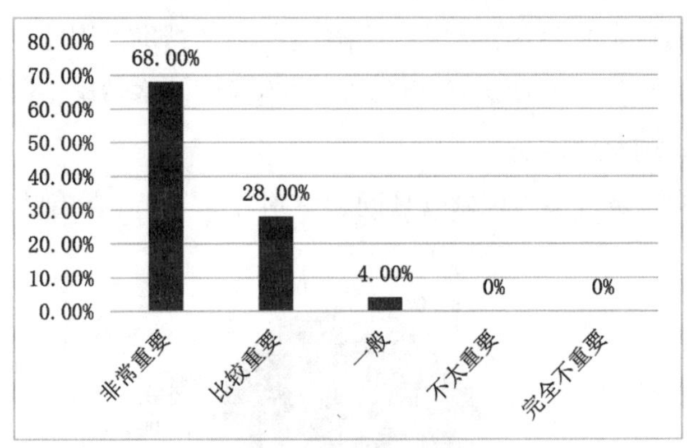

图 3　教师心中课堂管理的重要性

图 3 显示，68% 的教师认为课堂管理非常重要，28% 的教师认为比较重要。课堂管理的好坏直接关系到课堂教学效果的好坏。南非汉语教师基本上都认识到了课堂管理的重要性，这是管理好课堂的一个重要前提。

但是，教师在赴南非任教前是否了解南非的课堂管理情况呢？调查结果如图 4 所示。

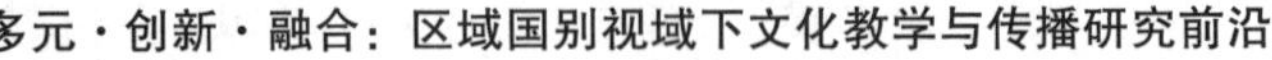

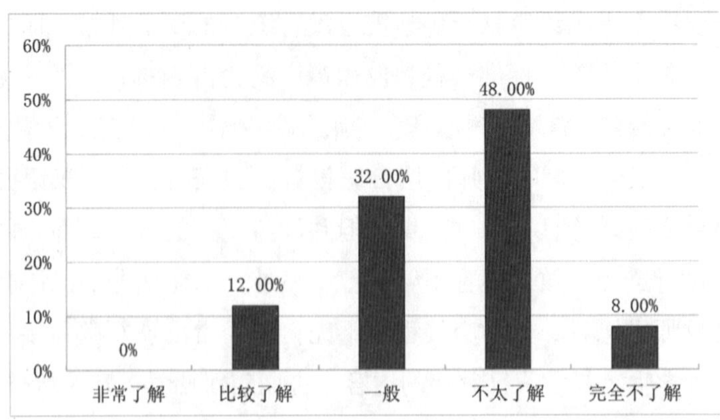

图 4　赴任前教师对南非课堂管理情况的了解程度

图4显示，48%的教师在赴任前对南非课堂管理情况不太了解，还有8%的教师完全不了解，只有12%的教师比较了解。这和教师普遍认为课堂管理很重要的结果形成了巨大反差。提前了解赴任国家的基本国情、教学情况等对减轻教师赴任后的焦虑和文化休克有很大帮助。因此，在赴任前的教师培训中，应重点介绍赴任国的教学与生活的基本情况，以便教师在赴任后走上讲台前有所准备。

关于教师“是否会因课堂管理问题感到苦恼”的调查结果如图5所示。

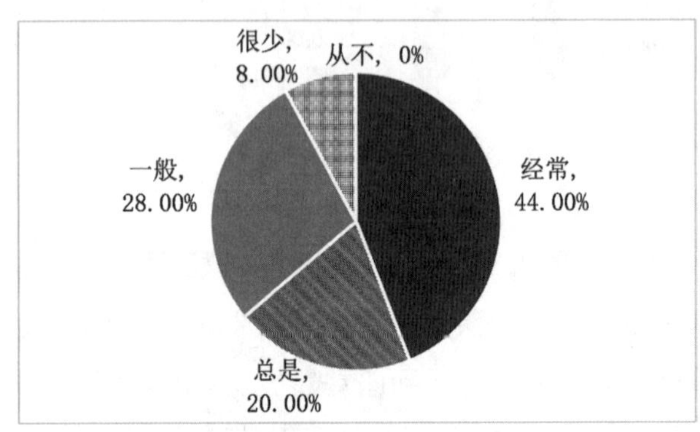

图 5　教师因课堂管理问题感到苦恼的频率

从图5可以看出，虽然大多数教师都认识到了课堂管理的重要性，但由于缺乏教学经验，在赴任前对南非中学生的课堂管理情况不太了解，导致只有8%的汉语教师很少为课堂管理感到苦恼，而常因课堂管理问题感到苦恼的教师占比则多达 64%。这说明南非中学生汉语课堂管理问题多，并且是一个普遍存在的现象。

教师对自己课堂管理效果的评价如图 6 所示。

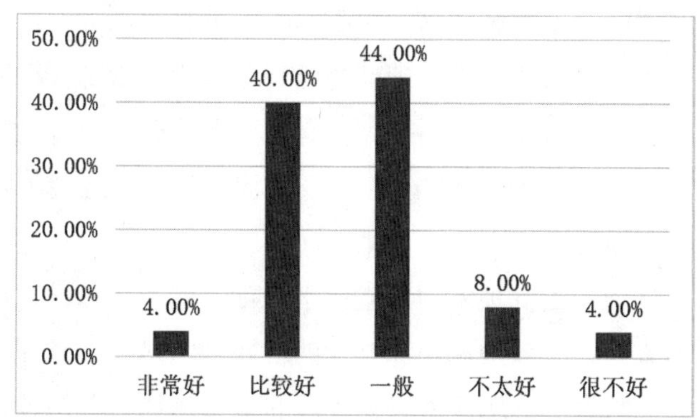

图 6　教师对课堂管理效果的自我评价

从图 6 可以看出，认为自己课堂管理效果非常好的教师占比仅有 4%，而认为自己课堂管理效果一般或不好的教师占比则达到了 56%。这反映出南非汉语教师课堂管理效果欠佳的现状。管理效果不理想的原因可能是多方面的，例如教师经验不足、学生自身特点、文化背景影响等。但毋庸置疑，需要重视和改善南非中学生汉语课堂管理现状。

关于教师因课堂管理问题感到苦恼与对教师上课积极性的影响，统计结果如图 7 所示：

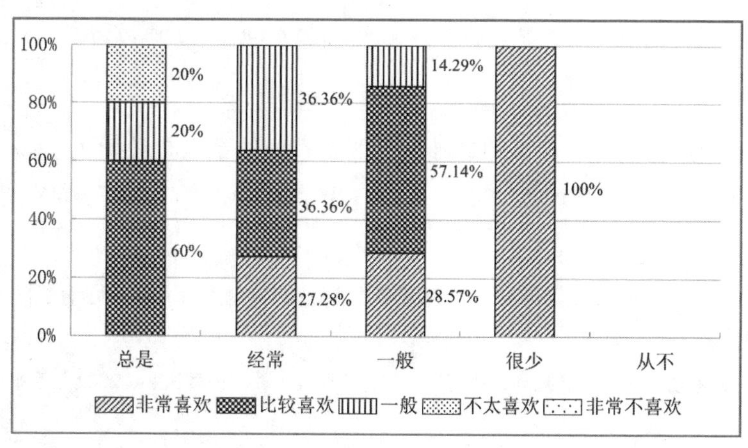

图 7　教师因课堂管理问题感到苦恼与教师对上课喜欢程度的关系

从图7可知，只有20%的教师选择不太喜欢给南非学生上汉语课，并且这部分教师均表现出总是为课堂管理感到苦恼。相反，很少为课堂管理感到苦恼的教师则表现出非常喜欢给南非学生上汉语课。可见，因课堂管理问题感到苦恼的频率与教师喜欢给南非学生上汉语课的程度呈负相关，这说明南非中学生的汉语课堂管理问题已直接影响了教师授课的积极性。但是，“教师要干好教育工作，首先要有强烈而持久的教育动机，有很高的工作积极性”[①]。如果不及时改善这一现状，久而久之会影响到整个南非汉语教学事业的发展。

课堂管理是为了更好地实现课堂教学目标。刘家访指出，课堂管理就是通过适当的方式，有效地调控课堂中的各要素，最终达到课堂教学顺利进行的目的。[②]问卷中“您认为课堂管理的重点是什么”的调查结果也与此相符，如图8所示。

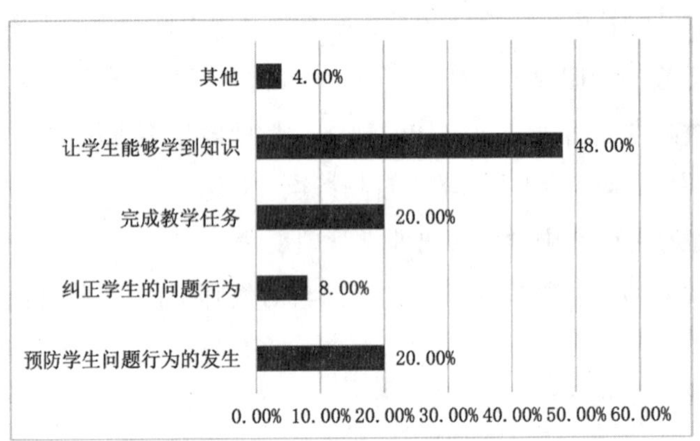

图8 课堂管理的重点

由图8可知，有48%的老师认为课堂管理的重点是让学生能够学到知识，20%的老师认为课堂管理的重点是为了预防学生问题行为的发生，还

① 林崇德、申继亮、辛涛：《教师素质的构成及其培养途径》，《中国教育学刊》，1996年第6期，第16–22页。

② 刘家访：《课堂管理理论研究述评》，《课程·教材·教法》，2002年第10期，第70–72页。

有 20% 的老师将完成教学任务作为课堂管理的重点。这说明教师基本能正确认识课堂管理的目的，这对教师实施课堂管理行为有一定的指导和辅助作用。

在这一部分，笔者还调查了课堂环境对课堂管理效果的影响，结果如图 9 所示。

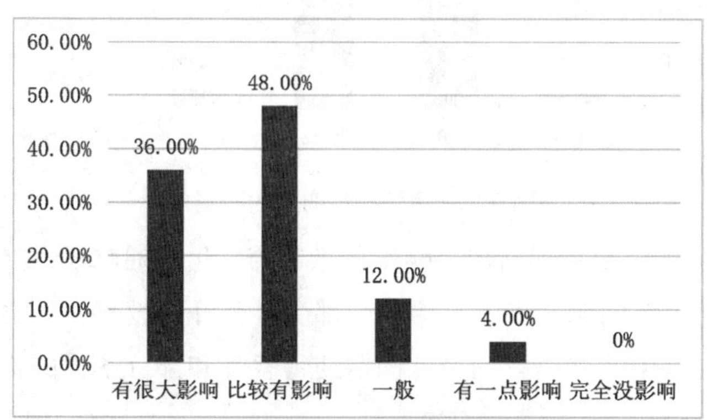

图 9　课堂环境对课堂管理效果的影响

图 9 显示，认为课堂环境对课堂管理有很大影响和比较有影响的教师分别占 36% 和 48%，说明在南非教室环境对课堂管理影响比较大。由于南非公立学校学生人数多，每个班级人数为 40 到 60 人不等，如果将桌椅摆放成圆桌型，会出现空间不足、座位不够的情况。另外通过笔者的实践，发现圆桌型的教室环境会让课堂更加吵闹，难以管理。而传统的横向排列法既可以确保每个学生都在教师的可视范围内，又可以让学生更加清楚地看到教学内容，使他们的注意力相对集中。学生的座位安排则要考虑学生的身体条件（如近视眼）、在课堂上的表现等情况，及时灵活地进行调整，例如将非常调皮的学生安排到第一排，将喜欢说话的小团体分开安排等。

关于教师“和学生沟通是否交流顺畅”的调查结果如图 10 所示。

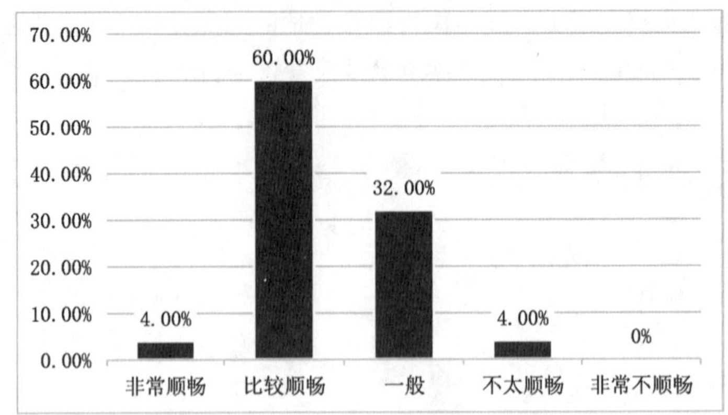

图 10　教师与学生沟通的顺畅度

从图 10 的结果可以看出，64% 的教师与学生沟通顺畅，36% 的教师与学生沟通存在问题。虽然汉语教师都受过良好的教育，英语是南非的官方语言，但南非多语言的特殊国情使得教师和部分学生的沟通不那么顺畅。

（四）教师的课堂管理方法

Emmer 等认为，虽然优秀的课堂管理者所采用的规则和程序不尽相同，但是所有管理有效的课堂一定都离不开规则和程序。[①] 制定合适可行的课堂规则可以让学生清楚进入课堂时该如何规范自己的行为，减少课堂的混乱，并且清晰明确的课堂规则也是形成良好的班级氛围的前提之一。

关于南非中学的汉语教师是否为汉语课制定了专门的课堂规则，调查结果如图 11 所示。

① Edmund T. Emmer 等：《中学课堂管理》，王毅译，中国轻工业出版社，2004 年，第 16 页。

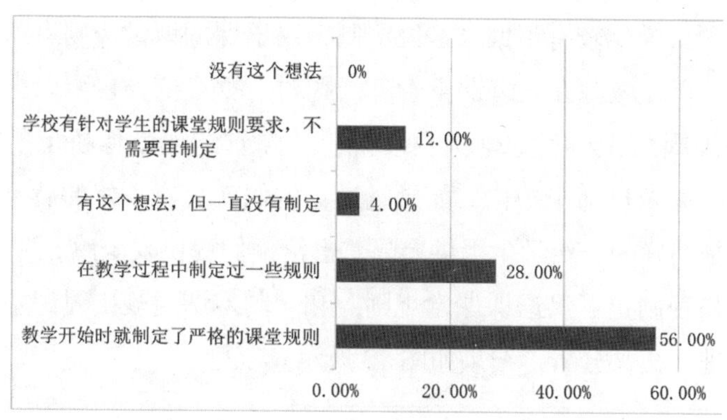

图 11　教师课堂规则制定情况

由图 11 可知，56% 的汉语教师在教学开始时便制定了严格的课堂规则，但 12% 的教师是直接使用学校的课堂规则，并没有制定针对汉语课的课堂规则。刘家访曾说过：“课堂纪律既是保证课堂教学顺利进行的前提，又是学生社会化的一个有效途径。因此，建立一个适合于课堂的纪律规范，有助于教师教学质量的提高，也有助于学生的全面发展。”[①] 可见，结合汉语课的特点制定专门的课堂规则是非常必要的。那么制定专门的课堂规则对课堂管理有没有帮助呢？结果见图 12。

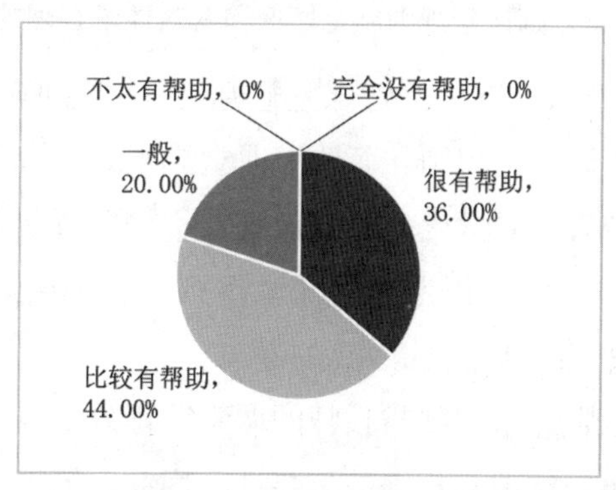

图 12　制定课堂规则对课堂管理的帮助程度

图 12 显示，36% 的教师认为制定课堂规则对课堂管理很有帮助，有

① 刘家访：《课堂管理理论研究述评》，《课程・教材・教法》，2002 年第 10 期，第 70–72 页。

44% 的教师认为比较有帮助。这说明制定汉语课的课堂规则有助于课堂管理，不仅可以让教师在处理课堂管理问题时有据可依，也可以更好地帮助学生树立规则意识。正如李满兰所说："课堂纪律就像桥上的护栏，桥上的人不能去越过那个护栏，如果越过，他们就会有不好的后果。课堂纪律也应该是明确的，给学生提供界限，也给他们提供安全感。"①

将"是否制定了汉语课课堂规则"和"制定课堂规则对课堂管理的帮助程度"进行交叉分析，结果如图 13 所示。

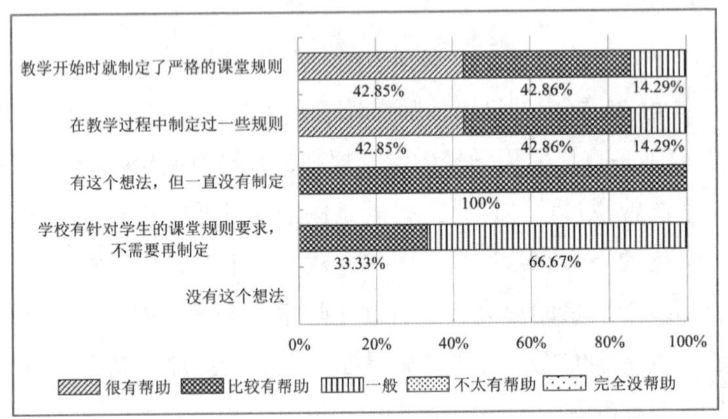

图 13　汉语教师课堂规则制定情况和其对课堂管理的帮助程度

从图 13 可以看出，认为制定课堂规则对课堂管理很有帮助的教师都制定了专门的汉语课课堂规则，而认为课堂规则对课堂管理帮助一般的教师多分布在"学校有针对学生的课堂规则，不需要再制定"这一项。这说明从一开始便积极制定汉语课专属课堂规则的教师会更认真对待这些规则，因此对课堂管理的帮助也更大。

从教师是否制定课堂规则与教师的课堂管理效果自评的交叉分析图中可以更直观地看出制定课堂规则的重要性。因此，笔者又将"是否制定专门的课堂规则"与"课堂管理效果自评"进行了交叉分析，结果如图 14

① 李满兰：《论对中小学生的对外汉语教学课堂管理》，《华商》，2008 年第 18 期，第 77+82 页。

所示。

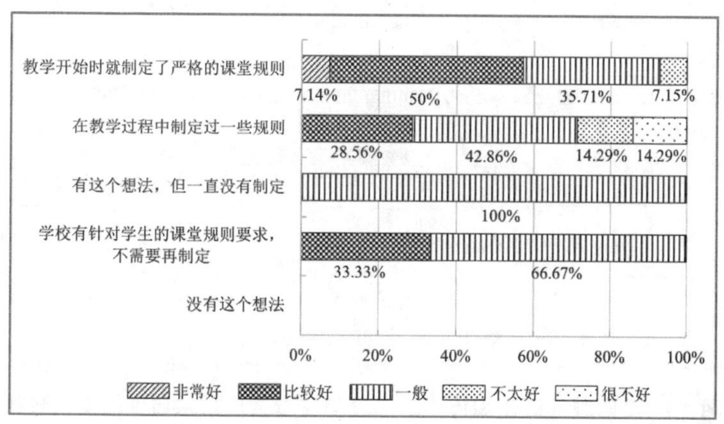

图 14　汉语教师课堂规则制定情况与课堂管理效果自评的交叉分析

如图 14 所示，觉得自己课堂管理效果非常好的教师只占 7.14%，全部分布在“教学开始时就制定了严格的课堂规则”这一选项，并且其中一半的教师觉得自己的课堂管理效果比较好。另外，笔者发现，“在教学过程中制定过一些规则”但觉得自己的课堂管理效果很不好和不太好的教师占比均为 14.29%。这说明课堂管理情况具有不可预测性。课堂管理效果会受到教师课堂规则的执行度、教师个人的管理方法以及学生个人因素等多方面的影响。如果没有一个良好的开端，学生可能会不认真对待教学过程中随意制定的课堂规则。

接下来，笔者调查了“教师对学生违反规则行为的态度”与“课堂管理效果”的关系，结果如图 15 所示。

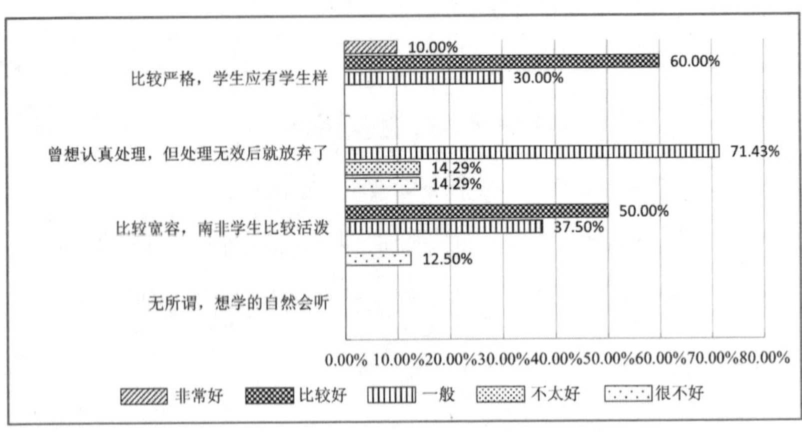

图 15　汉语教师对违规行为的态度与课堂管理效果自评的交叉分析

从图 15 可以发现，对学生违反课堂规则的行为严格处理的教师，课堂管理效果更好。在严格对待学生问题行为的教师中，有 10% 的教师认为自己的课堂管理效果非常好，60% 的教师认为自己的课堂管理效果比较好。而“曾想认真处理，但处理无效后就放弃了”的教师，认为自己课堂管理效果很不好和不太好的均占 14.29%，认为自己课堂管理效果一般的高达 71.42%。这说明教师不仅要制定课堂规则，还要严格执行和落实规则。教师要认识到学生的行为习惯不是一天两天养成的，要想改掉他们的不良行为，也不是一蹴而就的，要坚持不懈地予以纠正。如果制定了课堂规则但却不执行，那规则就形同虚设，还会让学生觉得老师只是说说而已，进而变得更加肆无忌惮。

（五）学生的问题行为和教师的处理方法

陈时见在《课堂管理论》中指出：“课堂问题行为是指学生或教师在课堂中发生的、违反课堂规则、程度不等地妨碍及干扰课堂活动的正常进行或影响教学效率的行为。”[①] 不同国家学生的问题行为有共性的部分，也有个性的部分。本小节主要调查南非中学生汉语课堂的主要问题行为、

① 陈时见：《课堂管理论》，广西师范大学出版社，2002 年，第 193 页。

引发原因以及汉语教师在遇到无法解决的课堂管理问题时如何处理。

关于“学生在汉语课上经常出现哪些问题行为”，是多选题，统计结果如图 16 所示。

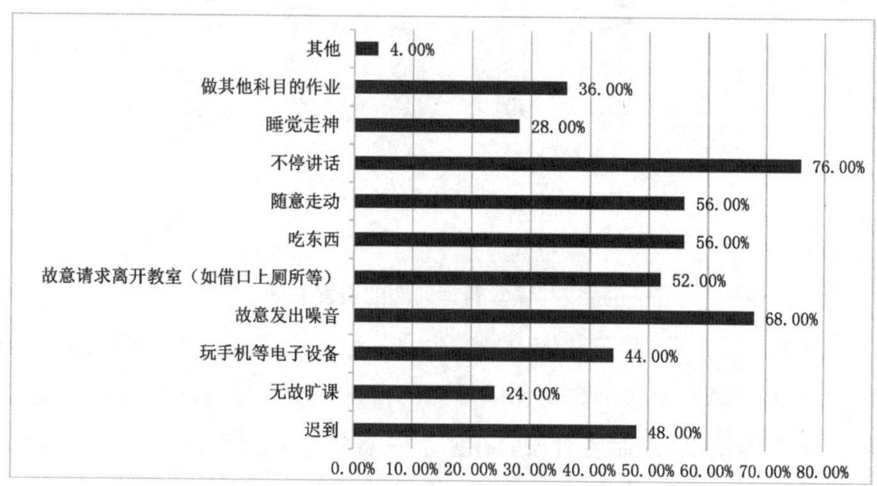

图 16 南非中学生在汉语课堂经常出现的问题行为

从图 16 可以看出，南非中学生的课堂问题行为排名前几位的分别是：不停讲话的占 76%、故意发出噪声的占 68%、吃东西的占 56%、随意走动的占 56%。李晓婧的调查显示，泰国中小学生课堂问题行为主要表现为迟到、无故缺课、随意说话、随意走动、睡觉走神。[①] 由此可见，故意发出噪声和吃东西这两个问题行为与南非学生的自身特点密切相关。另外，睡觉或者走神的问题在课堂中比较少见，只占 28%，这反映出南非中学生在生理上的独特性。

课堂管理问题除了会由学生行为引发外，还会因教师经验不足、处理不当或者学校环境等外部因素引起。为了调查南非中学生课堂管理问题的引发原因，笔者对此进行了调查。该题为多选题，结果如图 17 所示。

---

① 李晓婧：《泰国中小学汉语课堂学生问题行为调查》，硕士学位论文，山东大学，2014 年。

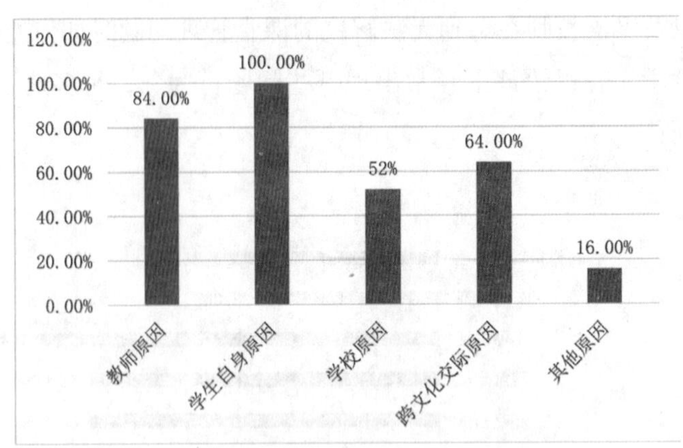

图 17　课堂管理问题的引发原因

图 17 显示，被调查者认为是学生自身原因引发课堂管理问题的占比高达 100%，其次是教师自身原因导致的占比 92%，还有 60% 的被调查者认为与学校相关管理制度有关。在调查中笔者发现，南非的汉语学习者相比而言更活泼好动，缺乏规则意识。加之南非的汉语教师大多为汉语志愿者，经验不足，而且学校有些管理制度明显不利于课堂管理。如：没有固定的汉语教室，且两门课程之间没有课间休息，导致学生进入汉语班级的时间不一，课堂比较混乱；学校在上课时间段播放广播，影响课堂教学等等。

课堂管理问题的出现是否有规律可循？是否会受到特定的教学环节影响？关于这些疑问的调查结果如图 18 所示。

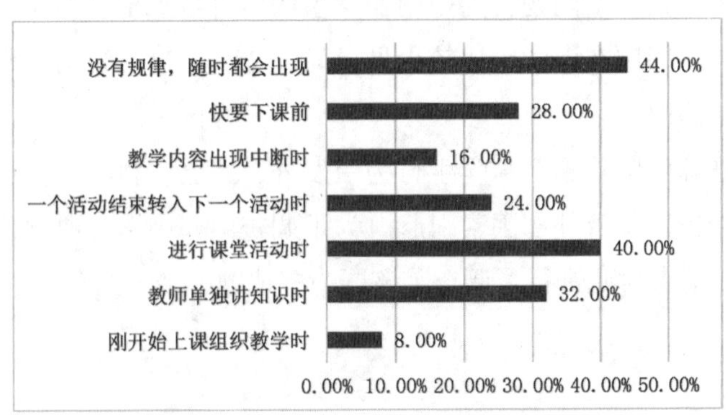

图 18　课堂管理问题的出现时间

从图 18 可以看出，44% 的老师认为课堂管理问题的出现没有规律可循。这说明南非中学生汉语课堂管理问题不仅数量多，而且出现的随机性很大，对教师的课堂管理能力要求非常高。此外，“进行课堂活动时”和“教师单独讲知识时”这两个时间段出现问题的比例相对较高，分别是 40% 和 32%。针对这两个时间段出现的管理问题，教师要通过改进授课方法、提高活动组织能力来不断改善。

教师在进行课堂管理时也会遇到各种困难。具体困难有哪些？其中对教师来说最大的困难又是什么？结果分别如图 19 和图 20 所示。

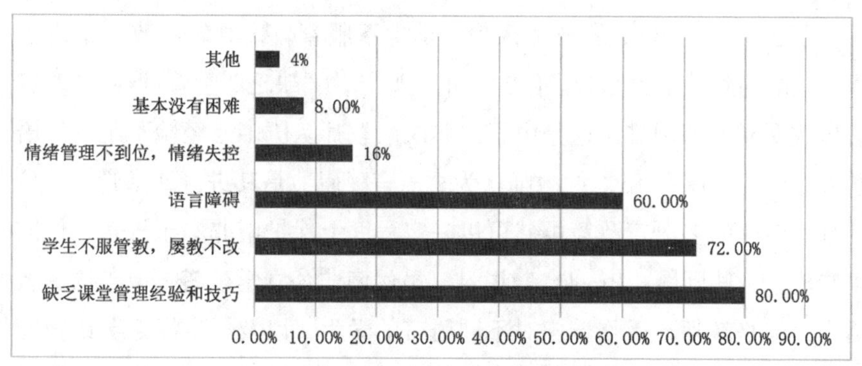

图 19　教师进行课堂管理时遇到的困难

从图 19 可以看出，80% 的教师在进行课堂管理时遇到的最多困难是缺乏课堂管理经验和技巧，这与前文对教师教学经验的调查结果一致。其次是“学生不服管教，屡教不改”，占 72%。因为“语言障碍”遭遇课堂管理难题的老师占比为 60%。这表明在南非这种语言情况复杂的国家，汉语教师一方面要不断提高使用英语和学生沟通的能力，还要积极学习其他本土语言。

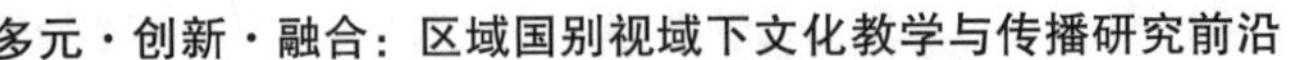

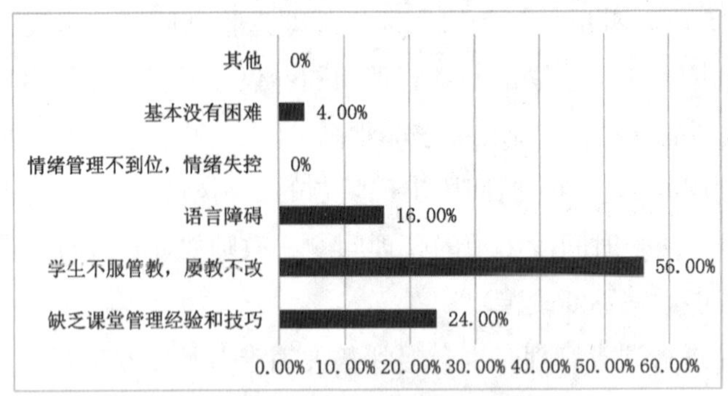

图 20　课堂管理时遇到的最大困难

图 20 显示，56% 的教师认为“学生不服管教，屡教不改”是进行课堂管理时遇到的最大困难。有 24% 的老师认为“缺乏课堂管理经验和技巧”会导致课堂管理困难，这是由于南非汉语教师队伍多是经验不足的汉语志愿者导致的。还有 16% 的教师认为“语言障碍”是其进行课堂管理的最大困难，南非的多语言政策虽然可以一定程度上保护南非本土语言，但同时也造成了一些问题。Brook① 曾说过，虽然南非公立学校盛行以英语为教学语言，但是教师却面临着应对不同语言的学生，以及学生缺乏英语技能等挑战。如何更好地了解南非中学生的特点，提高课堂管理效果是所有汉语教师都要思考的问题。

最后两个问题关于如何提升自己的课堂管理能力以及遇到自己无法处理的问题时如何解决。图 21 显示了“在遇到中学生课堂管理问题方面的困惑时，您会怎么做”的结果。

① Brook，D.L. “Social studies for multicultural education：A case study of a racially integrated school in south africa”，*Georgia Social Science Journal*，Vol.22，No1，1991，p.1–10.

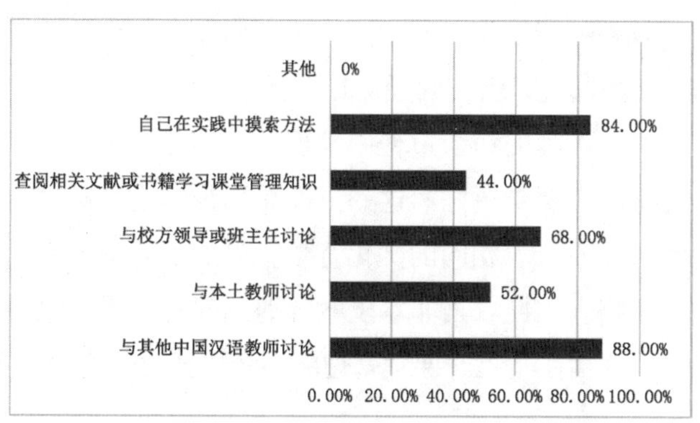

图 21　教师对课堂管理问题感到困惑时的解决办法

根据图 21 可知，88% 的汉语教师在遇到困惑时会选择与其他中国教师进行讨论。因为他们的语言沟通更顺畅，办公和居住地点集中，文化背景相同。还有 84% 的教师会自己在实践中摸索方法，选择“与校方或班主任讨论”的教师占比为 68%，而选择“与本土教师讨论”的教师占比为 52%。据此笔者认为，汉语教师可以根据情况采用以上方法，尽量多与本班其他课程的本土教师沟通、请教，提升处理问题的能力。

“在遇到自己不知道如何处理的课堂管理问题时，您一般会怎么做”的调查结果如图 22 所示。

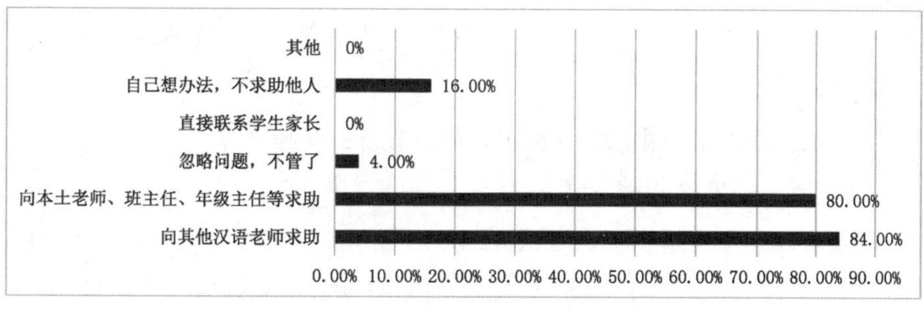

图 22　教师面对无法处理的课堂管理问题时的解决办法

图 22 显示，有 84% 的教师在遇到无法解决的问题时会“向其他汉语教师求助”，80% 的教师会“向本土教师、班主任、年级主任等求助”，采取“自己想办法，不求助他人”和“忽略问题，不管了”的老师分别占

16% 和 4%。后两种做法明显不可取，向他人求助是学习提高自己能力的一个途径，忽略和逃避只会使问题更加严重。

笔者在与本土教师的访谈过程中发现，大部分本土教师、班主任的课堂管理效果会比汉语课堂更好。这一方面是因为本土教师没有语言障碍，另一方面是因为他们有着相同的文化背景，更加了解南非中学生的特点，并掌握了应对策略。因此，当非本土教师遇到问题束手无策时，要积极向本土教师请教。这往往是提升课堂管理能力最快捷也最有效的方法。

四、结论

结合问卷调查结果，笔者认为南非孔子学院各中学的汉语课堂管理需要从以下几个方面进行改进。

第一，完善师资结构，培养本土教师。

目前南非各中学的汉语教师队伍以流动性强的汉语教师志愿者为主，缺乏本土师资，这使得教学缺乏持续性和延续性。在师资以汉语志愿者为主的情况下，要加强岗前培训的针对性，完善在南非的岗中培训制度，建立教师学习工作交流平台。同时，应该加强本土汉语教师的教育和培训，实施本土教师和非本土教师结对子的方法，取长补短，最终从根本上解决师资问题。

第二，开发本土化的统一教材，做好教学的交接工作。

南非已在 2018 年将汉语列为高考科目，并且制定了考试大纲，各孔子学院可以集中力量，根据考试大纲，组织一支国内外专家团队，包括南非各大学汉语言专业的专家、教授以及国内一线汉语教师，尤其是赴南非中学任教的教师，研发专门针对南非中学生的本土汉语教材。

根据调查结果，南非的汉语教师主体是汉语教师志愿者，其任期一般为 1 ~ 2 年。各孔子学院应该做好新老志愿者的教学交接工作，安排离任志愿者或者更换工作岗位的教师认真详细介绍所在教学点的教学情况，并确保将这些情况介绍交给下一任到岗的汉语教师，防止因为信息差导致的教学脱节和重复现象。

第三，学校完善课程安排，提高办学条件。

学校应该实施更科学的教学时间安排。例如，在不同课程之间安排固定的 10 分钟休息时间，便于学生更换教室，减少因换教室导致学生迟到的情况。此外，学校应该安排固定的汉语教室，并在班级设置储物柜，方便教师放置相关的教学用具和资料，同时布置适合汉语学习的教室环境。

第四，制定本土化的课堂规则，严格执行规定。

结合南非中学生的生理心理特点，教师制定课堂规则时要让学生参与进来，使他们感受到责任感和集体感。首先，可以由教师制定课堂规则的主要条款，然后由全体同学和老师共同商定完善课堂管理规则，包括各项细则以及遵守和违反的奖惩措施，确保每一个同学都清楚了解规则内容。其次，一定要严格执行管理规定，对表现好与不好的同学进行相应的奖励和惩罚，让学生从内心深处接受这些课堂规则并自觉遵守。

创新：国际中文领域文化教学与传播模式探寻

在这个新时期，面对新局面和新任务，国际中文教育面临着新的机遇和挑战。如何进一步创新国际中文教学方法，加强中外人文交流，推进国际传播能力建设，讲好中国故事，展现真实、立体、全面的中国，已经成为国际中文教育和中华文化传播领域摆在面前的重要课题。本节选取的六篇论文从文化教学的思路、方法、特色内容、授课形式、辅助手段、技术革新等不同角度介绍了针对创新性文化教学与传播的实践尝试，对新时期国际中文领域文化教学与传播进行了全方位范式革新探索。

国际中文教育视域下中国文化教学与传播的新思路与新尝试[①]
——以法属波利尼西亚大学孔子学院为例

外交学院外语系　王鹏飞

一、引言

近年来，随着我国经济社会的不断发展和国际影响力的日益提升，中文在国际交往中的作用日益凸显。世界各国民众学习中文、了解中国的热情持续高涨，个性化、差异化、多样化的中文学习需求与日俱增。“未来属于青年，希望寄予青年。”[②] 在庆祝中国共产党成立 100 周年大会重要讲话中，习近平总书记说出了对广大青年的充分肯定与殷切期盼，未来的

① 本文为 2022 年度教育部国际中文教育教学资源建设一般项目（项目编号：YHJC22YB102）、2021 年度汉考国际中文联盟专项项目“基于‘脚本 – 行动’模型的国际中文教育线上线下融合教学及其评价机制研究”（项目编号：CTI2021ZB06）的阶段性成果。

② 习近平：《在庆祝中国共产党成立 100 周年大会上的讲话》，光明网，2021 年 7 月 2 日，https://m.gmw.cn/baijia/2021-07/02/34965627.html。

发展，关键在于青年，构建人类命运共同体，同样需要世界各国青年携手努力，共襄盛举。党的二十大报告中强调，以文明交流超越文明隔阂、文明互鉴超越文明冲突、文明共存超越文明优越，共同应对各种全球性挑战。这一系列重要思想，充分体现了我国的全球视野、世界胸怀和大国担当，是关于中国特色社会主义文化建设和世界多元文明交流互鉴的科学论断，具有强大的吸引力、感召力和生命力。在这个过程中，国际中文教育及相关机构发挥着重要的桥梁与媒介作用，需要在传播中文和中国文化的同时，讲好中国故事，让世界青年认识当代中国、了解当代中国。新的发展形势既为国际中文教育，尤其是中国文化传播提供了新的机遇，也提出了新的任务。本文首先厘清新时期国际中文教育发展的新特征和对中国文化教学与传播的具体新要求，然后结合笔者所供职的法属波利尼西亚大学（以下简称“法波大学”）孔子学院在中文教学与传播中的针对性举措和所取得的经验，探索新形势下国际中文教育过程中中国文化传播的新思路。

二、新形势下中国文化传播所面临的新要求

长期以来，如何在国际中文教育中有效贯彻落实中国文化教学一直是理论研究和教学实践的难题。在新形势下，世界格局发生了巨大变化，在“讲好中国故事”，促进世界各国人民民心相通的新使命背景下，文化教学和传播面临着诸多崭新要求。笔者根据任职孔子学院与从事国际中文教育相关工作期间的学习和见闻，总结出中国文化在教学与传播中的三个新趋势与新要求。

首先，文化教学目标日趋多元，实现文化技能培养与跨文化交际能力培养并重。传统的对外汉语教学中，对文化内容的教学主要集中于对文化知识的讲授，即重点关注学习者“知道什么”的问题。[①] 然而，根据国际

① 祖晓梅：《新时期中国文化教学与传播的新探索——以〈国际中文教育用中国文化和国情教学参考框架〉为例》，《宁波大学学报》（教育科学版），2023 年第 1 期，第 5–7 页。

中文教育的最新特点和要求，要确立中文学习者的主体地位，全方位重视中文学习者能力的培养 。因此，文化教学的目标也需要从传统的知识培养转变为基于文化的学习能力和跨文化交际能力的培养。[①] 基于此，新出台的《国际中文教育用中国文化和国情教学参考框架》将文化教学的目标概括为文化知识、文化理解、跨文化意识和文化态度四个维度，充分显示了新形势下国际中文教育界对文化教学与传播的崭新理解。[②]

其次，文化传播内容不断丰富，从世界文化共通性视角讲好中国故事。国际中文教育中的文化教学与传播是践行讲好中国故事使命的重要环节，是展示真实、立体、全面的中国形象的重要途径。但传统的文化教学与传播，往往更凸显中国文化（尤其是传统文化）的独特性，而忽视了中国文化（尤其是当代中国文化）作为世界文化有机组成部分的整体性，以及中国文化与世界其他文化的共通性和亲和性。[③] 因此，要实现中国与世界民心相通的伟大目标，必须同步关照中国传统文化与当代中国实际国情，将文化的传统性、独特性与当代性、普遍性充分结合，展现中国在走向世界过程中，中华灿烂文化也在革故鼎新，不断焕发新的生机。

最后，新时期的文化教学与传播也面临着数字化转型的新课题。根据近几年国际中文教育的最新发展趋势，笔者发现，包括文化教学在内的多领域数字化、信息化融合，已成为国际中文教育的新发展特征。这一特征在2020年年初全球性疫情暴发之后愈发明显，大量课程由线下转移至线上，在对教师适应性和网络硬软件条件提出了新的考验的同时，对数字化、信息化教学资源的建设速度与规模也提出了更高的要求，以便提升与线上、远程授课形式的适配性。然而，反观数字化教学资源建设现状却不尽如人

① 中华人民共和国教育部、国家语言文字工作委员会：《国际中文教育中文水平等级标准（GF0025-2021）》，北京语言大学出版社，2021 年，第 1-8 页。

② 教育部中外语言交流合作中心：《国际中文教育用中国文化和国情教学参考框架》，华语教学出版社，2022 年，第 6 页。

③ 郭鹏：《文化教学的旧学新知》，《宁波大学学报》（教育科学版），2023 年第 1 期，第 8-12+19 页。

意。根据《国际中文教育教学资源发展报告（2021）》所载数据显示，目前国际中文教育领域数字化教学资源严重不足，仅占已出版教学资源总体的18.8%。其中，又多以语言本体类教学资源为主，针对文化内容的教学资源则凤毛麟角。[①]

针对上述新趋势、新要求，笔者所任职的法波大学孔子学院的中文教学团队积极探索，提出了新形势下针对中国文化教学与传播的诸多新的实践尝试。下面，重点介绍这些实践尝试所取得的成果与经验，以期为国际中文教育背景下中国文化的教学与传播提供新的思路。

三、针对多元文化教学目标的"脚本－行动"式教学模式及实践尝试

根据《国际中文教育中文水平等级标准》（以下简称《等级标准》）中的要求，为了落实文化教学的多元目标，应注重培养中文学习者的语言交际能力。笔者认为，在具体教学模式设计中，需要重点把握两个方面：一是加强对真实语言交际能力培养的侧重，二是在话题任务和语言交际训练中确立中文学习者的主体地位。

为实现国际中文教育能力培养的任务，需要探索崭新的文化教学模式。基于此，笔者与法波大学孔子学院教学团队一同确立了以"行动"为核心的国际中文教学理念，通过由浅入深、由局部到综合、由知识掌握到能力培养的系列"行动（任务）链条"，确保中文学习者"在行动中学，在反思中学，在合作中学"。为了更好地把握"行动"这一抽象概念，教学团队引入了法国外语教学研究领域中关于"行动脚本"的相关理论成果，以"脚本"促进和指导"行动"的开展。脚本设计包括行动参考、行动编排和行动预估三个部分，三部分又分别包含若干个具体环节。根据教学团队

---

① 教育部中外语言交流合作中心：《国际中文教育教学资源发展报告（2021）》，北京语言大学出版社，2022年，第138–141页。

前期研究及教学实践，可概括为适应于国际中文教育的“行动脚本”设计，其中包含七个环节（见图 1）。

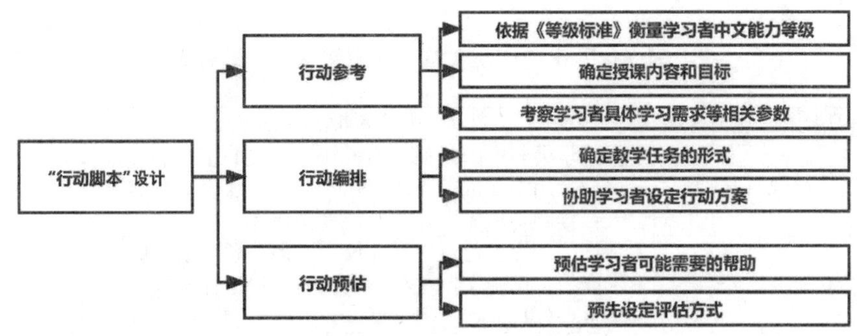

图 1　适应于国际中文教育的“行动脚本”设计环节

根据上文所分析的国际中文教育文化教学的新要求，应充分突出中文学习者的主体地位，发挥其主动性和创造性，培养学习者运用目的语完成任务、达成交际的能力。换言之，学习者“学”的过程是教学活动的核心过程，也是落实能力培养的关键所在。因此，在进行“脚本－行动”教学模型的具体应用时，需要注重转换传统国际中文教育课堂中的教师角色和学生角色。使学生学会主动学习和自主行动，使教师的身份转变为行动的铺垫者和学习者的辅助者。简言之，实现学生“活学活用”，教师“穿针引线”，师生“教学相长”的特色教学。①

在法波大学孔子学院“中国文化”课程中，教学团队在孔子学院中文教学活动的设置和执行方面实现了部分创新，即以“脚本”为依据，以“链条”为形式，以“能力培养”为目标。任课教师充分利用了“脚本－行动”教学模式，自主安排了多种“文化主题”，如饮食篇、服饰篇、教育篇、科技篇、对外交流篇、哲学思想篇等。以下以“饮食篇”为例，进行教学

---

① 参见王鹏飞：《欧洲面向行动式教学法简介及其应用》，《中小学外语教学》，2019 年第 9 期，第 1–6 页；王鹏飞等：《从“行动脚本”到“行动链条”：适应于国际中文教育的“脚本－行动”式教学模式设计与实践》，载范明进主编：《固本求新：国际汉语教学的新理念、新思路与新方法》，越南河内国家大学出版社，2022 年，第 101–108 页。

设计的呈现。

首先，根据课程及授课主题的提示，教师需要有针对性地确认教学“脚本”（见表1）。

表1“中国文化”课程“饮食篇”主题教学“行动脚本”设计

学习者语言能力等级	中等六级／高等七级
授课目标	学会：学会与中国饮食、用餐礼仪相关的中文语言知识 运用：运用中文进行餐厅交际（点菜、谈论菜品等） 融入：接触与适应中外不同饮食文化
能力培养	人际交往能力：习得用餐礼仪，习得与餐厅服务员沟通的能力 学术能力：用中文撰写与餐饮相关的评论性文章 社会事务处理能力：阅读菜单、点餐、撰写测评等
行动（任务）形式	初始行动（任务一，口头为主） 实践行动（任务二，口头；任务三，书面） 真实交际行动（任务四，口头＋书面）
行动（任务）方案	通过任务一到三，使学习者掌握行动所需的语言知识，并知晓餐厅测评应关注哪些方面，并完成任务四中真实交际能力的训练任务：根据“大众点评网”用户评价，撰写某中餐厅多模态餐饮综合测评（菜式、服务、性价比等）
教师提供的帮助	任务一：词汇知识的归类与讲授 任务二、任务三：为学生提供三道菜品的相关材料；为学生批改小文章 任务四：协助学生制订方案，对学生的初步成果提出批改建议，最后帮助学习者产出最终成果
评估方式	教师评分与学生互评相结合

基于上述教学“脚本”，可以有效开展和指导较大规模的教学活动，布置更为综合的教学行动。本教学团队采用“行动（任务）链条”，通过一系列行动实现语言交际能力的培养目标，具体分为初始行动、实践行动和真实交际行动三个环节。下面结合“饮食篇”主题教学，对三个环节的四个任务进行具体阐述。

▶初始行动为“准备型行动”，这一环节重点基于教师讲解，学习者习得相关知识。在“饮食篇”中，任务一重点是对中华餐饮文化、烹饪、点餐词汇句型等语言知识进行讲解，帮助学习者做好后续任务的准备。

▶实践行动指学习者在初始行动所积累的知识基础上，实践完成一些口语或书面任务。这一环节以学习者为主体，自主完成相关实践任务，教师仅作为辅助者，为学习者提供帮助。在“饮食篇”中，实践行动分为两项具体任务：

◆任务二：口语任务。教师首先以“麻婆豆腐”“炸酱面”“小笼包”的中文介绍文章与视频为线索，请学习者自行收集资料，介绍一款中国菜品。介绍内容不限，可包括菜品发展历史、饮食风俗、制作方法等。

◆任务三：书面任务。要求学习者以“我的美食观”为题，写小文章阐述自己对美食的看法，如重视美食（如色香味等）及美食相关要素（如餐厅环境、价格、是否“网红”等），为完成最终的真实交际行动做好铺垫。

真实交际行动则直接与真实语境下的交际任务与目标挂钩，将前两个环节的知识储备与实践成果综合运用。这既是“脚本－行动”特色教学的最终产物，也是真实交际能力培养这一教学目标的集中体现。在“饮食篇”中，最终真实交际行动（任务四）落脚于撰写或拍摄某中餐厅多模态餐饮综合测评。这使学习者在“撰写评论”这一真实交际情境下综合运用所学的词汇、句型和表达方式，同时锻炼了运用计算机、排版美化、视频剪辑等附加能力。在语言能力与外延能力两方面为未来可能面临的真实交际任务进行操练，打下坚实基础。

四、立足当代中国与现代信息技术，讲好中国故事，促进民心相通

习总书记 2017 年 1 月 18 日在联合国日内瓦总部的演讲上指出：“构建人类命运共同体是一个美好的目标，也是一个需要一代又一代人接力跑才能实现的目标。”[①]

多年来，孔子学院面向全球开展汉语教学，始终以语言和文化为载体，促进中外人文交流和民心相通，推动多元多彩的人类文明发展。截至 2023 年 1 月，全球共设立孔子学院 487 所，开办孔子课堂 1 000 多个，惠及各

① 习近平：《共同构建人类命运共同体》，《求是》，2021 年第 1 期，第 13 页。

类汉语学员近 1 000 万人，文化体验受众超过 1 亿人次，带动 80 多个国家将中文教学纳入国民教育体系[①]，有力推动了全球范围内的“汉语热”“中国热”持续升温。这也顺应了构建人类命运共同体的大背景和大趋势。

国际中文教育和孔子学院的高质量、快速发展既得益于上述提到的发展与办学宗旨，更得益于各国人民共同构建人类命运共同体的美好愿望与宏伟构想。过去，外国友人对中国和中国文化的了解往往局限于中国传统文化和中华才艺，但这一情况正在发生着悄然变化。国际中文教育的学员，尤其是青年学员，在学习中国传统文化知识的同时，也期待学习和了解当代中国发展的历程和经验。以笔者所任职的法波大学孔子学院为例，2021 年秋季学期开始前，多位孔子学院学员通过外方秘书与中方教学团队取得联系，希望在中国文化课上，在安排中国传统文化讲授内容的同时，加入有关中华人民共和国成立后的发展历程的相关内容。学员们表示，中国经济不断发展，综合实力不断增强，并已成为世界第二大经济体，且带领中国人民取得了脱贫攻坚战的全面胜利，希望从历史性角度全方位地了解 1949 年中华人民共和国成立后中国的发展历程。

孔子学院的学员们特别的授课要求虽然给法波大学孔子学院的中国文化教学增添了新的任务，但能以课程为载体，立足当代中国国情，向世界宣传中国模式、传播中国经验，促进“民心相通”的人类命运共同体建构。基于国际中文教育的最新发展需要，以及本孔子学院的具体教学实际，笔者与教学团队各位老师确立了以三种途径来落实当代中国国情相关内容融入中国文化课程教学。

一是探寻中国文化重要主题历史性与现代性的双重表征。新时期，国际中文教育视域下的中国文化教学，其目的是展现真实、立体、全面的中国形象。[②] 中国传统文化与当代中国国情是中国文化进程的两个重要主题，

---

① 数据来源于中国国际中文教育基金会和 2022 年国际中文教育大会。

② 郭鹏：《文化教学的旧学新知》，《宁波大学学报》（教育科学版），2023 年第 1 期，第 8-12+19 页。

二者不是相互割裂的，而是相辅相成的。因此，二者需要在文化教学的过程中实现统一。为了吸纳当代中国国情的内容而摒弃中国传统文化的内容，显然是不可取的。鉴于此，法波大学孔子学院教学团队努力寻找能同时反映传统文化与当代中国的文化要素，以多元的文化主题同时展现中华文明历史性与现代性的双重表征。文化课程任课教师自主安排了多元的授课主题：饮食篇、教育篇、服饰篇、科技篇、对外交流篇、哲学思想篇等。每一个主题下，都寻找切入点，巧妙地将传统文化内容与当代中国国情内容相结合。例如，在“饮食篇”中，教师以中国茶文化为切入点，将“茶圣”陆羽、《诗经》所反映的古代茶文化与流行歌曲歌词进行了联结，实现了中国文化古与今的碰撞。这种古今联结式的文化教学拉近了中国文化内容与孔子学院学员之间的距离，能够使学员了解中华文化一脉相承的发展历程和现代的生机活力；帮助孔子学院学员建立了更为系统的中国文化观，从历时性角度展现中国文化源远流长的一面，也为更好地完成“讲好中国故事”的任务提供了更好的先决条件。

表 2　中国文化课“古今联结”式教学主题及具体授课内容

1	饮食篇：“茶、酒中的传统文化” ◆以周杰伦歌曲《爷爷泡的茶》中的歌词“陆羽泡的茶，像幅泼墨的山水画”为引入，介绍唐朝茶学家“茶仙”陆羽及其《茶经》，继而讲述茶道文化中的“和而不同”“美美与共”的精神内涵； ◆以诺贝尔文学奖获得者莫言的作品《酒国》为引入，讲述中国酒文化，并通过“诗仙”李白对酒的喜爱讲述“酒”对于文人墨客的重大启发意义，并以书法家“草圣”怀素为例进行佐证，最后共同学习鉴赏怀素的《自叙帖》
2	教育篇：“从中国近代教育史看中法文化交流” ◆以五四运动为引入，讲述1919年后流行全国的“留法热”——留法勤工俭学运动。重点讲述在这一时期诞生的“里昂中法大学”为促进中法文化文学交流所做的贡献，以其校友敬隐渔（鲁迅作品译者）、李治华（《红楼梦》译者）为例进行佐证； ◆以周恩来、陈毅、邓小平等人物事迹引出以其为代表的留法勤工俭学生在法国进行的三次斗争（二·二八运动；拒款斗争；进驻里昂中法大学），讲述这三次斗争对促进中国革命、促进中国共产党的发展所起的作用

二是密切结合《理解当代中国》等国际中文教育最新教材内容，丰富国情相关内容的教学资源。2022 年 8 月，《理解当代中国》多语种教材正

式出版，其中就包含针对国际中文教育的系列教材。对引领学生知中国、观寰宇，提升国际中文学习者的国际视野具有重要意义。使用好《理解当代中国》国际中文教材是打造中国特色对外话语体系、服务中外交流交融的必然选择。本套教材一经面世，法波大学孔子学院教学团队便积极关注教材使用的相关活动。尤其是在2022年10月末，孔子学院公派教师担任指导教师，孔子学院志愿者组队参加展示交流的2022“汉教英雄会”华北区活动中，教学团队聆听了国际中文教育专家对《理解当代中国》教材的解读及具体使用指导。对《理解当代中国》教材的研读使教学团队更加清楚如何借助反映新时期国际中文教育新要求、新动向的最新教材，帮助孔子学院学员在进一步夯实中文基本功的同时，提高中文交际能力，感受中国发展的巨大成就，了解背后的中国主张、中国智慧和中国方案。来华国际学生是中国沟通外部世界的桥梁和纽带，他们是解读中国实践、讲好中国故事、传递中国好声音的重要力量。为此，孔子学院文化课教师采用分层、多样的教学方法，针对中国文化初学者，以文化知识介绍为主，结合上文提到的“古今联结”式文化教学，介绍传统文化与当代中国两方面的知识。针对中高级学习者，则加入思辨性讨论，即与中国当代发展经验紧密结合，积极引导学员自发去感受和认同“中国经验”与“中国道路”，实现共建人类命运共同体目标下的民心相通。上述授课方式收到了良好的效果，学员们在领略中华文明从古至今的发展历程与辉煌成就的同时，更加熟悉并认同当代中国的发展成就、发展理念和成功经验。孔子学院的学员们对脱贫攻坚、实现全面小康的成就与经验赞叹不已。

三是创新文化教学授课形式与资源载体。传统的文化授课往往拘泥于教室或现场体验的线下面授方式。但自新冠疫情暴发以来，线下授课模式受到极大的影响和限制。国际中文教育的许多授课任务被迫由线下转移至线上。而上文也提到，目前国际中文教育领域的线上教学资源相对有限，需要各方参与，共同投入到国际中文教育在线、数字化教学资源建设工作中来。在这个过程中，教育部语言合作中心起到了很好的引领作用。2021年和2022年，为配合新颁布的《等级标准》的落实，同时也为了丰富国际中文教育教学资源在形式与内容等方面的创新性，语言合作中心特别设立了教学资源创新建设项目专项，鼓励国际中文教育创新型教学资源的研制与推广。法波孔子学院的教学团队积极响应国际中文教育发展的需要，于2022年度申请并成功建立“面向法语母语者的‘中国文化与国情’教学资源与微课建设”项目。目前，项目团队正在抓紧进行教学资源设计与制作，期待能早日完成项目建设工作，为国际中文教育的数字化转型升级提供助力。

五、结语

以上笔者分析了新时期国际中文教育所面临的新要求和新任务。为了完成、落实好上述新要求与新任务，国际中文教育领域的各个机构、各个教学单位以及全体从业人员都有从教学方法、教学资源等方面履行好国际中文教育的责任。笔者与所在的法波大学孔子学院在文化教学与传播领域提出了崭新的思路，并付诸了实践尝试。希望法波大学孔子学院的探索与尝试能起到抛砖引玉的效果，未来有更多机构、教学单位和个人能够参与到国际中文教育，尤其是文化教学与传播的建设与发展中来。

国际中文教育线上文化教学模式的探索
——基于虚拟仿真教学模式视角

外交学院外语系 / 法属波利尼西亚大学孔子学院　周萍萍

一、引言

随着中国国际地位的不断提升，海外对学习中文和了解中国文化的需求大大增加。目前全球已有 70 多个国家将中文纳入国民教育体系，4 000 多所国外大学开设了中文课程。中国以外正在学习中文的人数约 2 500 万，累计学习和使用中文的人数近 2 亿。[①] 然而，当前海外逆全球化趋势明显，新冠疫情影响持续蔓延，线下教学模式受到极大冲击。可以说，大力发展在线中文教学是国际中文教育化危为机的必由之路。[②] 线

① 《全球已有 70 多个国家将中文纳入国民教育体系》，《光明日报》，光明网，2020 年 12 月 15 日，https://news.gmw.cn/2020-12/15/content_34463122.htm。

② 陆俭明等:《“新冠疫情对国际中文教育影响形势研判会”观点汇辑》,《世界汉语教学》, 2020 年第 4 期，第 435–450 页。

上教学的大规模开展给新时代中文教育和中华文化传播创造了新的发展机遇和空间，同时也提出了新的要求。文化教学是国际中文教育的重要组成部分，在后疫情时期，随着教育生态模式的改变，线上文化教学模式的理论框架构建、新型教与学关系的搭建，以及教学实践中存在的问题等亟须解决。目前已有很多学者从教学法、教育平台和教学模式等方面对线上国际中文教学进行了研究，提出了翻转课堂模式①、慕课教学模式②和“境外线上－境内线下”同步教学模式③等教学模式。但是，融合信息技术的线上国际中文教学的相关实践与研究方兴未艾，而且上述这些研究都是从国际中文教学整体出发的，尚未针对文化教学的线上教学模式进行探讨。因此，本文尝试引入虚拟仿真教学理论，结合目前线上文化教学的实态进行分析和研究，探讨虚拟仿真教学模式应用于线上文化教学的可行性。

二、文化教学的课程目标和线上实施概况

2014年的《国际汉语教学通用课程大纲》也强调了对外汉语文化教学的重要性，指出语言综合运用能力包含语言技能、语言知识、策略、文化能力四方面。④文化能力培养目标由文化知识、文化理解、跨文化能力与

---

① 孙瑞、孟瑞森、文萱：《“翻转课堂”教学模式在对外汉语教学中的应用》，《语言教学与研究》，2015年第3期，第34–39页；章欣：《基于任务的汉语翻转课堂教学模式初探》，《北京教育学院学报》，2015年第2期，第21–24+75页；王瑞烽：《疫情防控期间汉语技能课线上教学模式分析》，《世界汉语教学》，2020年第3期，第300–310页。

② 辛平：《教学理念视域下的对外汉语教学慕课分析》，《高教学刊》，2019年第16期，第6–9页。

③ 刘兆熙：《线上国际中文教学模式的探索与实践——基于建构主义学习理论视角》，《国际中文教育（中英文）》，2022年第2期，第67–75页。

④ 孔子学院总部、国家汉办：《国际汉语教学通用课程大纲》，北京语言大学出版社，2014年，第1页。

国际视野四方面组成。而文化能力的培养具有长期性、复杂性、内隐性和差异性。[①] 这些特点凸显了文化教学在国际中文教育中的重要性。2020 年，教育部颁布了《教育部关于孔子学院总部更名为教育部中外语言交流合作中心的通知》，将“汉语国际教育”更名为“国际中文教育”，明确了国际中文教育的发展目标，强调汉语应具备国际影响力。一种语言的国际影响力与其所属国家的综合国力和文化自信息息相关。

随着国际地位的上升和“一带一路”倡议的实施，近年来中国坚定文化自信，一直贯彻文化“走出去”的战略方针。2020 年 7 月，孔子学院正式更名为中外语言交流合作中心，成立“中国国际中文教育基金会”，提出今后将致力于为世界各国民众学习中文、了解中国提供优质的服务，为中外语言交流合作、世界多元文化互学互鉴搭建友好协作的平台。同时也明确了国际中文教育需要以汉语为媒介，在全球本土化视野下，向世界讲好中国故事，传播中国文化，进一步做好文化沟通和推广工作。

新冠疫情暴发前，文化教学主要通过线下传统的课堂教学来实施。除了传统的文化教材，教师也会借助网络信息技术，通过文化资源平台收集文化教学材料，以丰富多元化的教学模式。但是在疫情暴发后，由于交通中断、隔离管控等原因，全球人口流动性降低，大批留学生无法来华，当地的孔子学院、孔子课堂或其他中文教学机构也出现了关闭学校、停止课堂教学等现象，国际中文教育被迫转移到线上进行。由此，线上教学成为文化教学应对新冠疫情的主要形式。因为线上文化教学是线上国际中文教学的一部分，我们可以通过整个线上国际中文教学的实施情况来了解其现状。据调查显示，从线上教学的认可度来看，有近 68% 的教师认为教学运转良好，仅有 11.11% 的教师对线上教学不满意。而且，教师们对继续从事线上教学仍有信心。[②] 此外，74.44% 的教师不排斥继续进行线上教学；

---

① 徐敏亭：《国际中文教育文化教学：应为、难为、可为》，《汉字文化》，2022 年第 3 期，第 86–88 页。

② 林秀琴、吴琳琳：《关于线上国际中文教学的调查与思考》，《国际汉语教学研究》，2020 年第 4 期，第 39–46 页。

86.67% 的教师认为自己“清楚在线教学的问题与困难，下学期会做得更好”；61.11% 的教师“对未来的在线教学有把握”；66.67% 的教师认为，自己在线上进行的教学探索很有价值，未来还将继续沿用其中一些有效的方法。[①] 从教学效果来看，64% 的教师反映“自己满意，学生也满意”，甚至有 12.22% 的教师认为线上的教学效果好于面授。[②]

线上教学必须依托信息技术平台才能有效开展。大数据、云计算、人工智能、语音识别、5G 技术、虚拟现实、区块链等技术的革新为线上国际中文教育的开展提供了有利条件和支撑。目前包括文化教学在内的线上中文教学主要采用直播、录播、慕课和线上辅导等模式开展。腾讯会议、钉钉会议、超星学习通、智慧校园平台、知学云、Zoom、Microsoft Teams、Google Meet 以及中国大学慕课等，是线上文化教学使用的主要平台。学校也有自行开发的教学平台用于授课。此外，中文联盟、全球中文学习平台等在线中文平台已经应用到线上中文教学中。大数据技术的应用可以分析中文学习者的学习偏好等，为个性化学习提供精准服务；人工智能技术可以提升教学效率。利用现代信息技术融合网络教学资源建设的大型综合中文教育平台，为疫情下的大规模线上教学提供了可能。

三、线上文化教学实践存在的主要问题

线上教学作为国际中文教育应对新冠疫情的主要措施，虽然在疫情中发挥了很大的作用，但也存在一定的局限性。与线下面授相比，线上中文教学面临着从同空间到异空间、从无时差到有时差等的变化，教学难度陡增，教师层面、学生层面、教学平台层面以及文化教学自身特征层面都显现出不少问题。

① 林秀琴、吴琳琳：《关于线上国际中文教学的调查与思考》，《国际汉语教学研究》，2020 年第 4 期，第 39–46 页。

② 林秀琴、吴琳琳：《关于线上国际中文教学的调查与思考》，《国际汉语教学研究》，2020 年第 4 期，第 39–46 页。

（1）教师层面。线上教学模式加大了教师的工作量，备课时间长、压力大。课堂互动、教学方法、考试方式、作业形式、资源使用等都发生了很大变化。在课堂教学中，师生、同学间可以采用多种方式进行互动和学习。然而，线上教学的采用使课堂互动受到很大限制，很难实现零距离、无障碍的师生、生生互动。教师被迫改变教学模式，采用“对话练习”“分组讨论”“在线辩论”等形式，以及预设学生感兴趣的话题引发互动，但是这类形式缺乏创意，多为更易操作的方式，且非常有限。同时，线上教学需依靠信息技术，使用网络资源，这就向教师提出了信息素养要求。信息素养主要包括信息意识、信息知识、信息伦理和信息能力，而信息能力是核心。[①] 中文教师需要拥有将信息技术与中文课堂整合的能力，充分利用线上教学平台和软件技术，将教学内容与线上功能高度融合，有效进行信息化教学设计。但是，很多教师缺乏信息素养，线上教学经验不足，仓促上阵，造成现场“翻车”，状况不断。[②] 此外，中文教师因为对线上教学工具箱、教学资源库等缺乏了解，对线上平台的功能和应用场景不熟悉，导致教学过程僵化，人机关系单一。[③]

（2）学生层面。学生的参与度不够是目前线上教学出现的主要问题。线上学习具有便捷、灵活、自主等特点，学生可以随时随地参与。但是，线上中文学习还是面临一些困扰和问题。首先，最突出的问题是学生的网络信息素养不一，加上网速等技术原因带来的困扰，造成学生体验不佳。调查数据显示，在线教学中学生向教师反映“网络不顺畅，经常卡顿”的问题排在第一位。[④] 甚至有些国家经济落后，学生缺乏家用电脑等信息沟

---

① 王辉：《新冠疫情影响下的国际中文教育：问题与对策》，《语言教学与研究》，2021年第4期，第11–22页。

② 王良存、王辉：《拓展线上教学空间 促进国际中文教育发展》，《中国教育报》，2020年7月12日，第3版。

③ 李宝贵：《“后疫情时代”，国际中文教育如何转型？》，《人民日报海外版》，2020年7月3日，第11版。

④ 林秀琴、吴琳琳：《关于线上国际中文教学的调查与思考》，《国际汉语教学研究》，2020年第4期，第39–46页。

通工具，根本无法有效实施线上教学。为更好地实施线上教学，中文教师会使用多种不同的教学平台，丰富教学内容，这可能导致学生对教学平台的使用缺乏了解，以及操作不熟悉等问题，造成学生难以与教师的教学设计形成良好的配合。其次，线上教学平台的互动受限，也会影响学生的参与度，特别是文化课程中的一些文化体验课程，缺乏场景和意境，学生的感受度和体验度容易降低。因为实际教学场景的缺失，文化体验不足，导致学习者的学习动机、学习态度等都会发生变化。最后，在线中文教学可以居家学习，容易缺乏学习仪式感，加之网络教学管理宽松，对于一些主动性不够、自主性不强的学生来说，其注意力容易分散，从而导致学习效率降低。[①]

（3）教学平台层面。线上中文教学离不开教学平台。疫情之下，在线教育发展迅速，直播、录播、慕课等成为各类教育机构采取的应急教学模式，教学平台的发展显得尤为重要。目前线上教学平台层面存在的问题集中表现为两个方面。一是在线教学平台不完备。因为网络技术等原因，教学平台的稳定性不强，容易出现不顺畅、卡顿等现象，以及运行和维护等问题，给实际教学带来困难。大多数教学平台仅具备直播、录播、分组讨论、上传作业等功能，适应性和针对性不强，且非专门为语言教学而设计。[②] 还有教学平台的中文教学网络资源也亟须扩展和丰富。二是教育平台使用过程中出现的数字鸿沟和人机关系问题。国际中文教育的师生分布在世界各国，每个国家的网络技术环境和技术支持、学生使用的设备和软件条件等存在差异。中文教师和学习者之间，以及中文学习者之间都存在数字鸿沟。中国的网络教学平台还存在与国外中文学习者所在地的网络产

① 王辉：《新冠疫情影响下的国际中文教育：问题与对策》，《语言教学与研究》，2021 年第 4 期，第 11–22 页。

② 崔希亮：《全球突发公共卫生事件背景下的汉语教学》，《世界汉语教学》，2020 年第 3 期，第 291–299 页。

品使用政策、环境等不相符的问题。[①] 大数据、人工智能等技术的迭代和变革的加速使得人机关系的处理成为影响线上中文教学的重要因素。[②] 长时间的线上教与学容易使教师和学生过度依赖手机、电脑和网络，心理上出现焦虑等不适症状，产生人机关系不和谐的现象。

（4）文化教学自身特征层面。文化教学区别于语言教学，具有多样性、复杂性和传播性。世界由多元文化构成，不同地域、不同国家和不同文化群体中都存在着文化差异，且不会消失。国际中文教育中的文化教学是一种跨文化交际行为。中文教师单纯立足于本国文化视角，容易忽视中文学习者的文化背景差异，以及他们对中华文化的理解能力，致使文化教学效果欠佳。而且，文化教学活动的开展需要通过课堂上的主题引导促使学生进行主动输出，真实的互动更能激发学生的学习积极性。特别是课堂面授中的文化体验，如示范和表演等教学环节都受制于线上教学模式的非接触性特性，文化教学效果大打折扣。当然，信息技术革新下的教育平台建设，特别是文化资源库建设为文化教学提供了便利条件和丰富素材。2021 年语合中心推出的“语合智慧教室”平台，聚集了包括文化资源在内的对外汉语教学各方资源。抖音海外版本“Tik Tok”等新兴社交媒体也逐渐成为积累文化素材的实用型资源库。中文教师可以将文化课题的讨论与学习网站相结合，选取适用于文化教学的素材，丰富教学内容，传播中国的一些新的文化现象，满足中文学习者对中国文化的需求。但同时，也对文化资源库的建设提出了更高的要求。我们需要重视文化教学的自身特征，认识文化教学的重要性，把握信息技术革新的机遇，打造完备的文化教学资源库，改善线上文化教学成果，形成正确的文化导向，促进中国文化对外传播。[③]

---

① 王辉：《新冠疫情影响下的国际中文教育：问题与对策》，《语言教学与研究》，2021 年第 4 期，第 11–22 页。

② 王辉：《新冠疫情影响下的国际中文教育：问题与对策》，《语言教学与研究》，2021 年第 4 期，第 11–22 页。

③ 徐敏亭：《国际中文教育文化教学：应为、难为、可为》，《汉字文化》，2022 年第 3 期，第 86–88 页。

四、虚拟仿真教学应用于线上文化教学的可行性分析

信息技术的革新为线上文化教学提供了丰富的网络文化资源，同时带来了教学模式的转变和探索。虚拟仿真技术应用于教学的课题研究被提上了日程。

（一）虚拟仿真教学

虚拟仿真教学采用虚拟仿真现实、三维动画与演示、人机交互等技术，根据理论与实验教学的需求设计出用于辅助教学的虚拟场景、虚拟环境、虚拟设备及构件库、演示理论和实验过程等内容，运用不同的软件设计应用技术，依托平台以及学科属性，针对不同专业及课程特点设计和拓展教学。其优势在于通过形象化地描述抽象内容，学生可自主上机操作，以增强学生参与度，提升教学的直观性，提高学习效果，培养学生的自主创新能力。此外，虚拟仿真教学以虚补实，运用虚拟仿真技术搭建逼真的教学环境，使学生在高度仿真的虚拟环境中开展实验，追踪整个实验过程，打破了线下教学的各种制约，是数字信息化在教育领域最佳的践行方式，也是推动教育现代化，引导教育新时代的重要保障。

在新冠疫情时期，教学进入线上线下融合的新阶段，线上教学的大规模推广成为可能，这就需要不断优化教与学的策略，而虚拟仿真等现代信息技术的利用，可以大大增强教学的交互性、体验性。虚拟仿真不仅可以再现真实场景，还能够实现电脑和学生 1:1 交互，创造个性化学习环境和生动的情境，激发学生的参与兴趣。同时利用计算机可视化技术，将教学内容与评价可视化呈现，提高课堂的时效性，提高教学效果。

2019 年，教育部开始启动编写外国语言文学虚拟教学指南，尝试在外语教学中采用虚拟仿真技术，对语言类教学模式提出了新的要求。在这种形势下，很多学校开始在语言类课堂尝试引入虚拟仿真教学模式，建立虚拟仿真实验室，探讨教学新模式。但是目前语言类虚拟仿真教学还处于摸

索阶段，相关研究成果不多。① 针对国际中文教育文化教学的虚拟仿真教学研究成果几乎没有。与文化课程和跨文化交际相关的论文，笔者只查阅到刘坤的《基于跨文化交际课堂的虚拟仿真实验教学研究》、刘晓霞等的《将茶文化融入跨文化交际虚拟仿真教学：理念和手段》、彭川的《基于unity3D的传统武术虚拟仿真教学系统设计》等数篇②。以上这些成果，不

① 戴琨：《虚拟现实技术在大学英语浸入式教学模式改革中的应用》，《西安外国语大学学报》，2012年第4期，第99–102+109页；李颖：《虚拟现实（VR）与外语教学模态再建研究》，《外语电化教学》，2020年第1期，第24–30+4页；马冲宇等：《基于虚拟现实的计算机辅助语言教学：理论、方法与技术》，《外语电化教学》，2012年第6期，第28–33页；邵楠希、王珏：《基于3D虚拟情境的外语体验认知教学模式研究与实践——以俄语教学为例》，《外国语文》，2017年第4期，第137–144页；张璐妮、唐守廉、刘宇泓：《语言虚拟仿真实验教学的探索、实践与评述——以“大学英语虚拟仿真实验”公共选修课为例》，《现代教育技术》，2018年第5期，第75–81页；郑春萍等：《虚拟现实技术应用于语言教学的系统性文献综述（2009—2018）》，《外语电化教学》，2019年第4期，第39–47页；王济军、王丽、尹盼盼：《外语类虚拟仿真实验教学项目的设计与实践研究——以日语跨文化交际虚拟仿真项目为例》，《外语电化教学》，2021年第3期，第57–62页；李大鹏、张津睿：《新文科建设背景下商务英语虚拟仿真教学模式研究》，《中国现代教育装备》，2022年第17期，第84–86页；官科、谢潇：《虚拟仿真教学资源在商务英语人才培养中的应用——以湖南科技大学潇湘学院为例》，《当代教育理论与实践》，2022年第4期，第71–75页；李燕：《虚拟仿真教学环境下的大学英语学习个案研究》，《宁波广播电视大学学报》，2015年第1期，第100–103页；王叶丁：《基于虚拟仿真平台的旅游类英语“金课”教学资源建设研究与实践》，《文化创新比较研究》，2019年第34期，第60–61页；李丹：《探索大学英语信息化教学——以虚拟仿真为例》，《大众文艺》，2021年第19期，第215–216页。

② 刘坤：《基于跨文化交际课堂的虚拟仿真实验教学研究》，《校园英语》，2020年第19期，第11–12页；刘晓霞、吴朋：《将茶文化融入跨文化交际虚拟仿真教学：理念和手段》，《福建茶叶》，2022年第11期，第86–88页；彭川：《基于unity3D的传统武术虚拟仿真教学系统设计》，《武术研究》，2022年第10期，第77–79页；支宇：《数字时代“新文科/新艺科”建设的方法与路径新探——以四川大学“中国艺术国际巡展”虚拟仿真实验一流课程建设为中心》，《四川省干部函授学院学报》，2022年第2期，第3–9页；王刚：《陶瓷艺术设计虚拟仿真实验教学的实践探索》，《高教学刊》，2019年第2期，第97–99页；熊静梅、张亮：《虚拟仿真教学理念下乒乓球技战术运用对比分析》，《内江科技》，2020年第11期，第69–71页；史逸诗：《虚拟仿真教学中手势系统的探究——以泉州提线木偶戏为例》，硕士论文，泉州师范学院，2021年。

论是语言类还是文化类，其研究对象均为本国学习者，尚未涉及国际中文教学。

文化教学强调语言与文化的融合，强调文化活动的参与度，需要营造丰富多彩的文化体验环境和文化交际情境，让学生深入其中"担任"角色，身临其境地参与到自己喜爱的文化活动中，进行有效的体验。基于虚拟现实技术构造的文化情境虚拟世界可以使学生完全沉浸到虚拟现实的文化情境之中，创造出真实存在于文化活动中的体验效果，从而在自身好奇心的驱动之下激发强烈的探索欲望，使其产生进行跨文化交际的内部需求，更好地理解中国文化。因此，笔者想对线上文化课程的虚拟仿真教学的可行性进行探讨，以期建立新的教学模式，使线上文化教学能够与信息技术更好地融合。

（二）虚拟仿真教学下的课堂设计

理想的文化学习和跨文化交际能力的培养需要在真实的场景中进行，与目标语者进行双向实时互动。[①] 而 VR 虚拟情境能够打破现实世界中存在的时间束缚和空间羁绊，让学生置身于国外各个时代、各个地域的逼真文化场景之中，身临其境地观察、了解并感受其文化特征，并与该文化人群进行面对面的交流互动。[②] 因此，本文拟基于虚拟仿真技术的教学模式，从教学目标设计、教学内容设计和教学方法设计三个方面探讨国际中文教育线上文化课程虚拟仿真教学的可行性。

1. 教学目标设计

教育部关于虚拟仿真实验教学项目认定的要求是：针对实物实验安全性差、难以实现、成本高、时空限制等原因不便开展的实验教学任务。项

---

① 王济军、王丽丽、尹盼盼：《外语类虚拟仿真实验教学项目的设计与实践研究——以日语跨文化交际虚拟仿真项目为例》，《外语电化教学》，2021 年第 3 期，第 57-62+9 页。

② 戴琨：《虚拟现实技术在大学英语浸入式教学模式改革中的应用》，《西安外国语大学学报》，2012 年第 4 期，第 99-102+109 页。

目应实现实验核心要素，项目的仿真度应着力于还原真实实验的教学要求、实验原理、操作环境及互动感受。① 因此，线上文化课程虚拟仿真教学实验项目将基于 VR 和 3D 技术，通过情景模拟、动画仿真、人机交互等方式，以中文学习者和中国人的跨文化交际为切入点，选取中国文化习俗和跨文化交际案例，来设计中文的文化教学和跨文化交际虚拟仿真实验。

教学目标设计立足于文化情境和跨文化交际两个方面。文化情境选取中国的历史地理、传统习俗、文学艺术等文化知识点和场景，进行虚拟仿真设计；跨文化交际选取学校、超市、机场等日常生活场景发生的人际交往进行口语虚拟仿真设计。通过学习，学生可以了解中国的文化背景知识，掌握中文表达技巧，并提高跨文化交际能力。

2. 教学内容设计

教学内容是线上文化课程虚拟仿真实验的主体。这部分以中国文化为对象，选取特定的文化主题进行设计尝试。中国文化博大精深，包罗万象，可选范围广，因此，在选取时可以根据实际课程需要，结合学习者的需求，并与学习者所在地域的文化关联起来。这里拟选取汉语与文化交际、旅游与民俗文化、饮食文化和体育文化四个模块。

首先是汉语与文化交际模块，包含四个知识点，以利用虚拟交际学习汉语的日常会话为目的，虚拟场景分为学校、超市、机场和家庭。学校场景可以设计课堂用语、见面寒暄等情景对话；超市场景可以设计超市和菜场的购物用语；机场场景可以设计问路、购票以及接送机等情景会话；家庭场景可以设计家庭拜访的会话情景练习，并且包括仿真体验中国人际交往中的送礼文化。

其次是旅游与民俗文化模块，由景点游览和民俗体验各两个知识点构成。其中，旅游模块利用动画参观名胜古迹，聆听讲解，带来“沉浸式”

① 《教育部高等教育司关于开展 2019 年度国家虚拟仿真实验教学项目认定工作的通知》，中华人民共和国教育部政府门户网站，2019 年 7 月 1 日，http://www.moe.gov.cn/s78/A08/tongzhi/201907/t20190702_388692.html。

的视听极致体验，虚拟场景选取具有代表性的故宫和长城。故宫场景可以设计成让学生身临其境地跟随讲解员参观太和殿、养心殿、御花园等丰富多彩的建筑艺术，观赏陈列于珍宝馆和故宫博物院内的珍贵文物，聆听中国古代帝王的故事；长城场景可以设计坐缆车、步行登长城的虚拟游览情境，还可以历史还原长城的修建、聆听孟姜女哭长城的传说故事。民俗文化体验模块利用动画介绍中国民俗文化，并且虚拟体验中国传统工艺的制作手法。虚拟仿真实验选取陶瓷艺术设计和提线木偶戏的手势体验。陶瓷艺术设计虚拟仿真实验可以利用动画让学习者了解陶瓷生产工艺流程和观看制作演示，然后进行练泥、拉胚成行、雕刻、窑变烧制、打磨抛光、模具成型等虚拟仿真实验。[①] 提线木偶戏是中国的一门古老的汉族传统艺术，极具中国特色。提线木偶戏的虚拟仿真教学实验可以由观赏提线木偶戏、了解提线木偶戏历史和虚拟操作提线木偶手势系统三部分构成。

再次是饮食文化模块。中国幅员辽阔，地大物博，各地气候、物产、风俗习惯都存在着差异，长期以来，在饮食文化上形成了四季有别、风味多样、注重情趣、讲究美感和食医结合的五大特点，受到外国人青睐。这里拟以中国茶文化为例。在虚拟仿真教学中，利用新技术设计虚拟“茶室”场景，引入茶文化元素，播放茶文化视频，让学生了解中国的茶文化知识。然后创造“品茶”的真实感受，通过实景虚拟引导学生关注仪容仪表，体验选茶、泡茶、敬茶、答谢、品茶等一系列仿真交互活动。选茶环节可以让学生了解茶叶的产地等地理知识，体会茶文化与自然的和谐；泡茶和品茶环节可以提供沉浸式体验，了解中国茶文化中的礼仪，体会中国与外国的茶文化差异。[②] 饮食文化模块可选范围广，纪录片《舌尖上的中国》和李子柒美食视频等知名节目和视频均可作为参考。

---

① 王刚：《陶瓷艺术设计虚拟仿真实验教学的实践探索》，《高教学刊》，2019 年第 2 期，第 97–99 页。

② 刘晓霞、吴朋：《将茶文化融入跨文化交际虚拟仿真教学：理念和手段》，《福建茶叶》，2022 年第 11 期，第 86–88 页。

最后是体育文化模块，由乒乓球和中国武术2个知识点构成。乒乓球的虚拟仿真教学可以分成三部分内容，即观看世界乒乓球锦标赛视频、了解乒乓球横拍和直拍打法等知识点、虚拟学习乒乓球的发球抢攻和接发球抢攻等技术。[①] 中国武术是中华人民的优秀文化遗产之一，《功夫之王》《少林寺》等经典影片中成龙、李连杰精彩的武术表演发扬了中国功夫精神，传承了中华武术的经典文化，一直为外国人所津津乐道。武术的虚拟仿真教学设计中，首先是动作学习，学生可以使用屏幕或VR眼镜观看虚拟仿真场景中的武术动作，录制自己的练习视频提交给教师，然后在动作技能熟练的过程中让学生利用虚拟仿真系统中的小游戏功能进行相互间的“武艺切磋”，生成一段虚拟角色的战斗画面，鼓励学生相互交流。最后，可以设计赛场模拟。虚拟仿真技术软件能够模拟赛场的视觉环境和声音环境，还原高度现实的赛场视听效果，让学生体验进入赛场的感受，激发学生的兴趣。

3. 教学方法设计

教学方法设计坚持“学生中心、学科融合、文化反思、实践育人”的教学理念，要利用现代信息技术在体验式、沉浸式教学方法的基础上实施任务驱动教学法和情境教学法。[②] 首先，使用任务驱动教学法，教师依托虚拟仿真教学平台系统，向学生布置实验任务。这个步骤可以充分发挥教师的引导作用，结合中华传统文化，设计文化主题鲜明的教学内容，让学生理解和体验中外文化差异。其次，使用情境教学法，通过动画和视频对教学内容进行预习，让学生自主进行虚拟仿真实验，真实体验逼真的情境，完成虚拟仿真实验任务。在这部分，创设了以学生为中心的学习情境，注重“虚实结合、相互补充”理念，培养学生的自主学习能力，掌握必备的

---

① 熊静梅、张亮：《虚拟仿真教学理念下乒乓球技战术运用对比分析》，《内江科技》，2020年第11期，第69–71页。

② 王济军、王丽丽、尹盼盼：《外语类虚拟仿真实验教学项目的设计与实践研究——以日语跨文化交际虚拟仿真项目为例》，《外语电化教学》，2021年第3期，第57–62+9页。

知识点和技能。最后，学生在线填写实验报告，并提交给教师。教师审阅实验报告后进行总结，关注学生在虚拟仿真实验教学中的交互与反思。

五、结语

借助虚拟仿真技术（VR）的线上文化教学，构建教师基于教学资源和情境引导学生自主学习的新型教学关系，将实现信息技术革新与新型教学结构的高度融合，打造国际中文教育线上教学新生态。当前，虚拟仿真教学模式的开展和推广还面临很多困难。在技术资金层面，虚拟仿真教学实验项目需要借助 VR、3D 仿真、超文本标记语言（HTML5）和其他 3D 绘图协议（WebGL）技术，由专门的公司进行系统的架构和开发，实验室的建立需要资金的支持。在项目设计层面，需要教师具备较高的信息素养，能够借助信息化教学技术，精心设计教学内容，发挥引导、指导和协助作用。

任何教学模式都不是万能的，都有其适用范围。通过线上文化课程虚拟仿真教学模式的可行性研究，发现这种模式可以突破情境缺乏的限制，一定程度上解决了学生无法深度参与和体验真实中国文化和文化交际的困难，并且能够激发学生的学习兴趣和突出学生的主体地位，满足学生的自主学习和个性化需求。虚拟仿真等信息技术用于线上中文教学，可以满足国内外母语非汉语学习者对中文和中华文化的多样化需求，促进中国文化对外传播。

文化同构视野下中文与中医融合传播的路径和策略

南京中医药大学国际教育学院　周延松

一、引言

在中华文化的整体视野下，中文与中医同源共生、异质同构，两者的融合不仅是必然和可能的，而且能够拓展学术研究的论域，推动知识创新，同时促进中华文化国际传播效能的提升。本文以文化同构理论为切入点，探讨中文与中医融合传播的意义与价值、路径和策略等相关问题，以期为中华文化国际传播的实践提供参考。

二、文化同构视野下的中文与中医

同构理论源于物理科学，最早由哈肯提出，主要研究不同学科中所存在的共同的本质特征，通过分类、类比等方式，描述各种系统和运动现象中从无序转变为有序的沟通规律。[①] 在人文与社会科学领域，学者们积极借鉴同构理论，汲取其中的有益成分，取得了很多研究成果。

（一）语言和文化的同构

“文化”是一个历时久远，且内涵与外延都极为丰富、复杂的概念，古今中外对“文化”的解释和运用多有不同。在文化的构成上，物质文化、制度文化和精神文化一般被视为文化形态的三个基本层面。同时，文化包含宗教、思维、语言、艺术、科学等多个领域与范畴，它们相互影响、相互促进，共同构成了人类丰富的精神文化。

维特根斯坦曾指出：语言和世界具有同型结构。[②] 米歇尔·福柯则认为：话语领域和其他认识论领域服从共有的结构。[③] 语言又是一种符号，符号学中的模式依据相似或同构的关系。[④] 他们从各自不同的视角阐述了语言的同构关系。

作为一种根本性的文化现象，语言使人类脱离了动物界，而语言之间的差异又成为各个民族的区别性特征之一。威廉·冯·洪堡特提出：民族精神及其表现于外的语言具有同一性，这种同一性的程度超过人们的任何想象。[⑤] 这些论述为我们认识语言文化的同构现象设立了理论基础。

从语言文化的层级关系出发，张公瑾对两者的构成要素进行了大致的类比。他认为：语音与物质文化类似，体现了人的技术能力；语法与制度

---

① 王兰霞：《语言与文化同构及语言价值涵义空间的形成》，《外语学刊》，2014 年第 6 期，第 11–16 页。

② 刘放桐等编著：《现代西方哲学（修订本）》，人民出版社，1990 年，第 397 页。

③ 米歇尔·福柯：《词与物：人文科学的考古学》，莫伟民译，上海三联书店，2002 年，第 3 页。

④ 苏珊·彼得里利、奥古斯托·蓬齐奥：《打开边界的符号学：穿越符号开放网络的解释路径》，王永祥、彭佳、余红兵译，译林出版社，2015 年，第 13 页。

⑤ 威廉·冯·洪堡特：《论人类语言结构的差异及其对人类精神发展的影响》，姚小平译，商务印书馆，1997 年，第 50 页。

文化类似，体现了人的管理能力；语义与精神文化类似，体现了人的思维能力。[①] 虽然这样的类比不尽完善或流于简单化，比如语法与一个民族的思维方式具有极为紧密的关联，但却在基础的层面上阐明了语言文化同构的现象和规律。

（二）中文与中医同源共生

在长期的生产与生活实践中，中国古代先民对于卫生健康的认识与行为方式逐渐产生、发展并且成熟。不但拥有药物、针灸等物质形式与技术手段，而且在疾病的预防、诊断、治疗及养生康复等方面，形成了一种全面而系统的思维方式与价值观念。与此同时，作为中华文化重要组成部分的中医文化，是以中文为主体的语言媒介，中医和中文相互“纠缠”，在中华文化的沃壤中同生共促，直至当今，并将继续传承下去、传播开去。

以“医”字为例，其字形结构中的“矢”，以及繁体“毉”中的“巫”或“醫”中的“酉”，恒久地显示出古代的战争、巫术以及汤液之于中医文化创生期的意义。一个个医用汉字，承载了中医文化的传统基因。中华文化中的医和文，恰如一体两面，无法截然分隔开来。设若没有中文，很难想象中医会是怎样的一种形态。

中文和中医分别是一种独立创生的语言和卫生健康体系，存在着各自的系统和运行规律。以中华文化的总体背景为考量坐标，中文和中医同源共生，必然具有相类似的特质，其基本内涵与构成要素也是相通的，最终都能从中华民族精神意识的深层结构得到解释。就体现中华文化精神的典型性而言，中文和中医均具有鲜明的独特性，汪德迈甚至认为：在中国的学问当中，中医学可能是发展得最好的一门科学。[②] 归根结底，这得益于中文、中医与中华文化的同源共生。

---

① 张公瑾：《文化语言学发凡》，云南大学出版社，1998 年，第 93 页。

② 汪德迈：《中国文化思想研究》，中国大百科全书出版社，2016 年，第 60 页。

（三）中文与中医的文化同构

在文化的不同层面，中文与中医的同构现象呈现出不一样的形式和特点。物质和技术因素是一种较为显性的存在，服务于各自的文化实践，大都具体且可通过感觉器官加以感知。比较而言，观念与精神方面的因素是隐性的，一般无法直接显现于感官系统，需经由理性的思维过程方能达成。居于两者之间的，则是习惯与制度，在连接物质与技术因素的一端，多现实可感，而在连接精神与思想的一端，却常习焉不察。

如中文的字词句章、语音文字，中医的望闻问切、针灸方药。由可感的一面观之，它们互不干涉，遵循各自的运行规律；但在观念的一面看来，两者的运行规律中蕴藏着共同的轨范，也即中华文化的深层精神。在文化同一性的意义上，中医话语既是中医领域的语言实践，也是中华民族精神的外部显现。

考察中文与中医的文化同构，需要从中医话语的显性构成要素出发，如医用汉字、专业词汇、专门句式等各类中医文本。在中文的“语法”和中医的“理法”中，去发现中华文化制度和精神层面的那种共通性。也就是说，从语言的视角观照中医，首先呈现的是中医话语的各种结构要素，而在这些可感知要素的背后，则是中华文化的思想、观念等精神层面的特质。无论从涉医汉字的构形理据，中医词汇的语义构成、语法功能，还是中医专用表达的结构特征，都能触摸到中华传统文化。它们既是承载中华文化精神的语言文字，也是中医思维的表现和产物。

三、中文与中医融合传播的必要性和可能性

基于中文与中医的文化同构及其传播的历史与现实视角，两者的融合传播都具有实践的必要性和现实的可能性。

（一）必要性

从历时的视角加以考察，除了基本的日常交流，中文国际传播必然伴随着具体的实践目的和行业动机。中医药国际交流需要语言作为中介和桥梁，这是作为一种语言的中文发挥其基本功能的途径之一。由现实的角度来看，尽管能够通过外语翻译，但中文依然是传承与传播中医文化学术的主体语言媒介。语内传播和语际传播存在着必然的文化差异。比如，很多中医相关文化词的不可译现象、思维方式的中西医差异等，成为中文与中医融合必然性的适切注脚。

在语际翻译的过程中，对诸如“阴阳”“五行”一类的基本概念，以及针灸穴位名称，有的在多种不同的译语中争执不休，有的干脆放弃了“意译”，直接代以中文的拼音，或者以字母与数字组合的方式给出。究其实，在于这些意涵丰富的文化词是无法从译语中找寻到完全“等值”的概念的，其深层的语义，大多或隐或显地与中文所蕴藏的中医思维及文化观念相互关联。因为中医学是整体思维方式的产物[①]，我们不能用西方的理念理解中医，也不能认为，用西方的理念理解中医才正确，用中国传统的思维方法构建中医就不科学[②]。上述代偿式的翻译，显示出中医中文之于中医药文化传播的积极意义和不可替代性。

（二）可能性

中文与中医的文化同构，内在地决定了中文的语言要素和中医的专业与文化元素是一体两面、相互伴生的，统一于中华文化的悠远传统，由此构成两者融合的基本前提和互融互促的逻辑起点。

以词汇来说，着眼于中医中文的特性，除了专业性语义，很多中医词汇往往还具有日常性语义，乃至其他学科的专业性语义。如“气”“阴

① 张公瑾：《文化语言学发凡》，云南大学出版社，1998 年，第 11 页。

② 楼宇烈：《中国文化的根本精神》，中华书局，2016 年，第 124 页。

阳”“虚实”等等，既跟人们的日常生活息息相关而具有全民通用的属性，也有着哲学、文学以及自然科学方面的广泛运用。由诠释学的理论角度观之，这些不同的语义在中华文化的整体视界中具有一种文本间性。对日常语义和专业语义的理解，既是相通的，也为中文和中医的融合传播设定了基本的认知框架。而在接受者的视角，日常性语义相对易于理解，可以作为基础，通过文本间性，为专业性语义的接受提供一条可能的捷径。

四、中文与中医融合传播的理论价值与实践意义

无论从理论还是实践层面来看，中文与中医的融合传播都具有重要的意义和价值。

（一）理论价值

首先，中文与中医的融合是专门用途语言教学领域中生动的中国化实践。学科概念是现代教育发展的产物，专门用途语言（language for specific purposes）教学理论由西方引进，用以指称专门用途语言教学的各种学科门类，如科技、医学、经贸、商务、体育、外交、军事、工程等，跟发端于西方的学科体系大体一致。在专门用途中文教学的各个领域中，仅有中医历史悠久，作为一种典型的中国文化符号，承载了深厚的中华文化传统基因。所以张黎认为，中医中文教学是中国特有的专门用途语言教学领域。[①] 中医中文研究无疑能够极大地促进中国特色专门用途语言教学理论的形成与发展。

其次，中文与中医的融合可以为中医语言学研究提供现代的跨文化视角。传统的中医语言学研究主要以文字训诂和语义诠释为主要目标，服务于医理的阐发和哲学特性与文化属性的阐明，对临床实践也具有重要的指

① 张黎：《专门用途汉语教学》，北京语言大学出版社，2016年，第36页。

导作用，但在借鉴现代语言学和跨文化传播理论方面相对不足。中文融合中医的教学与传播以异文化背景的学习者和接受者为对象主体，跨文化因素是必须考虑的一项指标，因此能够为中医语言学研究树立一种“多重视角”，有助于理论探究的深入。同时，以“普遍语法”为代表，全球视野成为现代普通语言学基本的理论追求，在人类共性的基础上，探求语言学理论的普遍有效性，这对中医语言学研究同样具有重要的参照意义。

（二）实践意义

传播是一种应用性和实践性很强的社会活动。中文和中医融合传播的理论研究，还需要落实到应用与实践上。基本的形态的医文融合，以文为“体”，以医为“用”，借助中医中文这一交际工具，为更加顺利地进行中医药相关的专业学习、理论研究、文化交流、服务贸易等职业和行业实践，奠定稳固的基础，并从中医药的专业视角，进入以中文为语言媒介的中华文化世界。

从学科性质进行考量，中文和中医的融合研究主要归属于国际中文教育。中文为“体”，同时也是“本位”。积极借鉴和主动汲取其他学科的知识内容与元素，不断扩展理论研究与实践探索的边界和深度，是国际中文教育学科建设和事业发展的需要，最终在“用”的层面上，促进中医药国际教育与传播效能的提升。

五、中文与中医融合传播的路径

在文化同构的理论视野下，可以从历时和共时、语内和语际、语言和文化等不同的维度，切实推动中文与中医的融合传播。

（一）医文互鉴

以文化同构理论为支撑，通过中文和中医的互鉴、互促，实现学科专业的交叉与融合，建设中医特色的中文国际教育。一方面，由中医药的知识领域切入，拓展和深化对中文特性的观照视野和理论认知，切实把握中医话语的特性；另一方面，从国际中文教育的跨文化视域，探讨中医药国际传播过程中的相关困难与问题，寻求更为有效的解决方法和传播途径。这是中文与中医融合的专业知识基础和基本呈现形态。

不同的事物如果在多个方面一致，在其他方面也极有可能是一致的。[①]就中医话语而言，医文互鉴可在多个层面展开。比如，中医专业词汇语义的相对性与模糊性[②]、词汇语法功能的弹性机制[③]、中文“意合”的句法特征、复句和篇章常不用关联词而仅凭语意连接的结构模式等，与中医学的整体观念具有同构性，并且与“医者意也”一类的惯用表达也有着较强的相关性。

作为语言要素，不管是词、句、篇，只有在中医学文本的整体语境中，才能获得它们的意义，并且在更大的范围内，与中华文化的其他概念范畴构成一种文本间性。正如中医学将人体的脏腑、器官、组织及意识、情志等视为一个整体，并在人与社会、人与自然的和谐共生中，寻求一种内在的平衡。

与上述的“意”相应，中医思维还注重整体中各个部分之间的有机联系，这种联系思维也是中医话语的特性之一。还以基本的中医专业词汇为例。无论阴阳、五行还是五脏、六腑，不但构成了一个个整体性的系统，更加强调系统内部各部分之间相互影响、相互制约乃至相互转化的关系。透过

---

① 皮尔斯：《皮尔斯：论符号 李斯卡：皮尔斯符号学导论》，赵星植译，四川大学出版社，2014 年，第 228 页。

② 周延松：《跨文化传播背景下的中医话语特性及其传播策略》，《文化与传播》，2020 年第 3 期，第 52–58 页。

③ 郭绍虞：《照隅室语言文字论集》，上海古籍出版社，1985 年，第 73–74 页。

各种语言要素的外在形态，从语义、语法当中，能够发现中医思维的方式和理路。这是医文互鉴的基本路径。

（二）古今互融

与其他学科相比，中医学的传承性异常显著。一方面，自中医学理论体系建立之后，以《黄帝内经》《伤寒论》《难经》《金匮要略》等为代表的经典中医古籍始终具有难以撼动的地位。作为中医学理论基础和指导思想的阴阳五行学说延续至今，各种经典表述不断被引用，直接出现于当今的各种中医学文本之中。像“肺司呼吸”“肝主疏泄”“心开窍于舌”“脾开窍于口”之类的表达，历经千百年而益显其精粹。如果用现代汉语加以表述，便会失去其固有的韵律与美感。

另一方面，由《黄帝内经》和《伤寒论》首先提出的中医学基本术语一直被广泛沿用，并且很多已经融入人们的日常生活之中。从这种意义上讲，中医话语既是古典的，又是现代的，既属于专业性的科技话语，又多具有日常话语的通用性。可见，中医话语的古今互融具有异常坚实的本体论根基。

要将现代形态的中医话语和中医经典语言学研究结合起来，打通古今隔阂，形成一体化的中医语言学课程教学与理论研究框架，努力探索其国际化传播的路径与策略。针对中医药专业来华留学生，贯通中医药专业教育和此前开展的中文预备教育。依据学习者的中文水平，部分专业课程，如《医古文》的基础常识，可以向中文预备教育阶段下移，专业中文课程也可以向专业教育阶段延伸，实现双向的互动，提高中医药国际教育的质量，夯实中医药国际传播的基础。

（三）中外互通

在语言学的总体视域中考察国际中文教育，有更为宽广的学术视野和理论坐标。以汉外语言对比为基础，深入健康医疗领域，把握中西医学话语的共性特征与特殊表达，构建适切的中医话语国际传播体系，促进人类卫生健康共同体理念的实施与传播。语言层面的中外互通，是将外语作为他山之石，从中医话语的外译、西方医学话语的中文表达，可以更为深入地认识中医话语的固有特性，进而在全球化的当下语境中，提升中医药国际传播的影响力和话语权。

在外语翻译中，存在一定程度的“不可译”现象。当某一中医术语在外语中无法找到语义对等的词汇时，如“气”，会直接以拼音的形式“Qi”译出。对于非中华文化背景的接受者来说，仅由拼音是很难对其有准确的理解的。而从汉字出发，通过形体的发展和语义的衍化，可以较为深入地把握其专业内涵。再如“五行”，比较通用的译法是“five elements”，也有的译为“five phases”，还有以拼音“Wu Xing”译出的。李照国则认为，“five movements”或“five interactions”才符合其基本内涵，而且有着坚实的哲学基础。[①] 这些译语的产生，应该说跟“行”字的多重语义有关。因此需要以中文为基础，对此类现象进行全面细致的分析，避免望文生义，方能得到准确的理解。

尽管存在着观照视角、认知模式、价值观念等多方面的差异，但在基础性的卫生与健康、诊断与治疗，乃至医学伦理与道德规范上，中西医学是同一的。医学是“人”的科学，在这一点上，中西医学的根本目标也是一致的。“同一健康”和“同一医学”[②] 概念的提出，更是着眼于包括人类在内，涵盖动物医学、地球生态的总体性医学范式。因此，中外互通不仅是一种理念，更是需要得到切实遵循的实践路径。在话语领域，中医药国际传播应持守中文之“正”，同时借力外语，扩大传播影响力。

---

① 李照国:《谈谈“五行”的英语翻译问题》,《中国科技术语》, 2009 年第 5 期, 第 46–47 页。

② 张大庆：《医学史十五讲》，北京大学出版社，2020 年，第 239 页。

六、中文与中医融合传播的策略

对中文与中医文化同构现象的考察为医文融合的国际传播开辟了一条通道。中文、中医和中华文化之间的有机关联是采取各种传播策略的重要前提。

（一）立足中华文化，拓展传播视域

所谓“融合”，是指几种不同的事物合成一体。[①] 作为学科门类，中文与中医的融合必然采取交叉的形式。陈平将学科交叉研究分为多学科、跨学科、交叉学科和超学科四种不同的类型。[②] 中文与中医的交叉属于一种跨学科研究，需要突破中文与中医的学科分野与知识隔阂，以及中文国际传播和中医国际传播的目标领域、对象群体与传播模式等，并且置于中华文化的整体背景下进行理论观照。

首先，要将中文作为中医药国际传播的主体性语言媒介，构建中文语境下的中医话语体系，着力于稳固中文在中医话语中的本体地位。其次，坚持中文为“体”，中医为“用”，将中医药文化元素和中文的汉字、词汇、语法等各种语言要素有机融合，在中华文化的整体框架中对中医话语进行理解和阐释。而以英文为媒介的中医话语，难以避免西方式的思维框架、认知模式、价值观念等，其国际传播也离不开英文所携带的文化“基因”，并可能影响或增强受众的期待视野与刻板印象，造成受众接受的偏差乃至误读，减弱受众接受的程度和效果。

仍以词汇为例。英文以“形合”为特征，这跟科学思维和西方医学话语的整体框架是一致的，其专业术语结构固定、语义单一，能指和所

---

① 中国社会科学院语言研究所词典编辑室编：《现代汉语词典（第7版）》，商务印书馆，2016年，第1107页。

② 陈平：《语言交叉学科研究的理论与实践》，《语言战略研究》，2021年第1期，第13–25页。

指之间的关系清晰而明确；而在以“意合”为特征的中文和中医话语中，不少词汇具有语法功能上的弹性和语义上的相对模糊性。这典型地体现在“阴阳”概念和太极图之中。

阴和阳相对立而存在，但两者都并非绝对，阴中有阳、阳中有阴的连续统一才是其基本的表现形态。中医不仅关注两者“对立”的一面，更加注重其“统一”的一面。对某一生理现象或病理征象的考察，需把人的身体和心理，以及自然与社会环境综合起来，在一种动态的“平衡—失衡—再平衡”中，就健康与疾病做出整体性的把握，因此才会有“头痛医脚”的中医治疗方法。同样，对于单一的“阴”或“阳”，只有从具体的文本语境，方可获取精准的所指和语义。脱离了中华文化的思维模式和“整体”视域，很难求得对中医话语的准确理解。

（二）构建认知图式，推动融合传播

认知图式的概念来自认知心理学，是组织、描述、解释人类经验的概念框架和网络。任何理解，即便一个字、一个词，都不可能在“真空”中进行，而是与各种文化背景密切相关，由此结合成使理解得以产生的语义网络。符号学理论认为，基本图式不仅是可用于事件分类的单纯模块，还是句式的构成结构，要为语义合并功能服务。[①]可见，认知图式和意义密切相关，意义是认知图式的重要“关节”。意义也是传播活动的中心环节，构建认知图式跟意义的生成与理解、接受与诠释同样关联紧密。

在中文与中医文化同构的理论视野下考察中医话语，不仅要关注其专业性语义，还应注重中文表达的语言学特性。词汇是承载语义的基本单元，也是文化因素的集中体现。以中医专业词汇为例，在专业性的基本语义之外，很多还有日常性的通用语义和文化附加义。所有专业词汇都必定具备其作为中文词汇的形式特点、结构方式及语法功能。而且即便是专业语义，

① 保罗·科布利编：《劳特利奇符号学指南》，周劲松、赵毅衡译，南京大学出版社，2013年，第64页。

有些也并非是单一性的，如“经方”“三焦”等，在不同的文本语境中，有着不尽相同的语义。所有这些结合在一起，构成一个有着共同认知框架的整体，成为理解与接受的对象。

中医话语的传播过程，同时也是其意义的生成与诠释过程。构建认知图式，可以对中文与中医的融合传播产生积极的推动作用。比如前文所述的“五行”概念。对“行”的字源学理据及其当前使用的语义做一简单考察，不难发现名词性和动词性的两类基本用法。由此便能理解“five elements”和“five phases”偏于名词性，而“five movements”和“five interactions”偏于动词性。“五行”不仅代表五种物质和元素，更具有各自的功能属性和生克制化的关联性，前两种译法偏于静态，后两种译法偏于动态，尤其“five interactions”，更加符合“五行”的观念。当然，两类用法是相通的，从认知图式来看，“行”字各种义项之间的引申、演化关系是非常明确的，这样的关系正是构建认知图式的基础。

（三）多元多向互动，提升传播效果

从文化同构的视角来看，中华文化的各种领域都存在着或多或少、或隐或显的联系，多元互动首先可在这一层面展开。如楼宇烈认为，养生文化是中医文化的核心，在中国文化的儒、佛、道、医、武五家，均有所体现[①]，而中医的养生文化，应该是将这五家文化融会贯通的产物。

反观中文的表达，比如与养生文化密切相关的“气”的概念，各家都有，尽管具体的内涵不同，像儒家的“浩然之气”、武家的“气功”、医家的“正气”“元气”、道家的“真气”、道医两家的“精气”等，极为丰富，它们的共通之处也异常显著。综而观之，所有这些概念均发端于作为一种自然现象的气，从自然界之“气”到人体之“气”，从具象的“气候”“气息”，到抽象的“气机”“气场”，以及文本写作中贯通的“文气”等，体现出天人合一、天人和谐的中华文化观念和生生不息的中华文化精神。

---

① 楼宇烈：《中华文化的根本精神》，中华书局，2016年，第176页。

在“气”的字源学流变中，能够寻得它向着多方发展、延伸、衍化的轨迹，并由此构建其语义的层级框架和认知图式。

除了作为本体的语言学理论，中文与中医的融合研究还需要运用哲学、心理学、符号学、诠释学、传播学和话语分析等相关的理论方法与手段，以及多学科的理论支撑。只有如此，其文化意味才能获得较为全面和清晰的阐明。这些理论既可以单独研究，也可以综合运用，在中文、中医与中华文化的多向互动中，进行一种多角度、全方位、整体性的理论观照，为中医话语国际传播力的提升助力。

文化分层理论视域下的国际中文教育文化微课构建
——以《四方棋盘里的中国文化》为例

中央民族大学国际教育学院／爱丁堡大学苏格兰孔子学院　贺赟
新西兰奥克兰大学　赵忺

一、引言

在国际中文教育蓬勃发展以及国家文化“走出去”战略需求的背景下，文化传播与文化教学日益受到关注。近 30 年来，国际中文教师在教学实践和课程研发的过程中，对中国文化教学进行了积极探索，但文化与教学的融合、文化内容传播的呈现方式等仍值得探讨。此外，后疫情时代下新媒体传播的微课打破时空限制，文化教学不断转型，新兴的文化微课因势发展迅速。

相较于常规的文化课程，文化微课具有传播媒介多为新媒体、传播内容有体量限制、接受者接收信息稳定度低等特点。这就对传播者的课程设计制作提出了更高的要求，要全面地思考中国文化的内涵与呈现方式、大众传播的多元手段与新兴技术、国际传播的跨文化考量与文化自信、国际中文教育教学的基本要求等。只有在综合考虑文化、传播、教学之间的交叉影响后，设计者才能做到优化整合，通过层层设计，制作出满足专业教学要求、体现中华文化自信且践行跨文化交际、有机关联文化表层内容与深层内涵、充分使用多元模态及新兴技术，体量为 8 ~ 10 分钟的精品文化教学微课。

然而，笔者在梳理文献后发现以上设计目前缺乏相应的理论指导。因此，本文基于文化分层理论，从文化微课的层次设计入手，以第四届全国研究生汉语教学微课大赛一等奖文化课程作品《四方棋盘里的中国文化》为例，采用个案分析法、内容分析法、访谈法等，从表层、中层和深层文化三个层次探讨国际中文教育文化微课的构建，试图提出适用于文化微课的文化分层模式。期待本文能为文化微课教学实践提供指导，为规范文化微课教学建设提供思路。

二、文献回顾

（一）微课的理论指导研究

后疫情时代下，微课、慕课等借助于新媒体传播的新兴课程发展迅速，相关研究逐渐增多。目前学者在微课研究和设计中使用的有关理论，多为主题式教学、文化语境理论、深度学习理论、多模态话语分析、多元智能理论、五星教学原理等。例如，张伟[①]研究了五星教学模式在现代汉语微课教学中的应用。张清[②]则在语境理论下对汉语微课教学设计进行了考察

① 张伟：《五星教学原理在现代汉语微课教学中的运用》，《教育观察》，2016 年第 19 期，第 77–79 页。

② 张清：《语境理论下的汉语微课教学设计考察与分析 ——以第三届研究生全国微课大赛获奖作品为例》，硕士论文，中央民族大学，2022 年。

与分析。郝晋澜[①]以汉语教学微课大赛为例，在多元智能理论视域下研究了汉语语法教学活动设计。

可以发现，微课研究多聚焦于语法教学，而有关文化微课的理论研究比较薄弱。

（二）文化微课相关研究

目前文化微课的理论指导薄弱，相关研究比较缺少。笔者在中国知网及相关数据平台上以“汉语微课教学”为关键词进行搜索，检索结果为170条，其中有关国际中文教育领域“文化微课”的研究仅见三篇。梁思成、韩蓉[②]对国际学生“汉语俗语与文化”微课教学情况进行了调查与分析。张璟[③]以《中国神话系列文化微课》为例，探讨了汉语国际教育文化微课的设计与应用。田艳、董乐颖、张清[④]运用跨文化传播领域5W理论，对汉语文化微课教学展开深入分析，并提出了跨文化传播视域下汉语文化微课设计框架构建。

总体来看，有关文化微课的研究尚处于探索阶段。

（三）文化分层理论与文化微课设计

在文化分层理论方面，较有影响的是霍夫斯泰德的“文化洋葱理论”[⑤]。

---

① 郝晋澜：《多元智能理论与汉语教学活动设计——以汉语教学微课大赛为例》，硕士论文，南京师范大学，2021年。

② 梁思成、韩蓉：《面向国际学生的“汉语俗语与文化”微课教学情况调查与分析》，《汉字文化》，2021年第17期，第151–153页。

③ 张璟：《汉语国际教育文化微课的设计与应用——以〈中国神话系列文化微课〉为例》，硕士论文，兰州大学，2021年。

④ 田艳、董乐颖、张清：《跨文化传播视域下汉语文化微课设计框架构建》，《教育进展》，2022年第1期，第161页。

⑤ 霍夫斯泰德：《文化与组织：心理软件的力量》，中国人民大学出版社，1980年，第29页。

他认为，文化分层可概括为：符号、英雄、礼仪和价值观，其中“符号”代表最外面的表层，“价值观”为最深层的表现形式。庞朴[①]认为文化结构包含三个层面，即外层是物的部分；中层是心物结合的部分，包括关于自然和社会的理论、社会组织制度等；核心层是心的部分，即文化心理状态，包括价值观念、思维方式、审美趣味、道德情操、宗教情绪、民族性格等。马林诺夫斯基[②]也曾提出了“文化三结构”学说，即文化可分为物质文化、制度文化和精神文化三个层面。

在文化微课设计层面，适用于文化微课设计的文化分层理论，要综合考虑文化、传播、教学之间的交叉影响，在国际中文教育教学的专业要求上，有机结合大众传播手段与新兴技术、跨文化国际传播、中华文化内容与内涵等要素，如图 1 所示。

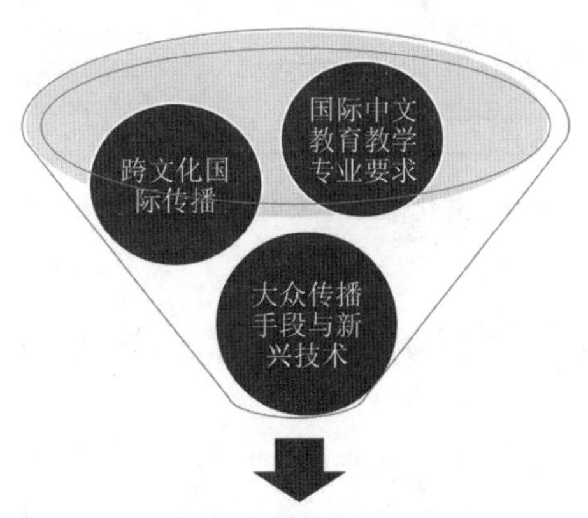

图 1　精品文化微课构建要素

首先，本文总结了传统的文化分层理论中各个文化层次所代表的含义，归纳了精品文化微课的构建要素。随后，笔者团队结合第四届全国研究生汉语教学微课大赛的文化微课评审标准，并参考业内专家关于文化微课构

① 庞朴：《文化结构与近代中国》，《中国社会科学》，1986 年第 5 期，第 81 页。

② 马林诺夫斯基：《文化论》，中国民间文艺出版社，1987 年，第 18 页。

建标准的访谈结果，最终提出了适用于文化微课的文化分层，即表层文化产品、中层文化内容和深层文化内涵（如图 2 所示）。

其中，表层文化指微课作品的媒介运用和教师呈现，中层文化指微课呈现的主题结构和内容文本，深层文化指策略思维及哲学精神。本文期待能为国际中文教师在文化微课教学设计中提供指导，使其能更好地从层次出发，分层设计、整体把握，从而提高文化微课的教学质量，推动文化类微课教学的整体发展。

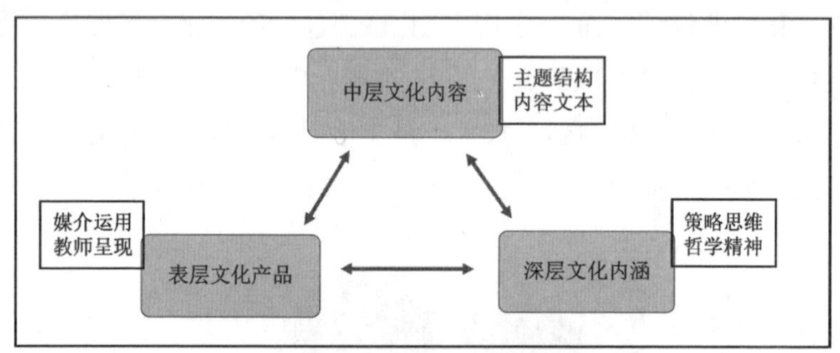

图 2　文化微课中文化分层的理论框架

三、文化微课《四方棋盘里的中国文化》的基本情况

本文第一作者在业内专家的帮助下设计制作了文化课程作品《四方棋盘里的中国文化》，包括教案、教学课件、教学视频和课后习题。微课教学视频作品《四方棋盘里的中国文化》总时长为 10 分 0 秒。

此外，该微课还参加了第四届全国研究生汉语教学微课大赛。本届大赛共有 126 所知名高校参赛，3 800 多名学生提交了 1 700 余件参赛作品。大赛文化类微课评审标准包括作品规范、技术应用、教学组织 3 个大维度，下设教学视频、教学课件、教案设计、配套习题、技术应用水平、教学内容、教学设计、教学语言、仪表教态和课堂互动 10 个子维度。

根据该标准规则，《四方棋盘里的中国文化》在教学视频、教学课件、教案设计、配套习题、技术应用水平、教学内容、教学设计、教学语言、仪表教态和课堂互动等方面进行了精心的设计。经过初赛和决赛的激烈角逐，该微课获得了全国一等奖，总得分为 19 729.83，评审专家包括 200 名业内专家和学者。本微课主讲教师为汉语国际教育专业一年级硕士生。微课以“中国象棋”为主题，教学点包括中国象棋的发展历史、楚河汉界的历史故事、象棋棋子的汉字演变及造字法、象棋相关俗语及文化寓意。

此微课的教学对象为中文水平 HSK5 级及以上的中高级成年中文学习者，其对中国历史文化和汉字文化的知识有着较大需求和浓厚的兴趣。教学目标从知识、技能和情感三个方面设置。知识目标是让学生能够对中国象棋有一个初步认识，了解象棋的发展历程及基本组成；了解棋盘上“楚河汉界”的历史故事，并对刘邦和项羽有一个基本认知；能够认读象棋上的棋子，了解“車”和“炮”的汉字发展及造字法；能够掌握与象棋有关的三句俗语并了解其背后的文化。技能目标是学生能够介绍象棋的基本组成，讲述楚河汉界的历史故事，并对与象棋有关的俗语发表自己的看法。情感目标是激发学生对中国象棋文化的兴趣，感受中国象棋博弈的魅力；以中国象棋为切入点，帮助学生了解中国历史的发展及汉字的传承演变；帮助学生更好地了解中国，热爱中国文化，为国际学生讲好中国故事做准备。视频中教学工具主要涉及 PPT、自制音频、视频、动画和实物图、汉字动图等各类图片。

文化微课《四方棋盘里的中国文化》教学流程如图 3 所示。

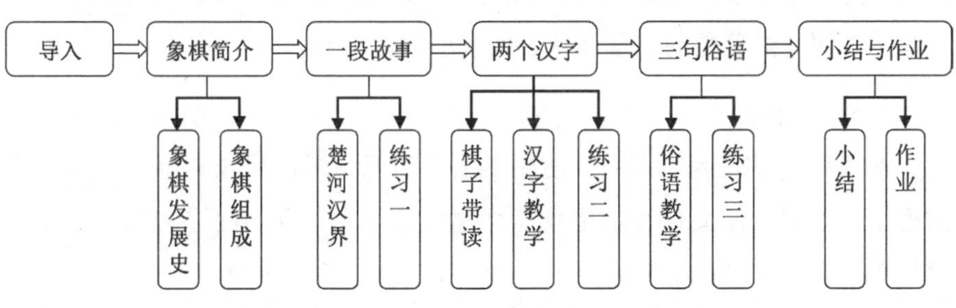

图 3　微课《四方棋盘里的中国文化》教学流程

微课《四方棋盘里的中国文化》在导入部分运用文化对比的方式，从国际象棋入手，引出中国象棋。在“前世今生”（中国象棋简介）中介绍

了中国象棋发展史及象棋基本情况。随后，在“一段故事”（楚河汉界的历史典故）中，微课使用自制配音视频《楚河汉界》，讲述了项羽和刘邦争霸的故事，并结合棋盘操练了“楚河汉界”。在“两个汉字”（汉字文化教学）中，运用“車”和“炮”的演变，讲述了汉字发展及造字法。在“三句俗语”（俗语教学）中，教授了“红先黑后”“舍车保帅”“落子无悔”及其文化寓意，并通过自摄师生互动视频，锻炼学生成段表达能力。最后，在“小结与作业”中对本课所学语言点进行了总结和复习，并布置了课后作业。通过手绘中国象棋锻炼学生汉字书写能力，还使用“棋子规则”的视频为下节课的内容进行预热。

四、文化分层视角下的微课《四方棋盘里的中国文化》

（一）表层文化产品

表层文化是文化微课主题内容和文化内涵的外在呈现。文化微课的外在呈现即整体微课基础配置，如微课的时长、画面画质、音频及视频资料等等。第四届全国研究生汉语教学微课大赛的评分标准细则中主要提到了作品规范和技术应用，包括技术应用水平和仪表教态两个子维度，说明此微课在这两个维度上表现较好。因此，本文从媒介运用和教师呈现两个部分探讨《四方棋盘里的中国文化》的表层文化阐释。

1. 媒介运用

本微课在媒介运用方面，使用了图片和视频两种视频资源，通过直观的视觉化展示，使文化教学更具情境化和具象化，进而促进文化内容和文化教学有机融合。

（1）图片媒介运用

对于文化教学中难以用语言直接解释的教学点，使用图片形象直观地展示文化语境，可以促进学生进行直接感知，进而理解文化内涵。在微课《四方棋盘里的中国文化》中共选取了 22 张图片，包括国际象棋、古现代中国象棋、棋盘棋子、古今人物等。

本文化微课在图片选取上具有代表性，技术处理具有统一性。具体如下。

在图片选取上，古今象棋的图片给学生直观展示了文化产品——象棋。随后，教师结合古人下棋的文物图讲解，让学生在生活化的场景中感受较为真实的中国文化。同时，引入名人苏格拉底，以此让学生建立时间轴，对比中西方同时期发生的事件，让其更好地领会象棋发展的时期。此外，利用刘邦与项羽的图片形象，让学生直观感受人物性格，营造楚汉争霸的故事氛围，为历史事件讲述奠定基调。棋子图片的展示突出了汉字的实用性、美观性，俗语“礼智信”的图片进一步升华了文化内涵。

在技术处理上，所有图片色调相近，增加了历史文学气息，吻合文化主题内容；同类图片样式一致、比例相同，给人视觉美感；展示性图片黑框突出，解释性图片白底衬托，使之清晰直观地为内容服务，从而提高了学生接收图片信息的稳定度。

（2）视频媒介运用

在多模态的教学下，视频媒介的使用可以让学生在贴近真实情境的场景中感知学习语言文化。文化内容不再是抽象的符号和元素，而是成为学习者心中有画面感的文化故事。在视频类资源上，《四方棋盘里的中国文化》微课运用了网络视频资源和原创改编视频资源，辅助创设文化学习环境。

首先，网络视频资源包括一个象棋渲染片头和一个象棋规则展示。在宏大的片头音频视频渲染下，中国象棋呈现在学生面前。开场画面代入感强，图像、音乐等元素极具中国文化特色。虽然浓缩但却较为直观地展示了本课主题及文化情境，也有利于培养学生的文化感知能力。

其次，原创改编视频资源包括一个楚河汉界历史典故和一个师生互动采访的成段表达。在中国象棋的文化情境中，结合真实历史文化故事，采用视频配音的方式讲述楚河汉界的历史典故，直观地让学生感受楚河汉界的地理位置，了解象棋发展的历史源头。此外，在俗语文化教学环节中，采用师生互动采访的方式，让学习者在具体文化情境中讲述俗语

内容，感受其中蕴含的文化内涵，同时培养学生的语言交际能力。

视频类资源不仅包含了大量的语言交际元素，同时还包含了大量的非语言交际元素，这些非语言交际元素背后蕴含着该主题的文化知识和文化意蕴。因此，借助视频开展的中文微课教学有助于打破微课狭小的空间限制和有限的时间局限。

2. 教师呈现

在教师呈现方面，《四方棋盘里的中国文化》微课在教师仪态和语音节奏两个方面较为突出。

西方学者对信息传递的三种形式（言语、声音和面部信号）进行测量，发现在信息的传递形式中，面部信号占到了55%。在人们的日常交流中，通过非言语形式传递的信息占到了信息量的半数以上。而在课堂教学中，教师通过教态传递的非言语信息量十分巨大，如面部信号、行为举止等。此外，语音节奏的准确和适当与否很大程度上也会影响学生对信息的接收程度。

（1）教师仪态

从教师仪表状态来看，《四方棋盘里的中国文化》微课的教师仪态端正，精神状态饱满，着装得体，举止亲和放松，教态自然大方。

授课中，教师表情自然、肢体语言丰富有趣、站位适恰，提高了与视频收看者的黏合度。在面部表情上，富有感染力的微笑，创建了一种温和安全的课堂氛围，搭建了与学生沟通的桥梁，使接受者接收信息时兴趣较浓、收看黏合度高。同时，教师画面呈现位置适切，符合画面的黄金分割比例，所处站位不遮挡教学内容，且能很好地与镜头进行虚拟“师生互动”，与教学投屏进行“人机互动”。此外，教师的肢体语言丰富，如谈到项羽及其人物特点时，教师做出了相应的身强力壮、智慧过人的动作，结合文本表演，生动地调动了学生的感官认知，从而让学生理解教师所要表达的内容，并认识到人物特点。

（2）语音节奏

从语音节奏来看，课堂教学的任务绝大部分还是需要通过口头语言来完成的，因此富有情感且有起伏变化的声音往往能够将学生更好地带入一定的情境。

在语音节奏方面，《四方棋盘里的中国文化》微课的教师口语表达流畅，中文发音标准，教学节奏有条不紊，营造了温暖的教学氛围。教师注重表达的语音语调、音量和语速的变化。在语音语调方面，教师中文语音发音标准，做到了抑扬顿挫；在音量语速方面，微课视频音量大小适中，教师授课语速快慢结合，随教学内容变化，在讲解学生较为熟悉的内容时语速较快，在讲解重难点的内容时语速较慢。

在使用引入类语言的过程中，如教师在进行国际象棋与中国象棋的对比时，能以神秘的口吻讲述中国象棋的特点，吸引学生注意力；在使用讲解类语言的过程中，如在讲述楚河汉界的典故时，教师发音稳健，吐字清晰，能以权威的口气诉说历史故事，将知识点解释透彻；在使用练习类指令的过程中，如邀请学生虚拟互动讲述自己喜爱的俗语时，教师能带着兴奋的热情，调动课堂氛围，同时注重停顿给学生留白思考，从而保证学生能跟随微课与教师虚拟互动并回答提问。

（二）中层文化内容

中层文化内容是表层文化产品的内容呈现，是深层文化内涵的语言依托。笔者从主题内容和文本设计两个方面进行分析。

1. 主题内容

中国象棋作为我国传统文娱活动的代表，是中华民族优秀传统文化的重要组成部分，在中国文化对外传播中体现出了较强的吸引力，现已在世界上不少地方和国家广泛流传，并成了国际民众喜爱的文娱活动之一。

（1）主题选择

中国象棋作为一种体育活动，其操作简单而且易于实施，对场所和设备的要求也不高，因此将其引入课堂的可行性很高。《四方棋盘里的中国文化》以中国象棋为主题，挖掘蕴含其中的中国文化，在中国象棋的大文化主题下，针对国际学生的认知和兴趣，设置了历史文化、汉字文化、俗语文化三个子文化主题，贯穿一体，彼此相通。整个微课以棋为引子，串联历史故事，结合汉字演变，讲述俗语内涵，步步深入，激发学生对中国文化的兴趣。

因此，选择中国象棋为主题对于教师来说可操作性更强，对于学生来说趣味性更浓。既能实现单一学科的知识整合，又能实现跨学科的知识互通，具有很大的包容性，将多维知识交织在一个主题下。

（2）内容编排

在教学内容方面，文化教学内容特别是文化点的选择和呈现应遵循如下几个原则即：多角度、有限定、中外对比、古今联系、不炫不贬。①《四方棋盘里的中国文化》从多个角度传播中国文化知识，串联学生认知，既做到了中外对比，也完成了古今联系。以他者的叙事视角客观阐释文化现象，尊重文化差异。

在中外对比方面，在新课导入环节通过片头小视频以及国际象棋和中国象棋的图片进行文化对比，引入教学内容。在他者的视角和“读者友好”层面，在中国象棋发展史的介绍中，以古时候中国人下象棋的图片引出象棋发展历史，从读者视角用名人苏格拉底进行历史时期比对，更好地拉近学生与这段历史的距离，进一步学习象棋的前世今生。在古今联系方面，在汉字文化教学中，通过“車”和“炮”的演变生动讲述了汉字的古今发展。

在教学内容的选取编排上，相较于传统语言教学，文化教学涉及的知识点分散，且难以在学生语言水平和教学主题限定的情况下对其进行有机整合。微课《四方棋盘里的中国文化》教学内容选取了历史文化、汉字文化、俗语文化，从大背景楚河汉界故事典故的讲述，到着眼于主题中蕴含的汉字演变发展的文化元素，最后到涉及中国人的上层精神和哲学理念，以中心发散、点面结合、层层递进的方式选取编排了教学内容。

---

① 李泉：《文化内容呈现方式与呈现心态》，《世界汉语教学》，2011年第3期，第388–399页。

2. 文本设计

文化教学和语言教学密不可分。在国际中文教育的文化微课教学中，中文既是传输手段，也是教学目的语，很大程度上影响着文化教学的有效性。教学文本语言是组织教学内容乃至整体教学视频成败的关键。

在文化教学中，教学语言的难度把握非常重要，教师稍不注意就容易使用晦涩难懂的词汇解释文化现象。在第四届全国研究生汉语微课大赛的文化作品中，很多教师并没有站在二语学习者的角度，而是以母语教学的方式“灌输”中国文化知识，导致学习者几乎没有接收到可理解性的输入。

在文本设计方面，《四方棋盘里的中国文化》微课文本共计 1 488 个字，语言难度等级测定为五级，超纲词约占 5%，文本难度合适。文字脚本中指令语句式明了、词汇简单、可操作性强；解释语简短易懂，讲解到位；提问语句式目的明确，内容有针对性；整体文本精炼、无冗余的口头禅。

（三）深层文化内涵

文化微课的深层文化可以通过对表层和中层文化精品化的设计和实施，较好地传递和表达出来。学生通过表层和中层文化的感知学习，可以体会深层文化的内涵。文化微课《四方棋盘里的中国文化》中的中国象棋作为中华民族传统文化的一部分，处处透着中国文化的影子，是中国文化的深层隐喻，蕴含着思维策略和精神哲学，具有高度的文化价值和社会价值。

小小棋盘的纵横之间所蕴含的是千年的中华文化之道。中国象棋本体就是博弈模型，黑红是事物矛盾的体现，楚汉争霸的历史故事诉说着国际关系，汉字发展浓缩着中国人的认知思维，而俗语“红先黑后、舍车保帅、落子无悔”则是礼智信的代表。

1. 策略思维

微课《四方棋盘里的中国文化》中讲述了刘邦和项羽“楚河争霸”的历史故事，追溯了象棋博弈的战争模型。在两方的博弈中，体现出了诸多中国人的策略智慧。此外，在汉字文化的子主题下，通过表层文化媒介运用和中文文化的内容设计等直观感受，带领学生感知汉字演变过程及变化原因，从造字方式中折射出中国人的认知思维。

在智慧策略方面，正如子主题俗语文化中教学的“舍车保帅”，体现着中国人的大局观。此外，层出不穷的战术，运筹帷幄、预测局势、揣摩心理、抓住破绽、弃子求胜、声东击西，这便是象棋的“智”。微课《四方棋盘里的中国文化》中简明生动地讲述了“舍车保帅”的含义及俗语文化，引导学生思考象棋中“智”的策略思维，体会中国人在其中的策略智慧。

在认知思维方面，语言是思维的直接现实，从语言角度可以发现一个民族的思维特征。汉字思维是民族思维的表现形式。微课《四方棋盘里的中国文化》中生动展示了汉字“车”的演变过程，并且通过对比石炮与火炮概念图，引发学生对“炮”字发展变化的思考。象棋在演进定型之初，其中的“炮”的字样为“砲”，图像为“投石机”。[①] 这样的对比能够使学生快速领悟到中国人的造字思维，感受中国人认知世界的方式。

2. 哲学精神

从哲学文化层面来看，“万物负阴而抱阳”，阴阳无处不在，万事万物、自然现象阴阳蕴含其中。中国象棋分为红黑两色，符合中国文化阴阳两极的原理，也是世界充满矛盾的表现，是两种力量的此消彼长。微课《四方棋盘里的中国文化》通过红黑棋子对弈，展示了传统的道家思想阴阳以及矛盾哲学。中国象棋的“象”其实就是模拟的意思，模拟自然，浓缩历史。通过感受象棋对弈，此消彼长，给学生打下理解深层中国文化的基础。

从精神文化层面来看，象棋中有礼，体现在下棋顺序遵守“红先黑后”的规则，要礼让长者执红先走。此外还有信，是下棋的双方本着公平竞争的信念，遵守“落子无悔”的规矩。在微课《四方棋盘里的中国文化》中，教师生动地讲述了俗语“红先黑后”“落子无悔”的基本含义，并

① 楚惬、楚天遂：《楚河汉界与象棋文化》，《郑州师范教育》，2017年第5期，第85–87页。

在此基础上，让学生成段表述对这些俗语的看法，以此让学生了解中国人的精神文化内涵。

五、结语

本文立足于国际中文文化微课教学的长远发展，基于文化分层理论，从文化微课的层次设计入手，以第四届全国研究生汉语教学微课大赛一等奖文化课程作品《四方棋盘里的中国文化》为例，研究了国际汉语文化微课文化分层设计的策略，从表层、中层和深层文化三个层次探讨了国际中文教育文化微课的构建。

该课程设计策略的建立可以促使国际中文教师在文化微课教学中更好地从层次出发，分层设计、整体把握，从而使文化微课教学设计更加精品化，提高文化微课教学质量，推动文化类微课教学的发展。这一领域今后仍待进行进一步的实证研究，以获得更为科学合理的阐释。

“脚本－行动”教学模型下国际中文教育文化国情课教学模式研究
——以外交学院－法波大学孔子学院《中国国情文化——书法篇》为例

浙江大学，外国语学院　刘卓恺
外交学院，英语系　崔欣
外交学院，外语系　赵梓含
北京大学，国际法学院　于靖禾
外交学院－法属波利尼西亚大学孔子学院　季桂萍

一、引言

近年来，随着中国逐渐走近世界舞台中央，中华文化的国际影响力不断提高，国际中文教育格局也发生了深刻变化。为了应对这一变化，2021 年，教育部与国家语言文字工作委员会共同发布了《国际中文教育中文水平等级标准》（以下简称《等级标准》），并于 2021 年 7 月 1 日起正式实施。

《等级标准》着重强调学习者使用汉语完成交际活动的能力。在《等级标准》中，言语交际能力、话题任务内容和语言量化指标形成了三个评价维度。其中，言语交际能力和话题任务内容都直接与学习者使用汉语完成交际活动的能力挂钩，而语言量化指标则是上述能力的语言基础。[①]

笔者所在的外交学院－法属波利尼西亚大学（以下简称“法波大学”）孔子学院疫情期间采取线上－线下融合授课的模式。在这种语境下，为回应《等级标准》对于交际能力的强调，笔者团队积极拓展教学思路，创新教学模式，总结出“脚本－行动”教学模型，并将其投入中国国情文化课的教学中。这一举措取得了较好的效果。下文中，笔者将重点介绍这一模型的理论框架，阐述该模型在国际中文教学中的具体实现，并简要介绍该教学模型的独特优势。

二、“脚本－行动”教学模型的理论建构

（一）“脚本－行动”教学模型的理论基础

“脚本－行动”教学模型主要有两大理论来源，分别是欧洲语言共同参考框架中的“面向行动教学法”和法国的“脚本”式教学法。

《欧洲语言共同参考框架：学习、教学、评估》中强调：“任务是日常生活中个人、公共领域、教育和职场中最常见的事情之一”。[②] 这意味着我们必须将类似任务的活动（既“行动”）嵌入教学活动中，并使其成为贯穿课堂的枢纽。

然而，“行动”是一个抽象的概念。任何课堂行为都可以被视为行动。

---

① 中华人民共和国教育部、国家语言文字工作委员会：《国际中文教育中文水平等级标准（GF0025—2021）》，北京语言大学出版社，2021 年，第 1 页。

② 欧洲理事会文化合作教育委员会编：《欧洲语言共同参考框架：学习、教学、评估》，刘骏、傅荣译，外语教学与研究出版社，2008 年，第 149 页。

那么，在课堂上如何保证有利于实现教学目标的行动得以充分展现呢？这就是“脚本－行动”教学模型的第二大理论基础：行动脚本设计理论。这一理论任务，可以通过设计“行动脚本”来规约课堂上的行动，使“行动”成为教学环节中最具建设性的一环。①

设计单一行动脚本有三个步骤：行动参考、行动编排和行动预估。行动参考部分需要考虑学习者的水平、需求以及授课目标等参数，行动编排环节包括两部分：一方面，教师需要进行课堂任务设计；另一方面，教师还需要为学习者设定行动方案。这两部分都需要考虑到行动参考部分中的参数。最后，在行动预估环节，教师需要预判教学中所需的帮助，并设定评估方式。

基于这两个理论基础，结合法波孔子学院团队的课堂实践经验，笔者建构了“脚本－行动”教学模式。下文将详细阐述这一教学模式。

（二）“脚本－行动”教学模型的理论框架

“脚本－行动”教学模型主要有两大部分：设计行动脚本和构建行动链条。

设计行动脚本又可以分为三个环节。首先是行动参考环节。在行动参考环节，笔者需要基于《等级标准》衡量学习者的中文能力等级，明确所涉及的中文课程的授课内容以及目标，并分析明确学习者的学习动机、学习需求等参数。基于以上参考，笔者可以更为精确地进行行动编排。

设计行动脚本的核心环节是行动编排。在行动编排环节，一方面，教师需要确定教学行动的形式，这和传统教学法中的“任务设计”环节类似。另一方面，在行动编排环节，“脚本－行动”教学模式特别强调对学习者行动方案的设计。基于对学习者行动倾向的准确预判，结合授课目标等参数，教师设计出学习者的行动方案。在“脚本－行动”教学模型中，行动

---

① C. Ferraris，A. Lejeune，L. Vignollet，J. P. David，“*Modélisation de scénarios pédagogiques collaboratifs*” paper presented to the Conférence EIAH，May 2005.

脚本一方面融入了授课目标等内容，一方面符合学习者的自然倾向。因此，这些脚本可以在课堂上以一种教师引导－学习者自发的形式得以实践。教师在其中只是引导脚本的实践，而学习者在输出行动的过程中学习主体的地位得到了强调。

最后，行动脚本设计的最终环节是“行动预估”。一方面，基于行动脚本，教师可以提前预估学习者在输出脚本时所需的帮助。另一方面，教师需要提前设定评估检验学习成果的标准，以便于师生互评和师生自评。

该设计单一行动脚本的图示[①]如图 1 所示。

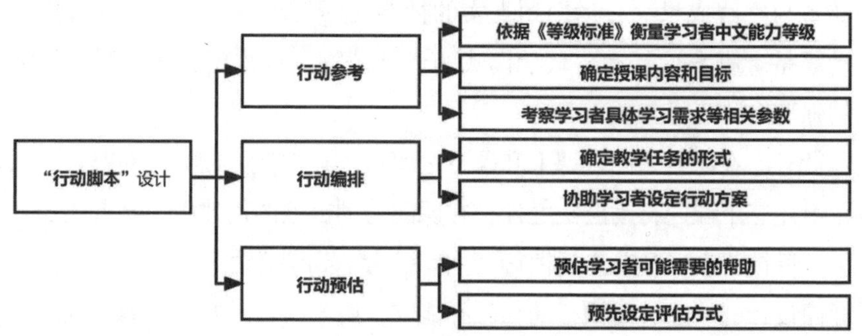

图 1　单一行动脚本的设计流程图

以上，本文阐述了设计行动脚本的基本步骤。然而，上述内容只涉及了单一行动的设计。在整个授课过程中，教师需要设计大量的行动脚本。因此需要在行动脚本之间构建出行动链条。

行动链条的构建主要考虑到脚本之间的连贯性。这要求笔者在行动脚本设计中还要考虑到单一行动在整体授课过程的地位。在课堂内部，笔者将行动区分为三个层次：初始行动、实践行动和真实交际行动。

初始行动为准备型行动，这一环节重点在于学习者习得相关知识，为学习者打下扎实的知识基础，为之后的两类行动提供知识上的储备。值得

①　王鹏飞等：《从“行动脚本”到“行动链条”：适应于国际中文教育的“脚本－行动”式教学模式设计与实践》，载范明进主编：《固本求新：国际汉语教学的新理念、新思路与新方法》，越南河内国家大学出版社，2022 年，第 101–108 页。

注意的是，这里的知识并不局限于语言知识，也包括文化、社会、国情等百科知识。另一方面，考虑到知识建构的层次性，一堂课中可以包括多个初始行动，以便满足不同层次知识输入的要求。

实践行动指学习者在初始行动所积累的知识基础上，实践完成一些口语或书面任务。在这一环节中，学习者作为行动主体，自主完成相关实践任务，以操练所学知识，锻炼各层次的能力。而教师仅作为辅助者、引导者，引导行动脚本的输出，并依照预估为学习者提供帮助。

真实交际行动则直接与真实语境下的交际行为挂钩，将前两环节的知识储备与实践成果综合运用到真实的社会交际行动中。所输出的真实交际行动既是“脚本－行动”教学模式的最终产物，也体现了本模型对交际能力的强调。

此外，在课堂之间、课上和课下之间也存在类似可以类比的链条关系。除了上述三个课内行动层次之外，在课间行动链条的构建中，笔者还加入了一个“反馈行动”环节。反馈行动主要是考虑到课堂之间自然的知识流失和损耗而设计的。通过反馈行动，教师能够了解学习者对知识的熟悉程度，并及时帮助学习者重拾知识，保障行动脚本能够正常输出。

在“脚本－行动”教学模型中，行动是链条规约下的行动，而行动链条也是以行动脚本为基础的链条。以上是“脚本－行动”教学模型的理论框架，下文将具体阐述“脚本－行动”教学模型与外交学院－法属波利尼西亚大学孔子学院的中国国情文化课教学实践相结合的具体模式。

三、“行动脚本”的设计

（一）“行动参考”环节设计

上文已经述及，在“脚本－行动”教学模型下，“行动脚本”设计主要分为三大环节。第一环节“行动参考”环节需考虑四个维度：学习者的中文水平、课程内容和目标、学习者学习需求以及学习者在前一环节所掌握的内容。

在学习者的中文水平方面，根据课前对学习者的情况调研，《中国国情文化——书法篇》的课程学习者对中文学习积极性高，对中国文化兴趣浓厚，且部分学习者具有在中国生活的经历，对中国文化与国情有一定的了解。依据《国际中文教育中文水平等级标准》三等九级的具体划分，课程学习者的平均中文水平在中等六级与高等八级之间，达到中高级中文学习者的水准，具备良好的听、说、读、写能力，能够就较高层次的话题进行讨论和交流，表达自己的观点。在充分了解学习者中文能力的基础上，课程在语言学习的基础上，进一步引领学习者挖掘中国书法的文化价值。

在授课内容和目标方面，《等级标准》中指明国际中文教育应注重话题任务和言语交际能力的培养，在授课中可以将“学会”（knowing），“运用”（doing）和“融入”（being）作为教学内容的三个层次以及教学的三个目标。[①]“学会”目标主要侧重于对语言知识的习得，“运用”目标侧重通过使用语言达成效果或完成行动，“融入”目标则在于融入文化共同体成为一分子。[②]团队设计的《中国国情文化——书法篇》课程以此为标准，对三个层次的课程内容和目标进行了进一步细化：

学会：学会与中国书法相关的中文语言知识和文化知识（书体名称、成语等）。

运用：运用所学知识分析生活中书法作品的流派，进行文化交流。

融入：了解体悟中国书法中的文化意蕴及审美气质。

在学习者的具体学习需求方面。基于对法波大学孔子学院学员学习需求的调研，中文学习中学习者超越语言的学习需求可以划分为四种：（1）人

① P. Holmes and G. O'Neill，“Developing and evaluating intercultural competence : Ethnographies of intercultural encounters”，*International Journal of Intercultural Relations*. Vol.5，2012，p.707-718.

② 王鹏飞：《〈国际中文教育中文水平等级标准〉对“脚本 - 行动”教学模型的参考意义》，《国际中文教育中文水平等级标准》学术研讨会，华东师范大学，2022 年 1 月 8-9 日，第 5 页。

际交往能力；（2）学术能力；（3）社会事务处理能力；（4）职业能力。《中国国情文化——书法篇》作为文化课程面向对中国文化感兴趣的学习者，主要满足学习者的学术能力需求，以语言习得为基础，培养其超越语言学习本身的综合能力。学习者能够通过本次课程，了解中国书法流派及书法内容中的文化内涵与审美高度，便于进行与中国文化相关的学术交流。

在了解学习者前一环节所学内容的方面，学习者所学习的是《中国国情文化——绘画艺术篇》，其掌握的关于文房四宝——笔墨纸砚的知识在中国画与中国书法中是共通的。团队在此基础上进行课程设计，联系前后课程知识内容，构建系列课程整体行动链条，完成能力培养目标。

（二）“行动编排”环节设计

第二环节“行动编排”环节是行动脚本设计的核心环节，包括“确定行动形式”与“协助设定行动方案”两大方面。在“确定行动形式”方面，针对《中国国情文化——书法篇》的课程特性，团队设计了三类行动下多元形式的五个具体任务。

表 1 《中国国情文化——书法篇》的任务设计表

初始行动	任务一	涉及上一堂课相关内容的连线游戏
	任务二	品评冬奥会会徽“冬梦”
实践行动	任务三	对书法相关知识进行跟读、朗诵、书写
	任务四	谈谈最喜欢的书体
真实交际行动	任务五	收集身边的中国书法并制作手札

在任务设计之外，“脚本 – 行动”教学模型强调预设学习者行动方案，将真实的交际情景与任务在课堂教学环境下加以模拟，对学习者的行动模式进行预判，从而达成行动脚本的各层次目标。表 2 中每一方案对应表 1 中的一个任务。

表 2 《中国国情文化——书法篇》的行动方案设计表

任务一方案	在连线游戏环节，学习者参与连线游戏，学习者能够顺利完成游戏，也可能会存在一些困难
任务二方案	在欣赏评论冬奥会会徽环节，学习者能找到汉字“冬”并简要评析其形象，但较难深入讲解其形象特征
任务三方案	学习者在教师指导下进行发音、书写、理解等方面的练习，重点关注、讲解课程重难点
任务四方案	学习者讨论自己喜欢的书体并简要阐释理由，描述其相关特征，此外学习者大多会倾向于说明自己更偏爱楷书，理由是“清晰”
任务五方案	学习者根据作业要求，收集相关图片资料并上交。收集的图片资料大多涉及春联和景点中出现的书法元素

在行动编排环节中，学习者依据脚本，在预设的行动方案下可以自主完成编排与推进，完成课程目标。在此过程中，学习者成了课堂主体，教师完成了从“主导者”到“协助者”的角色转换，充分体现了《等级标准》和新形势下国际中文教育中对学习者主体地位的重视。

（三）“行动预估”环节设计

最后一环节“行动预估”环节主要涉及对学习者可能需要的帮助的预估，以及行动后的评估方式的预设。以任务四为例，教师预估学习者更喜欢楷书这一单调答案是对中国书法的艺术性把握不足，因此学习者需要教师在此方面进行进一步引导。因此，在下一环节任务中，教师着重展示更多书法作品，引领学习者体悟书法的文化底蕴。

在行动评估中，“脚本－行动”教学模型建立了“教师－学习者”二元四向评估体系。该模型将行动脚本的完成情况设定为评估标准，强调了师生自我评估在评估体系中的地位，超越了传统的二元二向评估体系。

针对《中国国情文化——书法篇》，最终设计的行动脚本如表 3 所示。

表 3 《中国国情文化——书法篇》最终行动脚本设计表

学习者语言能力等级	中等六级—高等八级
授课内容及目标	学会：学会与中国书法相关的中文语言知识（书体名称、成语等） 运用：运用所学知识分析生活中书法作品的流派，进行文化交流 融入：了解体悟中国书法中的文化意蕴及审美气质
能力培养	学术能力：了解中国书法流派及书法内容中的文化内涵与审美高度，便于进行与中国文化相关的学术交流
行动形式	初始行动（任务一、任务二：口头） 实践行动（任务三：口头 + 书面，任务四：口头） 真实交际行动（任务五：书面）
行动方案	通过任务一、任务二，引入课程内容，任务三使学习者掌握行动所需语言知识，任务四转向文化与审美学习的深度学习，任务五使学习者完成实践任务，完成学习成果的生活运用
教师提供的帮助	任务一：帮助学习者及时查漏补缺 任务二：引导学习者自我发掘课程主题 任务三：归类与讲授语言知识 任务四：协助学习者理解书法的文化层面 任务五：对实践成果进行反馈
评估方式	“教师 – 学习者”二元四向评估体系

四、“行动链条”的建构

课程整体要求教师全面周到地设计行动脚本。由于涉及的参数复杂且不断变换，行动脚本的体量通常较大。为了强调行动脚本的连贯性和逻辑性，这就要求我们在教学中构建行动链条。行动链条就是行动脚本在投入实施过程中的逻辑。本小节将会具体描述行动链条在课内与课际的具体实践。

（一）课内行动链条的实践

在初始行动环节，任务重点是教师向学习者传授知识。教师在这一环节将本课所授知识进行引入和讲解，学习者进行知识层面的积累。在本课的初始行动环节中，教师设计了具体任务二来完成这一环节的主要任务。

教师请学习者对冬奥会会徽“冬梦”进行美学直觉层面的品鉴，谈一谈学习者对于这一书法作品的直观感受或是有关联想，让学习者在具体讲解前就主动思考、主动品鉴，从而主动进入课堂。此后，教师对于五种书法字体的历史渊源、审美特征、应用场景等具体知识进行讲解传授。教师基于合理评估认为学习者通过初始行动积累了一定的知识后，就可以进入实践行动环节，完成口语、书面或是综合任务。

在具体任务三中，学习者在教师的带领下对所学语言知识进行跟读、朗读和书写。在具体任务四中，学习者会接受教师邀请，谈论自己最喜欢的一种书体。两个任务之间存在递进关系。在任务三中，学习者在老师的帮助下将学到的知识激活，任务四则是学习者开始真正理解所学知识、建构综合知识体系过程的体现。在使用所学展开会话时，与书法相关的词汇、语句在学习者头脑中变得生动起来。

而在随后的真实交际行动环节，学习者将要综合运用前两个环节的知识储备与实践成果。根据情境的不同，还会锻炼到其他附加能力，例如美术、人际交流等。在语言能力与外延能力两方面为未来可能面临的真实交际任务打下基础。在这一环节中，也需要教师从旁评估，并且予以反馈。具体任务五留做课后的作业，请学习者从身边再发现一些常常以书法作品形式呈现的成语，识别出书法流派，自学成语的读法、写法、释义和出处、适用场合。教师请学习者录制成音频，通过平台分享自己的交际成果，同学之间还可以分享自己的学习成果，达到同辈学习的效果。

综上，课内行动链条建构的图示如图 2 所示。

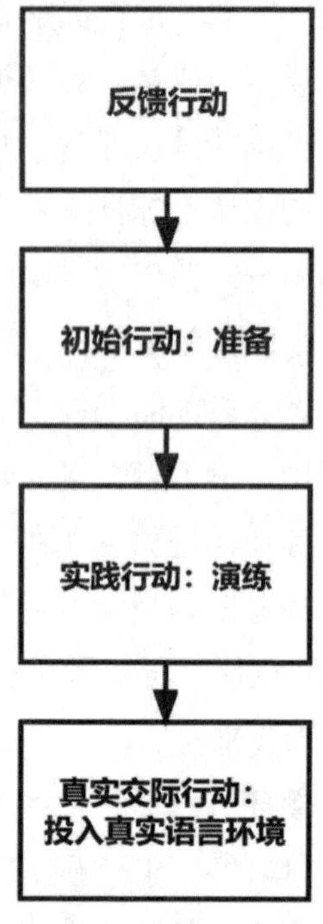

图 2　课内行动链条的构建模式图

（二）课际行动链条的实践

这种链条关系可以类比到课际实践中。在真实交际行动环节和下一教学阶段的初始行动环节之间搭建“实践–反馈”链条，也即学习者完成真实交际行动任务，下节课教师于反馈行动环节予以评估指导。基本模式如图 3 所示。

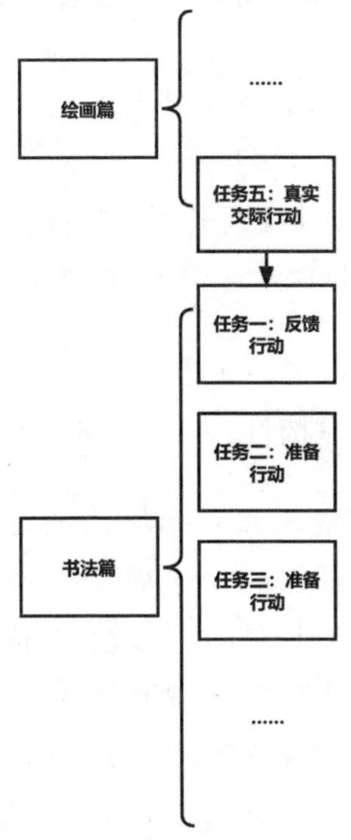

图 3　课际行动链条的构建模式图

在具体任务一中，教师用多媒体的手段（连线游戏）对学习者绘画篇知识的掌握情况进行回顾、检查和反馈。

通过行动链条构建任务系的方式，学习者循序渐进地、环环相扣地学习。行动链条就是课堂的结构，应当具有“凤头、猪肚、豹尾”的特性：初始行动吸引学习者，循循善诱带领学习者进入课堂，并提供知识基础；实践行动为学习者强化知识层面和实践层面的能力；真实交际行动直接和真实交际挂钩，将前述的能力综合输出，明了课后任务对学习效果的作用。也应当让学习者对自己的学习效果有较为明确的评价。在逻辑上，该环节直接将行动从设计层面过渡到实施层面，是“脚本－行动”教学模式的核心环节。教师由传统教学的“主导者”转换为“协助者”，突出学习者的主体地位。

五、“脚本－行动”教学模型的优势

当今国际中文教育的基本形式是线上线下融合授课，而线上课堂具有灵活化和碎片化的特点。从整体上看，“脚本－行动”教学模型在方法上注重课堂的交互性，在技术上强调多媒体技术的应用，在内容上以小型主题性互动任务作为核心串联课堂。该模式通过环环相扣的设计，有助于学习者构建层次化的知识体系。

（一）知识的层次建构性

“脚本－行动”教学模型下，每一行动模块首尾相接，形成行动链条。“行动—任务—行动”循环的课堂结构一方面能够充分提高学习者参与度和师生交互性，更加适应线上授课灵活、碎片化的特点；另一方面，行动链条的构造符合学习者的认知规律。本课程从语言知识出发，到文化知识，再到文化感悟，循序渐进地操练各层次的知识，并培养学习者全方位的能力。

举例而言，任务一及任务二作为初始行动，为行动链条的后续任务提供了知识基础，在任务一中，教师带领学习者回顾上节课内容，着重强调与本节课堂相关的知识，以保障后续学习者能够输出行动脚本。而在任务二中，教师展示的图像让学习者能够对中国书法有一种直观感性的把握，为后来的任务铺平了道路。任务三在感性的框架下，通过跟读、听写等手段输入本节课需要掌握的文化知识点“五种书体源流考”。随后的任务四“谈论喜欢的书体”更侧重于理解和感悟，旨在让学习者体会中国书法的审美旨趣和文化意蕴。从语言知识，到文化知识，最后上升到对文化的理解和感悟，符合学习者的基本认知规律。

（二）行动方案设计中对课堂的精确预估和把握

“脚本－行动”教学模型以“脚本设计”代替传统的“任务设计”。

与传统的“任务设计”相比，“脚本设计”不仅包括任务设计，还包括基于各种参数对学习者的行动方案进行设计。一方面，在以交际目标为核心、复合目标教学的语境下，传统的“任务设计”仅仅确定任务形式的做法已经远远不够，必须把握各种课堂基本参数，准确地设计满足授课目标、符合学习者汉语水平和需求的行动方案。另一方面，从学习者的角度看，学习者在依照行动方案输出行动时，会自然地感到知识的“匮乏”。基于这种对知识的“渴求”，教师再进行有针对性的输出，从而保障知识的整体性和建构性，有助于学习者整合知识。

举例而言，在任务四中，教师引导学习者说出最喜欢的书体。而教师在学习者行动方案设计的环节就已经预估：学习者倾向于“一边倒”地回答“喜欢楷书”。这种回答显然具有某种片面性，而根据教师的分析，这样的结构失衡源于学习者对中国书法实用性和艺术性的双重性的把握不足，而并非是语言能力上的不足。基于这种预估，笔者团队在下一环节设计中着重展示更多书法作品，并以“上善若水”为例，引导学习者关注书法作品的文化意蕴和审美气质，聚焦于书法的精神美及其背后的人文情怀。最终课堂的实践基本按照这一脚本进行，并取得了较好的教学效果。

（三）评估方式的客观即时性

“脚本－行动”教学模型在教学效果评估和反馈方面都具有全面性、客观性和即时性的特点。脚本行动教学模型强调“二元四向”评估模式，并在传统的师生互评外创造性地加入了师生自评的环节，而评价的主要依据是行动的完成情况。

相较于传统的评估方式（小测、课后作业、询问访谈等），以行动为标准的评估方式兼具客观性和即时性。依据先前设计的脚本，教师能客观、及时地评估自己的授课效果和学习者的学习状况，而学习者同样可以依据行动完成情况进行相应评估。

评估的客观性和即时性带来的是调整和反馈的即时性。一方面，学习者能够更及时地将自己学习中遇到的困难进行反馈，教师可以针对自己的

教学环节进行提升和改进，而学习者也可以获得老师更有针对性的指导。

（四）真实交际作为教学的最终面向

在实践行动环节结束之后，教师为学习者布置具体的任务型作业，即以与真实语境挂钩的任务为载体，进行知识的实践和应用。这使得教学不再局限于精心设置交际剧本，突破了课堂交际模拟和真实交际的界限，养成学习者的真实交际能力。在真实交际中，学习者需要运用正在学习的技能产生语言结果和非语言结果。语言结果即语音、词汇和语法的产出，而非语言结果主要在于锻炼学术能力、人际交往能力和社会事务处理能力等。只有在真实交际中，这些在课堂上碎片化的知识和能力才能被学习者整合并内化。

例如，在本课中，教师引导学习者收集书法中常见的成语，识别其书法流派，并制作成手札。换言之，教师引导学习者将课堂所学语言文化知识融入真实的实践活动中。这样的设计主要体现出三大优势：第一，学习者在这个过程中加深了对知识的印象；第二，学习者在这个过程中提升了自己运用知识的能力；第三，由于“制作手札”的过程并不是课本上虚拟出的交际场景，因此，这种课程设计有助于学习者完成课堂到实践的最后一步，真正提升学习者的社会实践能力。

六、结论和展望

本文详细介绍了外交学院－法属波利尼西亚大学孔子学院在《中国国情文化》课堂上所实践的“脚本－行动”教学模型。以《中国国情文化——书法篇》为例，“脚本－行动”教学模型的核心关切是设计行动脚本，构建行动链条。

在设计行动脚本的过程中，教师需要注意完成行动参考、行动编排、行动预估三个环节。

行动参考环节主要涉及课堂基本参数的设定，如学习者水平、授课目标等。行动编排环节一方面涉及课堂任务的设计，一方面需要结合课程和学习者两方面因素，预估并设计学习者的行动脚本。最后的行动预估环节要求教师设定教学效果的评估标准，并预估学习者可能需要的引导和帮助。

而在进行单一行动脚本设计时，也需要考虑到课堂作为一个整体包含数个行动脚本。因此，教师也需要关注行动脚本之间的衔接性，这要求教师构建行动链条。行动链条将行动分为三个层次，初始行动主要涉及基础的夯实。实践行动通过各种形式，鼓励引导学习者综合运用知识，输出相应行动。真实交际行动与真实语境挂钩，学习者通过所学语言文化知识，参与到真实的社会交往中。此外，作为课堂与课堂之间的衔接，笔者团队在实践中加入了反馈行动，以检验学习者前一阶段的知识掌握程度，查漏补缺，保障学习者的后续行动能够按行动脚本输出。

经初步实践检验，这一教学模型在文化课教学上取得了较好成效。这一教学模式主要有如下四大优势：首先，从学习者知识的结构层面而言，“脚本－行动”教学模型中的各个行动脚本之间存在衔接和递进的链式关系；其次，就授课目标和学习者倾向之间的矛盾而言，该模型提前考虑两方面因素，将这种双重性的考虑体现在任务设计和行动方案设计上；再次，就评估效率和效果来看，该模型以行动完成情况为评估主要标准，兼顾其他方式，具有全面、准确、客观、即时的特点；最后，就能力的培养上，该模型层层递进，最终目标直接与交际能力挂钩，符合《等级标准》中对学习者交际能力的要求。

目前，该模型的理论框架已经初具雏形，而此后主要有两大研究方向：一是探索“脚本－行动”教学模型如何更好适应其他孔子学院课程，如汉语语法、汉语笔译实践等，进而将这一教学模型进一步地普遍化，在国内外语教学甚至其他课程中实践这一教学模型；二是探索这一教学模型在线下教学中的应用。线下教学更频繁、更加多模态的互动势必会对这种教学模型提出新问题、新挑战。但是线下授课的这一特性也同样能够支持教师更精确地设置脚本、把握课堂，也有助于学习者更加沉浸式地参与教学的全过程。

华文小学《中文》与大陆小学《语文》文化项目的比较研究

西北师范大学，国际文化交流学院　代一凡

一、引言

教材作为中华文化的重要载体，能够促使汉语学习者潜移默化地学习古今中外的优秀文化，培养汉语学习者的世界观、人生观和价值观等个人素养。在“一带一路”亚投行的深入发展下，如何更好地讲述中国故事？华裔群体对于中国传统文化的学习与传承需求远远超过了一般的第二语言，因此文化教学面临着新的挑战和机遇。

华文教学源自中国传统语文教学，因此在新形势下讲好中国故事，需要立足根本，汲取传统语文教学中的养分，只有这样才能把握好文化教学的方向。目前学术界对于海外华文教学和中国传统语文教学中的文化教学都有各自独立的研究，但是对于二者的对比研究并不多见。因此，本文将受众面较广的面向中国大陆小学生的2001年人教版《语文》（小学版）教材和面向海外华裔小学生的《中文》（小学版）（修订版）教材中所出现的文化内容按照知识和交际文化进行分类总结，通过定量和定性研究，深入分析两套教材在文化编写方面的异同，并在此基础上对文化教学进行一定的思考，以期对海外华文教育有所补益。

二、教材简介

（一）《中文》（小学）（修订版）

《中文》（小学）[①] 是1996年暨南大学华文学院依据《汉语水平等级标准与语法等级大纲》《汉语水平词汇与汉字等级大纲》和《现代汉语常用字表》为原则进行编写的教材，于1997年进行了二次修订。全套教材共52册，包括主课本12册、练习册24册、专项辅导手册4册（包括《学拼音》课本1册、《学拼音练习册》2册及《学拼音教学参考》1册）、教师手册12册。其中，主课本每册包含四个单元，每个单元包含3篇课文，每篇课文由主课文和阅读材料组成，共12课。

该教材旨在通过全套教材的学习，使学生具备汉语听、说、读、写的基本能力，了解中华文化常识，尊重并理解不同国家的文化，为日后深入学习和传承中国传统文化奠定坚实基础。

（二）中国大陆2001年人教版《语文》（小学）

笔者所选用的人教版《语文》（小学）[②] 是2001年中国实行课程改革后编写的教材，由人民教育出版社出版。由于此套教材使用人数众多、使用范围广泛，且早于教育部2019年在全国推广的部编版语文教材，与《中文》（小学）（修订版）同时期出版，因此选择此套大陆语文教材与之进行对比研究。该教材按小学六年制进行编写，全套共12册，每册课文数量根据学生的阶段性特点进行调整，每册包含六至八个单元，每个单元由

① 贾益民主编：《中文》（小学版）（修订版），暨南大学出版社，1996年。

② 崔峦主编：《语文》（小学版）（人教版），人民教育出版社，2001年。

4 篇课文和学习园地组成，其中前三册还包含识字教学板块。

该教材旨在全面培养学生的语文素养，但对于学生的不同阶段也有所侧重。在第一至第四册，主要对学生进行启蒙教育；在第五至第十二册，侧重于培养学生的综合运用能力。为了便于研究，以下简称《中文》和《语文》。

三、《中文》与《语文》文化项目分析

（一）《中文》文化项目分析

1.《中文》文化项目的分布

《中文》全套教材共有 144 课，每课由主课文和阅读材料构成。笔者对这 144 课的文化内容进行分析，发现其中有 125 篇课文涉及文化内容，约占全套教材的 86.8%，可见华文教材对文化教学的重视。编者根据小学生的年龄阶段和心理特点，按照由少到多、循序渐进的原则来编排文化内容。在第一、二册插入了少量文化内容，从第三册开始提高了文化篇目数量的占比，至第八册达到峰值。此外，一篇课文有时能够体现 1 ~ 2 个文化项目，第九册后趋于稳定。可见，文化教学是该套教材的重点，这突出体现了华文教学的目标：热爱中华优秀传统文化，尊重多元文化，培养在中华文化的氛围中使用汉语并用于交际的习惯。

表 1　《中文》文化项目分布表

书册	一	二	三	四	五	六	七	八	九	十	十一	十二	总计
文化项目	9	8	12	20	18	21	22	23	22	16	21	20	212
总篇目	8	6	8	11	10	11	12	11	12	12	12	12	125
占比（%）	6.4	4.8	6.4	8.8	8	8.8	9.6	8.8	9.6	9.6	9.6	9.6	100

2.《中文》文化项目类别与统计分析

文化在人类学中拥有广泛的概念，学界对此进行了不同程度的定义与

分类，目前学界最普遍接受的分类观点是张占一从文化的功能角度出发所提出的“二分法”。他将文化项目分为“知识文化”和“交际文化”[①]，赵贤洲对此定义进行了补充[②]。所谓“知识文化”是指两种不同文化背景培养出来的人进行交际时，对某词、某句的理解和使用不产生直接影响的文化背景知识；“交际文化”是指两种不同文化背景熏陶下的人，在交际时，由于缺乏有关某词、某句的文化背景知识而发生误解。本文对华文教材中的文化项目进行定性和定量的分析研究。在知识文化项目的分类中，本文采用李金鹏基于张占一、何慧宜提出的类别[③]，在交际文化项目的分类中，本文采用张占一[④]、陈光磊[⑤]、孟子敏[⑥]、喻洁[⑦]等学者提出的类别。

《中文》文化项目类别如表 2 所示。

表 2　《中文》文化项目类别与统计分析

<table>
<tr><td rowspan="8">知识文化177</td><td>民俗文化18</td><td>民俗活动6</td><td>节日7</td><td>民族风俗3</td><td>姓氏1</td><td>属相1</td><td></td></tr>
<tr><td>生活文化1</td><td>特色饮食1</td><td>特色运动0</td><td></td><td></td><td></td><td></td></tr>
<tr><td>国情文化2</td><td>民族情况2</td><td>民族语言0</td><td>民族政治0</td><td></td><td></td><td></td></tr>
<tr><td>地理文化23</td><td>城市3</td><td>景观20</td><td></td><td></td><td></td><td></td></tr>
<tr><td>文艺文化38</td><td>文学作品28</td><td>神话传说3</td><td>书法绘画3</td><td>影视戏剧3</td><td>民间传统艺术1</td><td></td></tr>
<tr><td>历史文化52</td><td>历史知识6</td><td>历史故事14</td><td>天文历法1</td><td>重要人物31</td><td></td><td></td></tr>
<tr><td>科技文化17</td><td>发明创造5</td><td>知识科普12</td><td></td><td></td><td></td><td></td></tr>
<tr><td>价值观念26</td><td>道德观3</td><td>家庭观1</td><td>友情观2</td><td>爱情观1</td><td>价值取向19</td><td></td></tr>
</table>

① 张占一：《汉语个别教学及其教材》，《语言教学与研究》，1984 年第 3 期，第 57–67 页。

② 赵贤洲：《文化差异与文化导入论略》，《语言教学与研究》，1989 年第 1 期，第 76–83 页。

③ 李金鹏：《〈中文〉（修订版）和〈美洲华语〉知识文化项目比较研究》，硕士论文，暨南大学，2012 年。

④ 张占一：《汉语个别教学及其教材》，《语言教学与研究》，1984 年第 3 期，第 57–67 页。

⑤ 陈光磊：《语言教学中的文化导入》，《语言教学与研究》，1992 年第 3 期，第 19–30 页。

⑥ 孟子敏：《交际文化与对外汉语教学》，《语言教学与研究》，1992 年第 1 期，第 95–110 页。

⑦ 喻洁：《〈中文〉（初中版）中的文化项目分析》，《楚雄师范学院学报》，2018 年第 4 期，第 91–95 页。

续表

交际文化35	言语交际文化27	语构文化6	文体体裁6				
		语义文化21	颜色动植物①5	数字文化0	成语寓言9	俗语4	谜语3
	非言语交际文化8	语用文化8	问候告别4	道歉答谢2	身体姿势1	礼貌行为1	

从表2中可以看出，《中文》共涉及了212项文化内容，其中知识文化所占比例最大，为83%，是交际文化的5倍多。这充分体现了华文教学受众群体的特点与需求。华裔群体与大陆人民有共同的文化底蕴，他们渴求掌握与传承更多的中华传统文化，而这远远超过了培养汉语作为交际能力的教学目标。因此，在华文教材的编写过程中，编者增添了许多与中华传统知识有关的文化内容，降低了交际文化的占比。

在知识文化类别中，历史文化和文艺文化所占比重最大，其次是价值观念、地理文化、民俗文化和科技文化，生活文化、国情文化占比最小。在交际文化类别中，语义文化占比最大。

（二）《语文》文化项目分析

1.《语文》文化项目分布

2001年人教版《语文》全套共有353课（仅包含主课文），综合性学习和识字板块不计入此次统计分析范围。经统计，《语文》中涉及文化内容的有232课，占全套教材的65.7%，总共涉及了280项文化内容。从表3中可以看出，编者从第二册开始提高了文化内容的篇目数量。一篇课文可能会包含多类文化项目。第九册至第十二册降低了文化内容的篇目数量，但是文化内容的丰富度没有因此而降低。原因有二：一是小学阶段对于传统文化知识的了解已经足够；二是此阶段处于国内的小升初阶段，课文以

① 考虑到《中文》教材的主要教学对象为海外群体，受社会文化背景差异影响会产生词语含义褒贬不同的现象。在《中文》教材中有的篇目涉及了颜色动植物，因此在本文中也遵循先前学者的分类，在言语交际文化中语义文化下设立了颜色动植物板块。

升学为导向进行编写。

表 3　中国大陆 2001 年人教版《语文》文化项目数量

书册	一	二	三	四	五	六	七	八	九	十	十一	十二	总计
文化项目	10	17	27	29	31	26	26	30	23	22	17	22	280
总篇目	9	15	26	25	22	23	21	24	18	19	12	18	232
占比（%）	3.9	6.5	11.2	10.8	9.5	9.9	9.1	10.3	7.8	8.2	5.2	7.8	100.2

注：结果保留小数点一位。

2.《语文》文化项目类别与统计分析

由于华文教学和中国传统语文教学有源流关系，因此对中国大陆 2001 年人教版《语文》文化项目的分类，笔者借鉴了华语教学中文化项目的类别以及郑新丽《教育部审定语文教材传统文化要素选编分析》中提出的类别[①]。

表 4　中国大陆 2001 年人教版《语文》文化项目类别与统计分析

汉语言文字文化 1	对联 0	民谚俗语 1				
文学文化 58	古诗词 17	文学作品 28	成语故事 1	神话故事 4	寓言 5	文言文 3
历史文化 46	历史知识 4	历史故事 18	天文历法 1	重要人物 23		
民俗文化 16	民俗活动 3	节日 7	民族风俗 6	姓氏 0	属相 0	
艺术文化 8	音乐舞蹈 2	书法绘画 3	民间工艺 0	园林 0	戏曲 2	武术 1
科技文化 32	发明创造 4	知识科普 28				
地理文化 31	城市 6	景观 25				

从表 4 可以看出，传统伦理道德文化占比最大，这鲜明地体现了“人文性”的教学目标，事实上，编者从第一册第 14 课《自己去吧》开始，便着重培养学生的价值观、人生观和世界观。除此之外，文学文化占比较高，这同时也印证了语言是文化的载体，二者相互影响、相互促进。文化教学是语言教学的重点，而占比较小的则是汉语言文字文化民俗文

① 郑新丽：《教育部审定语文教科书传统文化要素选编分析——以已出版的七、八年级语文教材为例》，《教育导刊》，2018 年第 8 期，第 39–44 页。

化和艺术文化。

四、《中文》与《语文》文化项目比较

（一）体例编写异同

《中文》每册共分为四个单元，每个单元包含三课，每课由同一主题的主课文和阅读材料构成，并附带对话文体。例如，在第六册第十课中，主课文为《空城计》，阅读材料为《三国演义》中同一主题的故事《聪明的杨修》，对话内容为《空城计》情景剧片段。

《语文》的单元编排有所不同。第一册和第十二册分别包含六个单元，其他几册均包含八个单元，每个单元都有独立的文化主题。第一册至第三册包含识字、语文园地和课文部分。第四册开始仅包含语文园地和课文部分，语文园地的内容多为课文的补充部分。

（二）文化项目的编写异同

《中文》和《语文》这两套教材遵循教材编写的原则，均体现了科学性、针对性、真实性、趣味性，同时突出强调了“人文性”的教学目标。至于文化项目的选择和呈现方式等方面，两套教材有异有同。以下进行简单的对比分析。

1. 相同之处

（1）文化内容的呈现方式

两套教材都巧妙地将中国传统文化与课文标题、课文内容、课文插图和补充性练习融合起来，使文化内容潜移默化地融入教材中。例如，《中文》第一册第 12 课《新年到》以“中国新年”的文化内容作为标题，课文中的插图也体现了过新年的习俗，如穿新衣、放鞭炮、包饺子、挂灯笼、拜年等。练习部分同样是围绕“过新年”展开，在这种文化氛围中学生能够自觉地习得中国传统文化，《语文》也是如此。

（2）文化知识的复现

两套教材均注重文化内容的复现，以巩固复习的教学目的。在《中文》教材中，“过年”曾反复出现，此举使学生进一步了解了过年的习俗，提升了他们对语言的感知与理解力。如第一册第12课中，编者以浅显简单的语言阐释了新年祝福语和部分过年的习俗，在第二册第8课中，提到了“春节”，引出了和学生日常生活密切相关的海外唐人街里的新年，并在阅读材料部分用说明类的语言讲解了中国的春节。同样地，在《语文》教材中，“北京”也反复出现，在第三册第10课简单介绍了北京的某些景点和道路，在第四册第12课中又进一步介绍了夜晚下北京街道与景点的美丽。

（3）文化项目选择的一致性

两套教材都包含丰富的文化内容，《中文》教材中涉及较多的文化项目依次是重要人物、文学作品、价值取向，而《语文》教材中涉及较多的文化项目依次是传统伦理道德文化、文学作品、知识科普。两套教材在文化项目的选择上具有较高的一致性，均对宗教文化体现不多，究其原因主要是受制于小学生的年龄阶段。宗教文化如佛教、道教文化等，文化内容难度大，学生不易理解和接受，如果在教材中生硬地加入宗教文化，可能会使学生产生逆反和厌学心理。

（4）文化内容的多元性

两套教材以开放包容的心态，对其他国家的优秀文化兼收并蓄，除涉及中国传统文化内容外，还提到了世界其他国家的文化。这既丰富了我国文化，又开阔了学生的视野。

2. 不同之处

（1）德育教育的培养

我国传统语文教学旨在培养学生的语文素养，这在《语文》教材中得到了印证。该套教材中德育教育出现最早，并且内容丰富、形式多样，贯穿整套教材始终。编者从第一册开始便在课文中融入德育教育，培养学生自立自强、孝顺父母、乐于助人等中华传统美德。相比之下，《中文》教

材较少体现对学生德育的培养。仅在第二、三册中出现过一次，主要原因是该套教材主要针对海外华裔地区周末制的学校，课时数量较少。编者认为，华裔学生在周内已经接受了文化价值观的培养，在周末更多的是学习中国传统文化知识。因此，相较于其他文化内容，德育文化的比重不高。

（2）多民族文化的介绍

中国是一个多民族聚居的国家，古往今来五十六个民族分布在祖国各地形成了各具特色的少数民族地域文化。《语文》教材中较多地引入了少数民族文化，如第四册第 10 课对新疆吐鲁番进行介绍时引入了维吾尔族文化，第 11 课则通过泼水节介绍了傣族文化，课后补充介绍了彝族的火把节，第八册第 30 课引入了藏族文化。而《中文》教材中涉及少数民族文化的篇目较少，主要原因是华裔小学生处于汉语学习的初级阶段，与学生的日常生活之间有一定的文化距离，在这一阶段学生对此接受程度较低。

（3）文化内容的诠释程度

通过对比两套教材中文化内容的深度和广度，笔者发现，《中文》教材涉及的文化范围十分广泛，但是许多内容仅仅是提到了名称，没有进一步展开介绍，使得学生对此仍比较陌生。反观《语文》教材，编者使用深入浅出的语言为学生讲解文化内容。例如，第四册第 11 课是傣族的泼水节，编者细致地描写和说明了周总理和傣族人民庆祝泼水节的形式，展现了傣族人民好客的一面。他们会在地上洒满花瓣，在天空中放花炮，紧接着描写了傣族的服饰和器乐，之后又细致地刻画了泼水的全过程，引出了“泼水”象征着个人美好祝愿的寓意。课文中的描述十分生动活泼，给人身临其境之感，好似学生和傣族人民一起度过了“真实”的泼水节。

（4）对比意识

《中文》教材采用文化对比的方式来介绍文化内容，这体现在重要人物、景观等的介绍。例如，第三册第 8 课主课文介绍了英国发明家瓦特，阅读材料部分补充了中国发明家鲁班的故事；第四册第 3 课主课文介绍了法国的王宫——凡尔赛宫，阅读材料部分补充了中国的皇宫——故宫的介绍。编者将不同国家的同类事物进行对比，这有助于华裔学生尊重不同国家文化，理解文化差异，并且教材从学生熟悉的所在国文化入手，能够拉近与中华文化的心理距离。《语文》教材中也融入了较多的西方文学作品，但对比意识不强。

五、文化教学的建议

中国传统文化在世界历史长河中经久不衰，这与语言作为文化的载体密不可分，二者相互促进、相互发展，因此文化教学在语言教学中具有重要的地位。通过上文两套教材的对比分析，我们不难发现华文教材的不足与特点，这同时也对文化教学有一定启示。

（一）华文教师要创造性地使用教材

教材是教学内容的重要载体，教师在备课中对教材内容的选择很大程度上决定了课堂教学效果。通过两套教材的对比，我们能够发现，《中文》教材中的部分文化板块比重偏低，如社会生活文化、居住文化、校园文化等。前文中提到，华裔学生渴求掌握与传承更多的中华传统文化，因此教师需要在前期充分备课，创造性地使用教材，扩大教材的广度与深度，但不可对之进行照抄照搬，开展填鸭式教学。

具体来说，社会生活文化与华裔学生日常生活密切相关，大陆人民吃、穿、住文化是学生较为感兴趣的部分，很多华裔学生的父母会做一些传统美食如豆浆、油条、饺子等，这些内容是学生较为熟悉的部分，在文化教学中涉及此类文化能够拉近彼此的心理距离。《中文》教材虽然介绍了许多国内著名景点如颐和园、故宫等，但并未对大陆人民典型的居住环境与住房类型进行介绍，如平房、楼房等。因此，教师在备课时应该加入这部分文化内容，并配以丰富的插图，使学生进行文化体验。华裔学生虽然长期居住在海外，但也十分喜爱中国传统服饰。教师在教学中可以将传统服饰穿入课堂，与学生面对面地进行展示交流，简单介绍传统服饰的款式和特点。此外，由于该套教材仅有一课提到校园文化，教师在讲解此文化时，

可以补充大陆小孩喜欢的丢沙包、老鹰捉小鸡、下象棋、下五子棋等休闲益智类文化活动。这些文化与学生所在国文化之间产生了强烈的文化冲突，但这种文化冲突在轻松愉悦的环境中呈现，能够进一步促使学生尊重理解各国文化，学习优秀文化。

（二）华文教师要创新文化教学内容

在新形势下，教师对于中国传统文化的介绍要与时俱进，避免给学生留下文化刻板印象。因此，思考如何推陈出新是非常必要的。前些年，《我在故宫修文物》纪录片爆火，引发了海内外的热议。这启示教师可以将“网红故宫”的概念借鉴到文化教学中，使课堂不再局限于介绍故宫的一砖一瓦，而是可以讲述在故宫修文物的这一群体，并介绍故宫的文创产品，从而提升学生的学习兴趣。此外，在海外拥有一定知名度的李子柒，以视频的方式记录下了中国传统美食、文房四宝等的制作过程，涉及中国人民的吃、穿、用等文化内容，同样也是很好的教学材料。结合新时代特点，介绍中国传统文化一方面可以使之历久弥新，另一方面也向海外华裔群体展现了中国传统文化的生命力，加深了他们对祖国文化的认同感。

（三）华文教师要善于使用互联网教学资源

教师可以利用互联网媒介资源。随着新冠疫情的暴发，“互联网+”教学模式的优点尤为凸显，许多教师开始逐渐在华文课堂中融入互联网资源，如短视频、图片等。这些资源有真实的场景和语料，能够贴近学生的日常生活，取得了很好的跨文化交际传播效果。杨薇在《国际传播视域下国际中文教育文化教学的内容选择》中提道，正如国外有些学者指出的：“个体需要与一个文化有大量的直接或间接经验，才能对这个文化形成一个表征，并且对象征性的文化启动作出反应。”① 教师在课堂中

---

① Fu，H.Y.，Morris，M.W.，Lee，S.L.，et al. “Epistemic motives and cultural conformity：Need for Closure，Culture，and Context as Determinants of Conflict Judgments”. *Journal of Personality and Social Psychology*，Vol.9，No2，2007，p.191-207.

适当地加入有文化因素的互联网教学资源，能够使学习者直接或间接地与中华文化进行接触，进而取得较好的教学效果。关于互联网教学资源，近年来有许多学者进行了专门的研究和介绍，例如王涛①建立了中文视听语料库，教师可在搜索框中使用关键词进行搜索，其中有许多针对性的适用于教学的视频。刘立新②在第四届国际中文教学理论与实践研讨会中提到，教师可以引入小林漫画。该漫画有诙谐幽默的语言和图片，能够使学生真实感知文化因素的同时理解语言知识。

六、结语

语言是文化的重要载体，文化教学能够帮助学生更好地学习语言。本文将《语文》和《中文》这两套教材的文化项目进行横向、纵向的定量和定性分析，研究了教材中文化项目的分布和类别，发现了两套教材编写的异同，《语文》和《中文》在文化内容的呈现方式、文化知识的复现、文化内容的选择以及对不同国家文化的态度上具有一致性，《语文》更注重德育教育的培养、多民族文化的介绍以及文化内容的深度学习，而《中文》更注重在文化的对比中进行学习。最后，立足于新时代的教学实际，笔者对文化教学提出了一定的思考。

以上研究的不足之处还请各位专家学者见谅，此外2022年出版了《国际中文教育用中国文化和国情教学参考框架》③，这对文化教学又有了新的启发。

---

① 王涛：《中文视听语料库建设与应用》，第四届国际中文教学理论与实践研讨会，成都，2022年。

② 刘立新：《真实语料的优选与利用》，第四届国际中文教学理论与实践研讨会，成都，2022年。

③ 祖晓梅主编：《国际中文教育用中国文化和国情教学参考框架》，华语教学出版社，2022年。

融合：多语种语言与文化线上、线下融合教学成果与经验

我国多语种语言与文化教学正同步经历由新冠疫情带来的线上教学与线上－线下融合教学的形式变革与范式革新。融合式教学既能提供崭新的教学模式和教学方法，也能为文化教学与传播提供数字化赋能。“工欲善其事必先利其器”，本节选取的六篇论文从法语、西班牙语和国际中文等多语种语言与文化教学实践和教育管理角度，分享了线上教学与线上－线下融合教学以及数字化教育管理的实践探索与成果，为科技赋能中国文化与传播提供了借鉴与参考。

教学空间：从物理性空间到虚拟性空间①

哈尔滨师范大学，法语系　王雪
北京语言大学，法语系　王秀丽

一、引言

2020年，全球疫情肆虐，对中国教育造成了巨大冲击。事实上，虽然高校早已做好信息化教学的准备，但由于疫情的突发性，依然给高校师生带来了挑战，但最终取得了跨越式发展，实现了“人人、处处，时时皆可教学”。教育部印发《关于在疫情防控期间做好普通高等学校在线教学组织与管理工作的指导意见》，明确面向全国高校免费开放全部优质在线课程和虚拟仿真实验教学资源。截至2020年2月2日，教育部组织22个平台免费开放在线课程2.4万余门，覆盖了本科12个学科门类、专科高职

① 本论文曾经在法国驻华大使馆文化教育合作处－北京法国文化中心与北京德国文化中心－歌德学院（中国）2020年9月4—6日举办的中、法、德线上教学研讨会上宣读过，特此说明；特别感谢北京外国语大学法语专业研究生赵瑞扬同学和北京语言大学教务处、图书馆提供的数据支持。本文为2020年黑龙江省教育厅青年创新人才项目“汉法平行语料库的构建、对齐和应用研究”（项目编号；UNPUYSCT-2020137）的阶段性研究成果。

18 个专业大类。

以北京语言大学为例，坚持在线教学，参与本科和研究生教学的中外教师达 754 人次，开设线上课程 1 583 门次，共计 62 107 课时。其中，外国语学部共完成 355 门次课程，中外教师达 124 人次，共完成 15 385 学时。法语系 10 名教师共完成 32 门课程，1 262 学时的授课任务。大学在线教育全方位实验得到实现。就笔者最担心的学生学习效果而言，对北京语言大学法语学习者进行的调查结果（表 1）显示，51.57% 的学生认为线上与线下学习效果一样，甚至 14.47% 的学生认为线上比线下效果好，二者合计 66.04%，只有 33.96% 的学生认为线上的学习效果不如线下。

表 1　学生学习效果调查结果

选项	小计	比例
比线下好	23	14.47%
不如线下	54	33.96%
和线下一样	82	51.57%
本题有效填写人次	159	100%

大规模线上教学主要依靠在线教学平台，笔者的调查结果给出了两个最常用的学习平台：腾讯会议和钉钉。如表 2 所示，在 134 名教师中，有 44 人选择腾讯会议，占总人数的 32.84%；34 人选择钉钉为最推荐的教学软件，占总人数的 25.37%，二者占总数的 58.21%。

而在学生投票中，钉钉占比最高，为总数的 55.2%。腾讯会议的比重也不低，占总比的 30.8%，其他推荐分数较高的授课软件包括 QQ（也有共享屏幕功能）、Zoom、微信、学习通等，外加越来越多的教学模式：直播课、录播课、慕课、远程指导等。

表 2　线上教学平台的选择

学习平台	教师人数	占比	学生人数	占比
腾讯会议	44	32.84%	77	30.8%
钉钉	34	25.37%	138	55.2%
其他（Zoom、QQ、微信、学习通等）	56	41.79%	35	14%
合计	134	100%	250	100%

如图 1 所示，北京语言大学外语学部本学期全部 323 门课程，线下考试 15 门，其余为线上测试，占总数的 95.36 %。老师通过雨课堂、智慧树等平台发布试卷，并利用钉钉或腾讯会议等软件实现“云监考”。

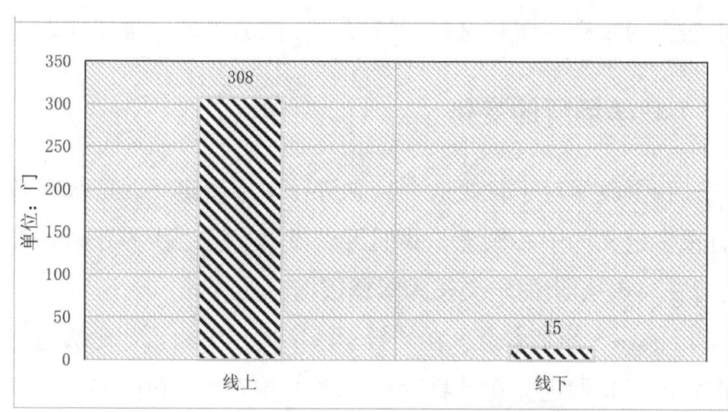

图 1　北京语言大学线上线下考核比例对比

线上考试形式包括开卷、闭卷、写论文等（如图 2 所示）。

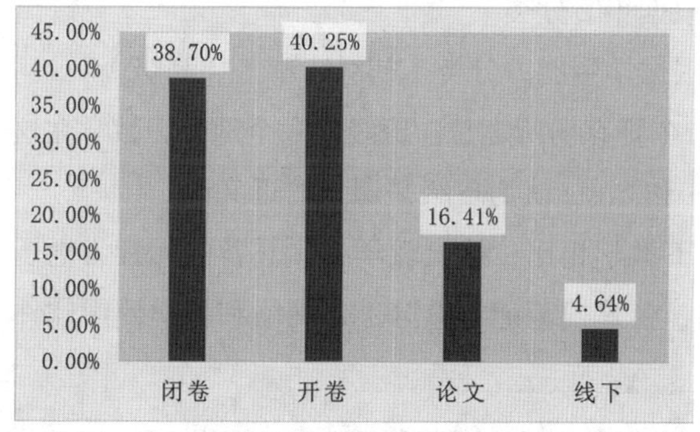

图 2　北京语言大学线上考核方式比例图示

二、教学环境的变化

相比线下教学，线上教学改变了教学环境。教学环境是一个由多种不同要素构成的复杂系统。广义的教学环境是指影响学校教学活动的全部条件（包括物质的和精神的），它可以是物理环境和心理环境。而这两类环境又可作为相对独立的子系统存在，并具有各自不同的构成要素。

笔者身兼法语教师和法语学习者两个身份，因此选择了法语线上教学作为研究对象。法语是小语种，一般来说，大学入学才第一次接触，不同于英语的广泛使用情况，大部分的学习者都处于初学状态。而法语的语法相较于英语语法更为复杂，面对这样的情况，广大法语教师是如何处理的呢？

（一）教学场所的变化

首先，线上教学对于班级这个概念进行了重新定义。班级在教学法中是一个有很多定义的中心概念。我们可以根据《法语作为外语和第二语言的教学法》一书中给出的定义作为解释依据：

班级（classe）的基本意思在《教学法字典》中为："班级这个词让人想到整理排列：我们也会在动物学、语法或者军队中和很多别的领域看到这个词。"在教学法中，我们可以区分班级的两个意思范畴：

（1）第一个是在分类结果上给出定义：

- 要么是根据年龄分类
- 要么是根据学生能力分类（初级、中等、高级）

（2）第二个则有场所之意：班级是一个地方，教学在这个地方发生。总之，Galisson 和 Coste 认为班级是课堂的近义词。①

与传统线下教学相比，线上教学必须具备的元素为电子通信设备（手机、平板电脑、台式或笔记本电脑）、网络和教学使用软件。当我们使用

---

① Jean-Pierre Cuq et Isabelle Gruca，*Cours de didactique du français langue étrangère et seconde*（Grenoble : Presse Universitaire de Grenoble，2017），p.112.

软件的时候，就可以选择我们的课堂互动方式和交流方式是以声音形式还是影像形式呈现。这些因素对于课堂的影响也不可小觑。鉴于本文探讨的是线上教学的实时互动方式，故而不涉及提前录制好的教学视频或音频。

如图 3 所示，不同于原始的传统物理空间，在技术支持下，虚拟智慧空间成了授课的“地点”，这是教学环境最主要的改变。从传说中孔子讲课的杏坛，到乡间私塾，再到现代的教室。偌大的物理空间机构化，方称之为学校。疫情期间，学校课堂被现代技术归为一种路径，通过设备和软件进入虚拟空间。教学设施、教材、座椅、黑板随之消失，老师、学生被简化为“两类符号，两个端口”，云上完成课堂教学活动。这个过程，在某种程度上说，让我们穿越了地上树下的自然性（随意自由性、私人性、开放性）和物理性（内在性、机构性），来到云上虚拟智慧空间。虽然我们仍然可以说，支撑教学交际活动的仍然是一个地点，但是这个地点已然虚拟到一个技术软件表征的空间中，支撑承载课堂的功能不变，虽不具备空间物理延展性，却回归自由开放到无限。在理论和实践上，回归到孔子弟子三千的属性，使弱化机构属性有了可能。

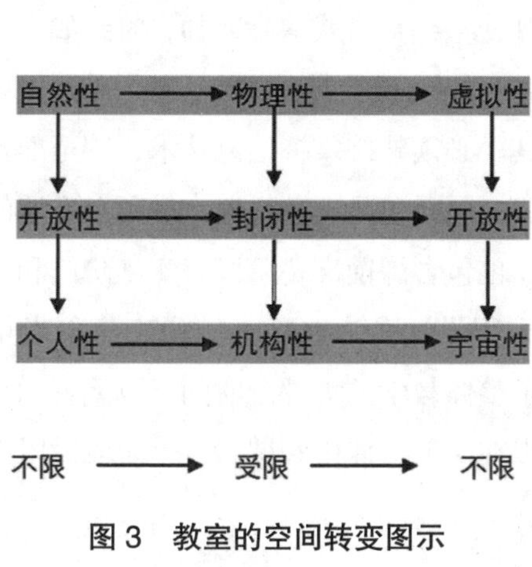

图 3　教室的空间转变图示

（二）教学时间安排的变化

时间离不开空间，空间更自由，时间也会更自由。然而，虽然时间本身虚拟、高度抽象，却并不能像空间一样被压缩成一个路径，可以选择特定空间开始与结束的点。在中国传统线下教学中，通常是一个教室对应一个班级，早上8点教室几乎都被占满，排课最多，几乎所有学生都要到教室，而且上午一般排最重要的课程。随着空间教室迁移，这样的时间安排可以被打破。进一步说，教学环境的主要要素时空不再被限制，只要有网络和软件，我们身处任何地方都可以在虚拟的网络空间、在不同时间完成教学活动。最重要的是，大部分学习平台都有录课功能，或者也可以通过手机或电脑的录屏功能进行录制。学生可以随时随地回看课程，反复复习，这是传统课堂做不到的。

按照传统经验来说，班级就是时间和空间压缩过程的集中发生地点。如今，我们不再被时空所限制，只要有网络和软件，我们身处任何地方都可以在虚拟的网络空间中参与课堂，聆听名师讲座，甚至可以不受时间限制，无数次地回放重听。

三、教师的角色转变

由私塾式课堂师傅，到宣讲式课堂老师，再到如今的交际教学法或翻转课堂组织者，以及如今的线上课堂组织者，老师需要做更多的准备。首先需要克服心理障碍，其次必须熟练掌握信息技术，甚至准备多套传统课堂所需课件。这是一种挑战，同时也是一种机遇。教师上下课的基本程序不变，与传统课堂设计相同，也包含课前准备阶段、实施阶段和课后检查阶段，但不同之处在于前期的课程设计尤为重要。在2022年下半年，由于疫情反复，线上教学依然占据了整体教学的大部分时间。以笔者承担的法语专业及选修课程为例，我们可以在课前、课中和课后三个阶段做以下改善。

（一）课前阶段

1. 教师主要起组织、衔接、引导的作用

人工智能教育无疑会加剧知识的碎片化和娱乐化，因此教师的教学目标和活动设计需要更有衔接性，前有复习，后有总结。把学生自己找到的或形成的零碎认知放到相应的知识场域。传统教学以教材为中心，内容系统化，知识的学习循序渐进。线上个性化教学并不是无系统、无定位的。从这一点上看，教师不能被零碎的知识所牵制，而应对学生的学习能力有着整体的系统规划。

以《法语文体学》课程为例，在课前阶段，我们给学生留了几个问题：① 找出目前存在的文体学相关教材或资料；② 说明文体学和修辞学的关系；③ 列出参考文献。学生在网络上寻找答案，在课堂上展示自己搜索到的结果。通过学生的展示，可以发现其暴露的问题所在：

●参考文献来源不可靠：学生习惯从豆瓣、豆丁网、百度等非专业渠道查找资料。搜索到的教材局限在郭麟阁、王文融、方仁杰几位老师的教材，也有提及王秀丽老师的《法语语言学教程》的，但整体来说即便提到国外的文体学资料也是二手文献；

●引用不规范：当问到这个思想是来自哪个文献的时候，没有任何文献标注习惯，忘记出处；

●文献印证良莠不齐：知网上很多的文献质量良莠不齐，学生过于信赖知网，认为其具有权威性，不会使用高级模式进行筛选；

●主观臆断缺少佐证：当进行中外教材比较时，过于主观，没有足够佐证就下结论，不够严谨科学；

●理论基础薄弱：对基本的语言学、文学概念知之甚少，比如能指和所指、内涵和外延、言语和话语等。

通过这次的课前作业，在赞许学生的优点之后，教师应该及时指出学生的问题所在。法语专业的学生，应该尽量利用自己的语言优势，多接触法语文献。而后，通过同学们自己找到的文献的参考书目，引导学生去查找权威的一手文献资料，且学会规范引文，养成良好的学习习惯。

通过学生第一节课的汇报情况，教师应进一步加强学生对于语言学和文学基础概念的普及，比如在涉及语言学家及翻译学家的讲解时，引导学生自己去网络上查找资料，作为课前预习的作业。

2. 教材应设计得立体化、可视化、多模态化

教材是最重要的教学用品。然而，没有电子版教材是线上教学最大的问题。虽然有许多课程的教材是教师本人主编的，这些教材有电子资源，包括PPT、视频、练习和答案等，可以供学生免费使用。但仍有大部分教师因为版权问题或技术问题不能将教材发给学生。因而，需要教师把个性教学融入共做、共学的模式，不再拘泥于传统教材，而是发掘诸如学习网页、视频甚至会议等的非传统书本教材作为新时代的多模态教材。

如前所述，在学生了解到需要尽量阅读一手文献之后，教师可以不失时机地介绍文献管理工具如国内常用的知网研学和国外常用的Zotero、Citavi和Endnote等。在课堂上，学生不再是简单地听教师讲解，而是可以自由选择一个文献管理软件进行演示。通过个人操作，教师可以非常清楚地了解学生对知识和技术的掌握情况。除了文献管理软件，课堂上还应介绍语料库工具网站https://corpus-analysis.com/、在线对齐工具Txmall、常用且简单易学的语料库工具AntConc和兰卡斯特大学的Lancsbox等，以及翻译管理软件Trados、Déjàvu和MemoQ等。每节课都应包含学生的实操过程。

在课前准备阶段，可以要求学生利用网站上提供的使用说明提前下载并学习软件。对于体量较小的语料可以直接要求学生采用办公软件中自带的制表功能进行对齐比较。对于体量较大的语料，则要求学生使用Txmall在线工具进行对齐并导出。

例如，在外文报刊选读课程中，并没有现成的教材可用。师生可以在网络上下载国内外政府官方网站和新闻报刊网站上的新闻报道材料等，由教师根据热点选定主题，学生提前下载好学习内容预习。除了报刊，线上学习的教材也可能是某法国新能源公司的网站主页或某个主题的学术会议。这正是线上时代的灵活优势所在。

（二）课中阶段

1. 线上互动方式调查

在智能大数据时代，由于空间的改变，知识的获得更加便捷，更容易

被人们理解与吸收。

互动被认为是语言活动的四大类型之一。在 2001 版《欧洲语言共同参考框架：学习、教学、考核》中，对于“互动”（interaction）的定义为：“互动中至少有两个施受方参与到一个口语或者笔语的交流活动中，施受方分别交替进行语言输入（réception）和输出（production）行为（可能有重叠的部分）。对话双方不仅能够互相对话，也可以同时互相倾听。”①

《法语作为外语和第二语言的教学法》一书对于语言课堂中的互动方式也有解释：

语言课堂的知识构建预设了一个与“教学契约”（contrat didactique）中各个组成部分一致的活动。这个活动以语言为秩序，产生了极度复杂且难以分析的多个声音的话语建构。②

语言互动可能发生在语言课堂上，在教师和学习者或学习者与学习者之间。

通过学习者之间的互动，了解教师对学生的行为期待。分析课堂时，可用“语言互动”（interactions verbales）“伴语言互动”（para-verbales）和“非语言互动”（non-verbales）三种互动功能来分类。③语言互动和伴语言互动可以通过提问—回答、发出课堂指令、发布任务、要求回答和提高音量或者改变音调来表达惊讶、疑问等情绪。如果说第一种和第二种互动方式基本可以在线上得到实现，而第三种非语言互动方式，即微笑、模仿学生的动作表情、身体靠近表示倾听，以及眼神的注视、翻书等无须说话就可以传达意思的动作，则在虚拟的教室很难或不能实现。

---

① Comité，Conseil de la Coopération Culturelle，*Une cadre européen commun de référence pour les langues：apprendre，enseigner，évaluer*（Paris：Les Editions Didier，2001），p.18.

② Jean-Pierre Cuq et Isabelle Gruca，*Cours de didactique du français langue étrangère et seconde*（Grenoble：Presse Universitaire de Grenoble，2017），p.111.

③ Eva Martin，*“Culture（s）Educative（s）et Formation Continue dans le Contexte de la Coopération Bilaterale，le cas des enseignants chinois de FLE des universités”*（PhD diss，Université du Maine，2007），p.358.

根据笔者的调查结果，如图4所示，134名教师中同意学生关闭摄像头的比例为90.37%，要求学生打开摄像头的比例为9.63%，教师自己关闭摄像头的比例为85.19%，打开摄像头的比例为14.81%。老师们给出的理由中比例最大的几个答案分别是：网络卡顿、觉得不需要、学生学习应出于自觉、家庭环境嘈杂会影响课堂，等等。大多老师不愿意出镜，造成的后果就是语言课堂空有“骨架”，却没有“肉体纤维”，其表演性、生动性、情感性、可视互动性几乎为零，这正是线上教育的瓶颈之一。在这点上，线上比线下艰难许多，很多老师认为有时候有一种对着空气说话的感觉，非常需要学生给予正面回馈。

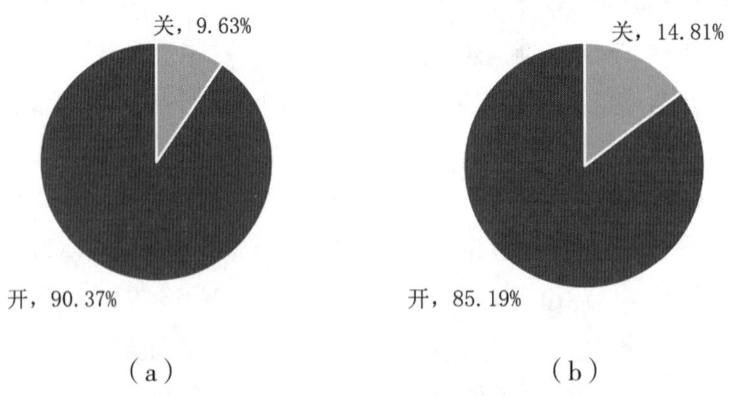

图4　左图为教师要求学生打开或关闭摄像头的比例；
右图为教师本人是否打开摄像头的比例

在教师的问卷中，如图5，最常用的互动方式为讲解—练习模式，占总数的88.81%。另外，线下交笔头或音频作业的方式所占比例也很高，仅次于讲解—练习模式。但这三种互动方式都属于语言互动。也就是说，即使是线上教学，教学方法的改变并不大，这一点在问卷和课堂观察中都有体现。

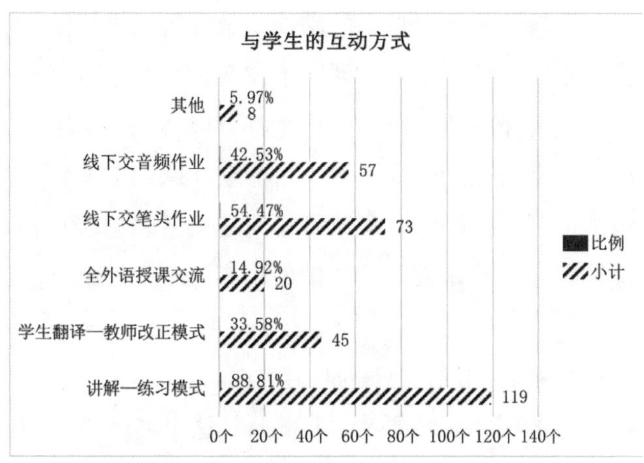

图 5　教师线上教学采用互动模式比例

大多数教师所采取的这种先课堂宣讲再做练习的课堂模式根据 Puren 的定义，可以被认为是 CTOP① 教学法，这不能不说是一种教学法上的停滞或者退步，Puren 的书中系统地介绍了多种教学方法：传统法、直接法、主动法和视听法，每种教学方法下面还有小的分支。比如，线上教学可以进行短期的直接法中的口语法实验，也就是说，课堂上完全没有书本，没有黑板，学生们只能听到声音，他们看不到任何写出来的词语。

2. 心理环境的建设

在这样的虚拟教学环境中，基本不能采用物理空间中老师提高学生的注意力的方式。因此，虚拟教学环境中心理环境的建设显得更为重要。老师需要更加关注学生的注意力，学生在虚拟空间里的社会化程度非常低，更加孤独，心理安抚会让学生得到安慰。在虚拟空间中，师生彼此需要有情感交流，建立虚拟课堂心理环境，使双方获得舒适感，从而让课堂交流变得轻松愉悦。

通过观察课堂，我们发现了许多新的课堂互动方式，例如小程序投票、

① Christian Puren and Robert Galisson, *Histoire des méthodologies de l'enseignement des langues* (Paris: CLE International, 1988), p.68; CTOP 即以实践为目标的传统课堂。

课堂测验等。利用教学软件中自带的功能，教师可以进行随堂测试，但可能需要提前将题目设定好，然后在课堂上发布，学生是否完成、正确率如何一目了然。这在雨课堂和钉钉等软件上都可以实现。文字和图片互动是区别于传统线下课堂的互动方式。学生可能会在课堂上发数字符号表示自己懂或者不懂，也可能在课堂结束时发送鲜花或者表情表示感谢。数字或者颜文字的符号表达可能比较单一、抽象，容易产生误解，但也确实比较容易实现。

这里推荐一个网站：https://kahoot.it/。这是一个可以进行随堂测试或者现场调查的非常好的网站。该平台“Kahoot”这个名字源于美国俚语，意为合作共赢。教师现场公布“Game PIN”，即游戏进入码，有些程序也可以通过扫描二维码等方式进入。学生现场即时答题，测试结束后会公布游戏排名。这种方式无论在线上还是线下都可以使用，能够充分调动学生的积极性。

然而，76.52% 的老师们认为自己的备课量增加了。很多老师需要制作幻灯片以便于课堂演示，设计随堂测试以活跃课堂互动气氛。在刚刚接触线上授课的情况下，能够完成课堂任务已经很不容易了，何况增加花样呢？但在不久的将来，教师慢慢熟悉这些软件之后，幻灯片和随堂测试已经趋于成熟状态，可能网络上还会有很多样本供教师参考，那个时候备课时间必然会下降。

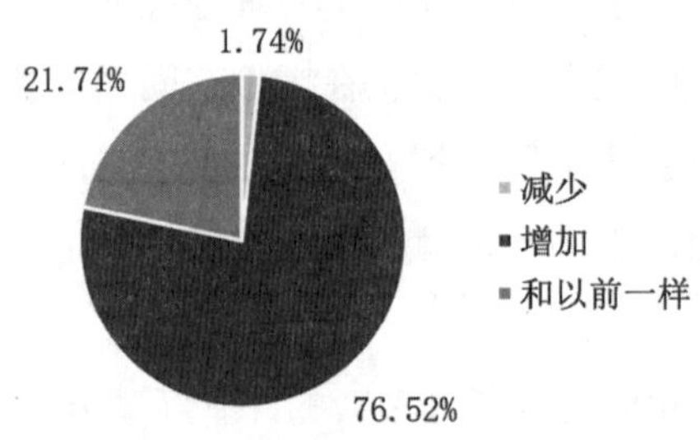

图 6　教师备课时间变化情况

以法语翻译课程为例，笔者不再禁止学生使用机器翻译，而是鼓励大家去了解机器翻译的发展历史和运行机制，以及目前可用的如微软（Microsoft）、谷歌（Google）和 DeepL 等在线翻译软件的区别。课堂上由学生自己来找出相较于人工翻译，机器翻译的缺陷或者说劣势所在。下面是课堂上的部分例子，材料取自中国女作家迟子建的《额尔古纳河右岸》。

表 3 “法语笔译”课堂部分实例①

原文	机器翻译	人工翻译	学生讨论
我们这个乌力楞只剩下我和安草儿了，其他人都在早晨时乘着卡车，带着家当和驯鹿下山了	Seuls An Cao’er et moi étions restés dans notre Wuli Leng, les autres ont descendu la montagne avec leurs affaires et leurs rennes dans des camions le matin	Il ne reste plus qu’An Tsor et moi dans notre urireng, tous les autres sont partis ce matin vers la plaine en camion avec leurs biens et leurs rennes	下山了：机器直译为 ont descendu la montagne，而人工翻译考虑到上下文语境，译为“离开去往平原”：sont partis vers la plaine
我们崇拜熊，所以吃它的时候要像乌鸦一样“呀呀呀”地叫上一刻，想让熊的魂灵知道，不是人要吃它们的肉，而是乌鸦	Nous adorons les ours, alors quand nous le mangeons, nous devons crier comme un corbeau pendant un moment, pour que l'âme de l'ours sache que ce ne sont pas les gens qui veulent manger leur viande, mais les corbeaux.	Nous vénérons cet animal. Alors, quand nous mangeons sa chair, nous croassons un long moment pour que son esprit croie que ce ne sont pas des hommes qui le mangent, mais des corbeaux.	崇拜熊 cet animal 吃它 mangeons sa chair 熊的灵魂 son esprit 它们的肉 le 这句话的因果关系可以看到人工翻译的共指链条是经过译者的重新整合阐释的
她躺在希楞柱的狍皮褥子上，发着高烧，不吃不喝，昏睡着，说着胡话	Elle était allongée sur le matelas en peau de chevreuil de Shilenzhu, avec une forte fièvre, ne mangeant ni ne buvant, s'endormant et disant n'importe quoi.	Couchée sur une peau de daim, rongée par la fièvre, sans boire ni manger, inconsciente, elle délirait.	人工翻译干净一些，主句没有选择躺着，发高烧，不吃不喝，而是选择了“说胡话”，翻译得适合，也没有直译，而是用了 délire（说谵语）就非常贴切

最后，通过同学们自己的语料整理和对比观察，大家明白了机器翻译

① 迟子建：《额尔古纳河右岸》，北京十月文艺出版社，2005 年；法语译本：Yvonne André et Stéphane Lévêque, *Le Dernier Quartier De Lue*,（Arles: Editions Philippe Picquier, 2016）.

有着人工翻译所没有的优势，但目前仍存在一定的问题，主要集中在不能“去语言外壳”，即语义、语序的翻译过于“字对字”，不能将信息显化或缩减多余信息，甚至有时会产生误解，将“跳舞”中的“跳”理解为“蹦跳”的意思。

（三）课后阶段

1. 科学评估、精确检验的作用

线上教学可以省去平铺知识的时间，而数字技术可以辅助教师更快捷更方便地进行阶段性和期末总评估。试题的策略性留白、开放性试题以及评估结果的解释等都需要评估者，也就是教师具有概念化能力。因此，经验性评估和线上数字化评估，在未来会成为教师的主要评估方式。利用实时评估记录所保留的历史数据，促成可视化资料的形成，其分类学意义也将会重新定义班级和课堂教学。

不能只通过一张有固定答案的客观试卷就判定学生的学习情况，这是非常不科学的。课下互动就是科学评估学生学习情况的重要依据之一。比如，在学习外语语音的阶段，学生可以在班级群组中打卡今天所学内容，教师在限定时间内听完录音并向学生反馈其要修正的方向。在线上平台建立班级群组，教师定期发送语音作业，学生按时打卡完成作业，教师起到监督和修正错误的作用。利用网络资源丰富的优势，学生在一学期的学习过程中接触到了动画、诗歌、新闻、寓言、电影等多个体裁的影音材料，并在实践中修正了语音错误，改进优化了语音语调。

对于高年级的同学而言，为了克服惰性，学生可以在群组中进行打卡学习，将作业或读书笔记发到群组或社交网络中，方便教师检查。目前有一些网站提供留言板功能，学生可以将每次的作业贴在留言板上。此外，根据个人喜好，学生可以选择便签纸的颜色和字体。老师可以进入网页批改作业，调整作业的位置。这大大调动了学生的学习积极性，让线上教学又多了很多可能性。

2. 指导实践的作用

语言习得是理论知识与实践应用相结合的过程。在最后的实践考核阶段，不同于以往客观题为主的试卷形式，线上考试监考难度大，目前的教学软件导入试卷的系统也不是非常成熟，教师应当考虑以主观题为主，考核学生的知识应用能力。

还是以“法语文体学”课程的实践考核为例，教师给出的题目是：在法语文体学的范围内，学生可以自主选题，但要求有创新性和逻辑性。在期末实践考核中，可以看到经过一学期的学习，学生的参考文献部分格式正确且引文权威。大部分同学尽量使用法语进行表述，但仍有少数三年级的法语专业学生存在语音错误的问题。个别同学的法语表达有误，在题目中使用了动词原型和分词形式。选题比较集中在修辞方式（figure de style）上，且集中在“隐喻”这个修辞方法上。语料的选取也集中在比较经典的法国文学上，如莫泊桑、雨果、巴尔扎克等17—18世纪的作家及其作品。然而令人欣喜的是，经过教师引导后，学生能够将眼界打开，语料的选取不仅限于法国经典文学，也涉及法国以及其他法语国家地区的文学作品。此外，还有同学使用最新的党的二十大讲话、政府工作会议等政治话语，以及中国传统文化的外译等文化体裁，甚至电影语言也在同学们的考虑范围内。学生们研究的角度多样，包括语言学、文学、法汉对比等方面。很多同学还运用了本学期所学的工具，参考教师推荐的语料库文体学方法进行了尝试。

考核标准涉及三个方面：“创意”（invention）“词语选择”（élocution）和“布局”（disposition）。其中创意是考核学生作品的重要的因素。一个好的论述想要说服听众，包含三个方面的内容：可信度（ethos）、感染力（pathos）和逻辑性（logos）。最终，教师从选题创意、材料搜集、PPT制作、演讲者脱稿和口语流畅度等多个方面对学生的期末成绩进行评定。

四、结语

线上教学和线下教学的交叉点，不变的核心为教学法、老师备课、学生自学能力以及师生双方的适应能力等。无论我们的身份是教师还是学生，学习新技能、适应时代发展都是必须面对的挑战。

可以通过以下几点来改变。一是不要局限于以练习为目标的传统教学方法。早在 1988 年，Puren 就为我们归纳出了许多有启发性的语言教学方法。二是改善互动方式。如果无法通过摄像头获知学生的学习状况，我们可以采用各种互动方式，比如最传统的翻译法，可以调动学生思考的积极性。此外，线上软件和各种网站为我们提供了多模态互动的可能性。本文只提到了冰山一角，教师们应该积极学习并加以利用。三是改善考核方式。语言学习的目标不是掌握语言知识（savoir），而是掌握语言能力（savoir-faire）。我们教学的主要目的不是教授语法或者词汇，而是教授学生在社会中使用语言的能力。因此，主观方式的考核也是一种很好的趋势。正如 1902 年总督学 Joseph Firmery 在一次讲座中对教师们所说的那样："需要将死的知识转变为鲜活的实践，让能力替代知识。"①

总而言之，教师的作用在智能时代必然会发生改变。无论是课前的系统化设计、课中的解惑和教学心理环境建构，还是课后评估及其实践指导，传统的教师角色虽然没有发生转变，但在数字技术的帮助下，教师的角色更加专业化、职业化，这是一个扬弃和吸收的螺旋式上升的过程。这一过程也是古往今来整个教学法的发展过程。传统课堂上教师、学生、知识的三角关系，在线上教学中被颠倒为教师底部，而学生和知识则处于顶端主导地位。

然而，在培养人才方面，虚拟技术依然代替不了教师的育人作用，改变不了师生的关系。传道、授业、解惑是教师亘古不变的职责，技术只能改变形式，不能改变实质。

---

① Joseph Firmery, "La méthode directe et son application", *Revue de l'Enseignement des Langues Vivantes*（mars 1902-févr, 1903）, p.387.

新冠疫情背景下法语语音课线上线下混合式教学模式的探索

外交学院，外语系　金俊华
北京语言大学，高级翻译学院　涂莞雯

一、引言

面对复杂的疫情防控形势，2020 年 2 月初，教育部印发了《关于在疫情防控期间做好普通高等学校在线教学组织与管理工作的指导意见》，要求各高校积极开展线上授课和线上学习等在线教学活动，保证疫情防控期间的教学进度和教学质量，实现“停课不停教，停课不停学”。于是，自 2020 年春季学期起，线上线下混合教学模式已成为我国高等学校教学的“新常态”。

法语专业的语音课程安排在大一第一学期秋季学期，因此 2020 年和 2022 年春季学期的线上教学并未影响到法语语音课的正常教学。但是，2022 年秋季学期，尽管恢复了线下授课，由于疫情的反复，出现了线上线下教学模式不断切换的情况。这对于法语语音课来说是前所未有的挑战，给该课程的教学带来了很大的影响。

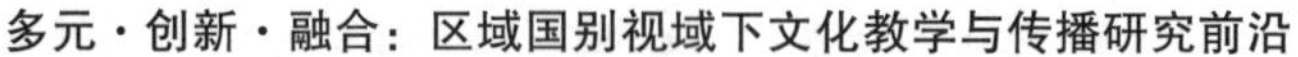

本文旨在探讨新冠病毒感染疫情背景下如何做好法语语音课程的线上线下混合式教学，如何最大限度地保证该课程的教学质量，帮助学生打下良好的语音基础，为后续的语言学习做好准备。

二、语音教学的重要性和特殊性

法语专业的语音课程安排在大一第一学期，是学生最早接触到的课程，对于激发学生学习法语的兴趣、帮助学生打好语言基础起着至关重要的作用。此外，语音课程是一门实践类课程，在教师讲授之余，更多的是需要学生自主练习，这也是口语课与精读类课程的不同之处。

（一）语音教学的重要性

高校法语专业的学生中绝大多数都是零起点学生，在大学入学前，他们从未学习过法语。在大学法语学习中，同学们最先接触到的就是语音学习，语音学习阶段往往要持续 5 ~ 7 周的时间。那么，我们为什么要在语音上花费这么多时间和精力呢？究其原因，还是因为语音学习在外语学习中起着至关重要的作用。如果学生在初学阶段没有正确掌握音素的发音，习惯了错误的发音，在今后的学习中就很难纠正了。①

中国现代语言学之父赵元任认为："外语学习的内容分为发音、语法跟词汇三个主要部分，其中发音的部分最难，也最要紧，因为语言本身、语言的实地就是发音，发音不对，文法就不对，词汇就不对。"② 的确，在教学的过程中，我们发现发音不准的同学在做听写时经常出现拼写错误，如区分不出清浊辅音的同学在听写时就分不清 cadeau 和 gâteau、tête 和

---

① 笔者针对 2019 级至 2022 级四届学生进行了关于法语语音课的问卷调查，回收有效问卷 82 份。对于"您认为语音阶段过后纠音的难度如何"这一问题，只有 29.27% 的受访者认为语音阶段过后纠正语音完全没有困难。

② 赵元任：《语言问题》，商务印书馆，1980 年，第 156 页。

dette、poisson 和 boisson，导致出现错误。王初明指出，虽然语音只是外语学习的一部分，但语音掌握程度影响学习者对自己整个外语学习能力的评价（即外语学习自我概念），进而影响外语成绩。[①] 由此可见，在外语学习中，语音学习的重要性不容忽视。语音是否纯正，不仅仅关乎“门面”的问题，更重要的是它会影响到我们与他人沟通的效果，甚至影响学生对自己学习能力的评价。

（二）语音教学的特殊性

法语语音课不仅重要，而且具有特殊性。与阅读类课程不同，语音课是一门实践类课程，教师需要在课堂上讲解发音方法，做发音示范，领读并纠正学生的错误发音。在传统的课堂教学中，教师与学生可以面对面交流，教师的发音示范一目了然，利于学生模仿。此外，学生的口型和发音部位错误也很容易被教师发现并及时纠正。但线上授课时，师生隔着屏幕，无法面对面交流，原本在课堂上可以高效完成的工作，就遇到了各种困难。常见的困难包括网络不畅、学生不愿意主动回答问题、电脑设备出现问题等。

面对这些困难，教师需要努力想办法解决问题，将这些问题对教学带来的影响降至最低。首先，教师需要选择适合语音教学的在线会议软件，最大限度地保障教学质量。其次，需要在课堂教学组织形式、课外学习等各个环节做出调整。

三、线上线下混合式教学模式探索

本部分将从在线授课平台的选择、课堂组织形式和课后学习三个方面介绍法语语音课线上线下混合式教学模式的探索过程。

---

① 王初明：《自我概念与外语语音学习假设》，《外语教学与研究》，2004 年第 1 期，第 56-63 页。

（一）在线授课平台的选择

2020年春季学期，北京所有高校学生均未返校，所有课程均采取线上授课的形式。课堂转移到云端，授课平台就成了教师的三尺讲台。能否完成好教学任务，授课平台的选择就起到了至关重要的作用。

然而，在2020年2月之前，大多数高校教师从来没有接触过在线授课平台。使用在线会议软件完成教学任务，对于广大基本不掌握计算机技术的文科教师来说是巨大的挑战。2020年以来，笔者主要使用企业微信和腾讯会议两个在线授课平台。经过比较，笔者发现两个平台虽然功能越来越接近，但在以下几个方面还是存在差别。

（1）发起会议

企业微信：学生的名单在企业微信的通讯录中，授课教师可以按照选课名单建立起课程群聊，专群专用，方便快捷。打开群聊，可以一键发起会议，学生打开企业微信便可一键进入会议，免去了提前预订会议的麻烦，学生也无须翻看微信聊天记录查找会议号。

腾讯会议：会议发起人预订会议以后需要将会议链接转发给学生。学生如想用腾讯会议App进入会议，需要将会议添加至“我的会议”，或者需要在App中输入会议号码，耗时较多。

（2）会议签到

企业微信：教师从企业微信班级群发起会议，班级成员进入会议时会在群聊中显示“某某同学进入会议”的信息，自然生成签到表，省去了点名签到的时间，教师也可以截屏作为签到记录，快捷方便。

腾讯会议：腾讯会议也有签到功能，但需要在进入会议后教师发起签到，学生进入会议后点击进行签到，签到记录需要教师手动导出。

相较而言，企业微信签到更加省时方便。

（3）会议回放

企业微信和腾讯会议的会议录制功能分为云录制和本地录制。两个软件的本地录制没有什么区别，都没有存储空间的限制，可以长时间录制。

但课程回放录像会自动保存在主持人电脑中，由于视频文件较大，如要分享给学生，需先将文件上传至云盘。

云录制空间有限，最多只能录制 1.5 小时左右，无法满足课堂录制要求。但企业微信和腾讯会议的云录制存在差别。

企业微信：在企业微信会议中选择云录制，会议结束后回放链接会自动发至班级群，学生点开链接即可观看回放。

腾讯会议：在腾讯会议中选择云录制，会议结束后主持人需进入本人腾讯会议账户中的“个人中心”找到“会议录制”方可看到会议回放链接，如要分享给学生，还需将链接发送给学生。

通过比较，我们不难发现企业微信更适合召开参会人员相对固定的在线会议，方便学生签到以及回看课程录像，因此更为适合课堂教学。

（二）课堂组织形式

在线上教学过程中，笔者尝试了两种课堂组织形式：一种是让所有学生到教室集中上课，用教师的台式电脑登录腾讯会议；另一种是让学生在各自宿舍使用笔记本电脑上课。笔者发现两种形式各有利弊。

第一种形式的优势在于：① 讲台上的摄像头的拍摄区域基本可以覆盖整个教室，授课教师可以观察到所有学生的情况，能够及时发现没有专心听讲的同学，并加以提醒；② 学生在教室学习，学习的氛围更加浓厚，学生之间相互讨论更加方便；③ 教师通过视频图像可以看到每个学生，可以随时根据学生的表现点名回答问题，更加有针对性，师生互动效果更好；④ 相较于对着名单找学生回答问题，通过图像可以直接看到学生的课堂反应，从而有针对性地提问学生，更加节省课堂时间，师生互动的效果也更好。

然而，这种形式也存在弊端：① 所有学生集中在一个画面中，图像很小，学生回答问题时，教师看不清学生的口型；② 距离讲台较远的同学回答问题时声音偏小，教师听不清楚，不便于找出学生的错误。

第二种形式的优势在于：① 学生使用各自的笔记本电脑，回答问题时声音十分清晰；② 师生互动时，教师可以要求学生打开摄像头，便于教师清楚地看到学生的口型，发现问题及时纠正。

但是，这种形式的弊端也很明显：① 学生各自在宿舍学习时，班级这个学习共同体就缺失了，集体学习变成了学生个体孤立的学习，同学间相互启发、相互促进的作用被弱化；② 学生同时打开摄像头时，网络经常会卡顿，影响正常教学；③ 学生普遍不愿意打开摄像头，教师无法观察到所有学生的课堂表现，从而也不能了解他们能否跟上教师的节奏，只能时常询问学生是否有问题，无形之中占用了宝贵的课堂时间；④ 学生宿舍混编，舍友所学专业各不相同，同时在宿舍上课时会互相干扰，学生不容易集中注意力，学习效果会打折扣。

由此可见，两种课堂组织形式都存在一定的缺陷，其课堂教学效果很难达到线下授课的程度。但笔者认为让学生集中到教室上课利大于弊，对于教师来说能够看到教室的全貌，更加接近线下授课的情境。至于坐在后排的同学声音偏小的问题，可以要求学生回答问题时尽量提高音量。而教师看不清学生口型的问题，则需要教师在听到学生的发音后凭经验判断其口型是否正确。若确实难以判断，就需要课下单独和学生视频通话进行纠音。

鉴于线上授课可能会遗留一些课上没有时间解决或难以解决的问题，教师需要设法将课后学习变成课堂学习的有效补充。

（三）课后学习

由于线上授课受制于网络速度等因素，难以达到线下授课的效果，因此课堂之外学习任务的安排就显得尤为重要。

1. 晨读辅导

俗话说：“一日之计在于晨。”也就是说一天最宝贵的时间是早晨。学生应该充分利用早晨的时间读书，以达到更好的学习效果。对于外语专业的学生来说，晨读尤其重要。

2012年，外交学院开始双校区运行，本科生低年级和研究生一年级在位于郊区的新校区学习。由于新校区距离城区较远，教师无法很早赶到学校辅导学生晨读。受“朋辈教育”理念的启发，外语系安排研究生一年级学生负责辅导大一、大二学生的晨读，每天晨读半小时。经过近十年的实践，笔者发现朋辈辅导效果很好。低年级学生在研究生学长面前不紧张，能够放得开，也敢于问问题，朋辈辅导取得了很好的效果，已经成为课堂教学的有力补充。

2020年春季以来，随着线上教学的开展，教师与学生线下见面的时间得不到保证，研究生线下进行晨读辅导在低年级外语教学中发挥了更大的作用。

2022年秋季学期，线上线下教学随时切换的教学模式，对于大一的语音教学非常不利。那么，在特殊时期，怎样让晨读辅导发挥更大的作用呢？经过讨论，三位大一任课教师一致认为，部分学生的语音语调问题较大，需要重点辅导。但课上时间有限，且线上授课时教师无法与学生面对面交流，辅导难度较大。因此，大一教研组决定改变晨读辅导的形式：由以往由研究生带领全班同学晨读的模式转变为一对一重点辅导。鉴于语音阶段学习的重要性，教研组决定在语音阶段增加研究生助教人数，重点辅导发音问题较大的学生。与此同时，晨读时间教师带领其他同学朗读课文或解答学生的问题。经过几周的强化辅导，授课教师都发现被重点辅导的同学的语音语调有明显改善。

2. 课后作业

法语语音课的课后作业多为口头作业，主要包括朗读单词、背诵动词变位和课文等。在新冠疫情之前，课后朗读和背诵作业主要通过面对面检查的方式进行，以便更好地发现和纠正错误。对于发音问题比较多、当面纠音未达到预期目标的同学，笔者会通过微信视频聊天或录制短视频的方式继续线上纠音，并要求学生将练习后的音频或视频文件通过微信发送给老师检查。但是，这种方式存在两个弊端：一是占用手机存储空间，二是学生无法长时间保存文件。

新冠疫情暴发之后，由于2020年春季学期进行纯线上授课，作业都改为线上提交，笔者开始使用班级小管家这个小软件。教师在使用该软件布置作业时可以从图片、录音、视频、电子文件（支持word/ppt压缩包等格式）和不限方式这几种提交方式中选择合适的一种。经过两年多的使用，笔者发现班级小管家这个小软件不仅适合布置书面作业，也适用于布置口头作业。为了观察学生的口型是否正确，可以要求学生提交视频。而班级小管家既不占用手机空间，也可以长久保存音视频，学生随时可以对比前期和后期的音频，发现自己经过努力取得的进步，有助于激励学生继续努力。

因此，2022年秋季学期的法语语音课的作业全部在班级小管家提交。视频文件便于教师发现和纠正学生发音口型的错误。班级小管家的另一个亮点是作业点评既可以文字点评也可以语音点评，而且可以针对学生的多个音频文件发多个语音点评，点评之后学生可以继续发送订正音、视频，教师和学生之间可以进行多轮一对一交流。而且作业都会保存在学生账户中，可以随时查阅。期末复习时，班级小管家里的作业和批改、订正痕迹会成为学生宝贵的复习资料。

3. 小组互助

教师和研究生助教与学生接触的时间毕竟有限，而同学之间可以朝夕相处，因此调动学生的积极性、在学生之间形成互帮互助的学习氛围对于提升学生的学习能力十分重要。

由于学生宿舍混编，三个不同语种的同学同居一室，不利于学生课后集体学习。外语学习与其他科目不同，需要语言环境，需要多说多练。因此，教师需要想办法让学生结成互助组，在课堂外创造更多讲外语的机会，以尽快提升学生的语言表达能力。

在语音学习阶段，笔者会安排同桌组成互助组，让同桌帮忙发现和纠正错误。学生在互相帮助的同时也可以互相促进，共同进步。外语学习离不开实践，只有多开口讲才能更快地掌握一门外语。随着学习的深入，教师会布置会话作业，给学生创造更多讲法语的机会。

4. 线上答疑

受网速、设备等因素的制约，线上教学的效率明显低于线下授课。师生间的沟通耗时较多，因此，课堂上的答疑时间所剩无几。此外，学生往往是在自习的时候才发现有些语法点在课上并没有理解，从而产生疑问。如果学生的疑问能够得到及时的解答，就能提高学生的自学效率。

随着微信的普及，微信已成为师生之间一个重要的交流平台。微信的语音聊天和视频聊天非常适合语音课的课后辅导。当学生的发音口型和发音部位不正确时，教师可以录制一个短视频示范。如果视频无法解决问题，教师会发起视频聊天，实时进行示范和纠正，直至学生掌握正确的发音方法。

线上教学时间受到不可控因素的制约，教学时间时常“缩水”。教师的线上辅导和答疑可以很大程度上弥补这一损失。笔者发现，大一刚开学时，很多学生不敢向老师提问，但在和教师单独交流几次之后，学生的学习兴趣会被激发出来，提的问题也更加专业，进步也更快。

综上所述，以上几种形式的课后辅导已经成为线上教学必不可少的补充，可以很大程度上弥补线上教学给教学效果带来的损失。

四、关于语音课线上线下混合式教学的反思

经过一个学期的实践，笔者在法语语音课线上线下混合式教学方面摸索出了一些经验，也总结出了一些有待改进的方面。在这一部分笔者将梳理这些经验教训，以期在未来的教学中做得更好。

（一）成功经验

期末考试前，笔者担心线上教学会导致 2022 级学生的期末成绩与前

几届学生相比存在一定差距。因此，在考试结束后，笔者对比了 2019 级至 2022 级四届学生语音课的成绩。[①]2019—2022 级成绩对比见表 1。

表 1　2019—2022 级成绩对比

	学生人数	最高分	最低分	平均分
2019 级	21	97	81	92.4
2020 级	22	97	91	93.3
2021 级	22	96	85	92.2
2022 级	22	97	86	93.5

笔者发现，经过一个学期的线上线下混合式教学，学生的成绩与前三届相比并无明显差异。笔者认为，其原因在于在课堂教学之外，充分利用了朋辈辅导，并借助一些小软件加强课后辅导。这两种做法可以在一定程度上帮助解决线上课堂教学时间“缩水”、线上授课教学效果打折扣的问题。

1. 朋辈辅导

经过多年的观察，笔者发现，朋辈辅导效果很好。首先，学生之间朝夕相处，更方便相互交流和探讨问题，有问题可以及时得到解决。其次，研究生在辅导低年级学生的过程中进一步夯实了自己的语言基础。有些同学甚至爱上了教师这个职业，职业规划更加清晰。其实，学生之间相互帮助的过程，也是互相激发灵感的过程，通过讨论共同进步，真正做到教学相长。在未来的教学中，我们需要进一步发挥朋辈辅导的作用。

2. 软件助力

在实践线上线下混合式教学模式的过程中，为了弥补线上教学对教学效率和教学效果造成的不利影响，笔者在课后使用班级小管家、微信、腾讯会议等软件加强对学生的课后辅导。通过课后一对一辅导，教师与学生可以增进了解，教师可以根据每个学生的不同情况进行有针对性的辅导，

---

① 2019 级至 2022 级四个班级的法语语音课程均由笔者讲授，2019 级至 2021 级的考试形式为线下考试，2022 级的考试为线上考试。试题类型一致，但试题内容不同，试题难度基本一致，评分标准一致。

可以做到因材施教。此外，师生之间的互动可以增进师生间的相互信任，能够打消学生的顾虑，在遇到问题时敢于向教师求助，因此学生的问题能够得到及时解决，有助于提高其学习效率。

（二）有待改进的方面

虽然线上线下混合式教学取得了较好的教学效果，学生考试成绩与前三届的同学相比没有明显差别，但是在教学的过程中也发现以下几个方面还有待改进。

1. 硬件设备

在线上授课的过程中，经常会遇到网速过慢、卡顿的情况，导致教师不得不重复讲解某个知识点。笔者曾在观摩同事课堂的时候遇到此类问题。教师在讲课的过程中，突然没有声音了，但直到两分钟后才知道学生什么都没有听到，只好重新讲一遍，这无形中就使课堂时间缩水了。有时，电脑出问题导致音、视频无法正常播放，或出现文件闪退的情况，都会影响正常授课。

前文提到的学生在教室集中上线上课时，教室收音效果不佳的问题，也使得线上课程的授课效果大打折扣。如果能够在教室增加收音设备的数量，则可以弥补这个不足。

2. 授课软件

首先，如前文所述，授课平台的录制功能还有待改进。如果能够扩展云录制的存储空间，并延长云录制课程回放的有效期，则更加有利于学生的学习。

其次，由于学生不喜欢主动开麦讲话，教师的网络出现卡顿或者没有声音的情况时，学生往往愿意在聊天区发文字提醒教师。而教师在共享屏幕的情况下，经常注意不到聊天区。如果聊天区的新留言提示更加明显或者增加新留言提示音，则教师可以更快地解决问题，避免浪费课堂时间。

另外，腾讯会议和企业微信都有分组讨论的功能。但其缺点是只能分两组，而且教师只能在主会场。如果能够优化此功能，增加小组数量，并允许教师可以进入所有小组了解学生讨论的情况，则更加利于开展课堂分组讨论。

3. 师生交流

线上授课期间，师生间直接交流机会的减少也是影响教学效果的一个因素。申梓刚在讲到线上教学的缺点时也指出线上“教学交互性不强”这一问题。通过调查发现，疫情期间的线上教学有44%的互动类型是签到和点名提问。[①] 因此，教师要加强与学生的交流，并且要把学生的心理健康放在首位，作为学生的知心人帮助学生解决困难、消除负面情绪。只有这样，学生才能心无旁骛地学习。为达到此目的，专业教师需要学习一些心理学知识，增强与人沟通的能力，以便更好地帮助学生解决问题。此外，同一班级的任课教师可以分工合作并加强沟通，这有利于更加全面地了解每个学生的情况，能够达到更好的师生沟通效果。

五、结语

经过对法语语音课线上线下混合式教学模式的探索，笔者发现线上授课对于法语语音课的影响大于阅读类外语课程。虽然笔者针对线上教学的特点对各个教学环节进行了调整，但由于线上授课受到网速、硬件设备、软件、师生互动效果欠佳等因素的影响，教学效果暂时还与线下教学存在一定差距。因此，教师还需进一步探索提升线上教学的教学效果的方法。

2019年2月，中共中央、国务院印发了《中国教育现代化2035》文件，提出了推进教育现代化的总体目标：到2035年，总体实现教育现代化，迈入教育强国行列。2020年新冠病毒感染疫情的到来倒逼广大教师主动学

---

① 申梓刚：《疫情期间线上教学对我国未来教学模式的启示》，《中国教育信息化》，2022年第8期，第47–53页。

习和使用信息化教学手段，将现代信息技术融入课堂。这必将加速我国教育现代化的进程，成为实现教育现代化的总体目标的推动力。

笔者认为，在以后的教学过程中，广大教师可以继续使用线上教学期间发挥作用的教学软件和教学方法，让其成为线下课堂的有力补充，并在教学实践中不断学习新技术，不断提升自身的信息化教学水平，让信息技术服务教学，为我国早日实现教育现代化贡献力量。

后疫情时代结合现代技术的国际中文教育招生与教学策略[①]

大连理工大学，国际教育学院　杜芳
大连理工大学，国际教育学院　谭凤英

一、引言

2020年新冠疫情的暴发给各国各领域带来了严峻的考验，尤其是国际中文教育。[②]疫情的出现干扰了招生录取、培养和管理等方面的常态工作。学生面对经济压力无法持续进行线下学习等现状，导致来华从事国际中文学习的人数断崖式下滑。长此以往，将不利于爱华友华人才的培养以及中国语言文化的国际传播。本文以“疫情”为切入点，评析后疫情时期全国

---

① 本文为2023年中国高等学会课题“讲好中国故事：数字化时代‘一带一路’背景下国际学生中国国情教育策略研究”（编号23LH0419）；辽宁省来华留学研究课题“数字化教育建设方案的研究与实践”（编号ZD2023011）；后疫情时代大连理工大学来华留学研究课题“教育数字化研究”（编号JG22DB155）；2023年研究生三进课题“数字赋能国际中文教育专业‘三进’工作实践路径研究”；2023年大连理工大学来华留学研究课题“后疫情时代来华留学教育数字”（编号DUTLHLX202313）的阶段性成果。

② 程海涛、杨斯静、张旺斌：《德国高等教育国际化之路的得与失》，《山西广播电视大学学报》，2021年第3期，第27–31页。

来华留学招生项目策划工作的优势、劣势、机遇和威胁，在整体性、综合性的基础上提出最优化和易反馈的策略。

二、后疫情时代国际中文教育招生与教学的思考

面对疫情带来的挑战，学界从招生、教学、管理等多方面给予了关注和思考。王静等提出通过“一带一路”、合作院校、海外校友影响力扩大留学生规模。① 谢元博②、陆俭明等③也曾关注发展中国家、海外人员、高校对招生的作用。李宇明等从汉语需求布局、国内外合作、教学智能化等方面提出了新冠疫情下汉语国际教育事业的发展建议。④ 除了以上方面，不断完善和发展汉语教学才是吸引国际学生学习汉语的关键。疫情之下，线上教学蓬勃发展，对教学机构及教育工作者提出了更高的要求。李宇明等从校际合作、话语体系建构方面提出打造特色优质线上课程的新思考。⑤ 陆俭明等⑥、许舒宁等⑦也从课程设置角度提出了应对网络教学的策略。陈

---

① 王静、于梅、张雨婷：《后疫情时代来华留学生教育提质增效实践探索》，《淮南职业技术学院学报》，2021 年第 1 期，第 108–110 页。

② 谢元博：《吉林省实施汉语国际推广的策略研究》，《北方文学》，2017 年第 14 期，第 105–106 页。

③ 陆俭明、崔希亮、张旺熹等：《“新冠疫情下的汉语国际教育：挑战与对策”大家谈（下）》，《语言教学与研究》，2020 年第 5 期，第 1–16 页。

④ 李宇明、李秉震、宋晖等：《“新冠疫情下的汉语国际教育：挑战与对策”大家谈（上）》，《语言教学与研究》，2020 年第 4 期，第 1–11 页。

⑤ 李宇明、李秉震、宋晖等：《“新冠疫情下的汉语国际教育：挑战与对策”大家谈（上）》，《语言教学与研究》，2020 年第 4 期，第 1–11 页。

⑥ 陆俭明、崔希亮、张旺熹等：《“新冠疫情下的汉语国际教育：挑战与对策”大家谈（下）》，《语言教学与研究》，2020 年第 5 期，第 1–16 页。

⑦ 许舒宁、刘丽萍：《后疫情时代汉语国际教育的发展方向及教学策略》，《西部学刊》，2021 年第 6 期，第 89–91 页。

闻[①]从教育资源云端化、“翻转课堂”、小班教学、教师信息素养等方面进一步完善了线上教学。吴勇毅[②]指出，即使疫情改变了汉语教学的生态环境，也要在新技术、新观念的融会中把好“互动”这个关键词。金海燕[③]从明确网课学习计划等方面提出了增强学生参与度的相关策略。此外，祝志春等[④]、吴薇等[⑤]还强调了学生管理工作对提高线上教学质量的重要性。在这些研究成果的基础上，后疫情时期国际中文教育招生与教育工作出现研究空间，结合教学机构实际情况，研究会具有创新性与可行性。

三、后疫情时代国际中文教育发展面临的挑战

结合以往研究及教学现状可以发现，除了政策上的倾斜，无论是改进技术、加强合作，还是完善课堂，要想提高国际学生学习汉语的兴趣，扩大招生规模，最根本的还是通过各方面的发展进步来打造学校的高品质教育。现在世界正面临百年未有之大变局，国与国之间的交往比任何时候都要频繁，飞速发展的现代科技，更是让国际中文教育如虎添翼。虽然由于疫情，国际交往较以往要少，学生经济压力大，但对科技结合国际中文教育的重视达到了历史空前。只要借鉴前人对国际中文教育事业发展提出的建议，结合国际学生教学工作现状，从前期宣传、基础建设、课堂教学几

---

① 李宇明、李秉震、宋晖等：《“新冠疫情下的汉语国际教育：挑战与对策”大家谈（上）》，《语言教学与研究》2020年第4期，第1–11页。

② 李宇明、李秉震、宋晖等：《“新冠疫情下的汉语国际教育：挑战与对策”大家谈（上）》，《语言教学与研究》2020年第4期，第1–11页。

③ 陆俭明、崔希亮、张旺熹等：《“新冠疫情下的汉语国际教育：挑战与对策”大家谈（下）》，《语言教学与研究》2020年第5期，第1–16页。

④ 祝志春、陈曦：《来华留学生线上教学及后疫情时代教育转型的思考》，《黑河学院学报》2020年第11期，第87–90页。

⑤ 吴薇、张靖佶：《重大疫情下跨境高等教育中的学生管理研究》，《比较教育研究》2020年第8期，第10–17页。

个方面去思索国际中文教育面临的优势、劣势、困境和挑战，就会改进、完善国际中文教育教学工作，推动后疫情时代国际学生招生及教学发展。

四、后疫情时代国际中文教育发展对策

（一）前期准备

1. 宣传工作

（1）网站建设

学校及学院网站是外界了解本校汉语教学质量的窗口，也是吸引学生需要做好的第一项工作。首先，学校要精心设计多语言网站，全方位、立体、真实地介绍学校和专业全貌，方便学生浏览查询。其次，学校要更加深入地分析留学生来华留学目的与需求，从而有针对性地开展招生宣传工作。比如，经济问题是疫情后影响留学的主要原因之一，因此学校要在学费、奖学金方面进行适当调整，减轻学生经济压力，以此来吸引学生，并在宣传中进行强调。最后，利用好优秀校友、优秀留学生的影响力，分享他们在校学习和生活的体验，形成名片效应。

（2）教学宣传

学习效果是宣传的重中之重，要充分利用各种力量进行教学影响力宣传，引导已经学习汉语的学生积极传播中国语言和中华文化，宣传学校的教学品质。尤其需要重视在华学习者的真实体验，对此，汉语教师可以在线上教学中客观公正地呈现真实、正面的中国现状，让国际社会看到中国在对外交往中是和平使者，看到中国物质生活和精神生活的变化，展现教师自身素质，让学生看到学校的高品质教学质量。

（3）合作共建

国内外不乏具有优质教学质量的高校，学校作为国际中文教育教学的一大主阵地，在教研、资源、宣传方面都需要加强共建共享。例如，学校

之间可以共同任用和培育精英教师，通过网络宣传形成品牌效应。此外，要将合作范围扩大，充分发挥国际企业、民间机构、非政府组织的积极作用，打破只在体系内进行教育交流合作的单一局面。[①] 在国情研究上，仍需要重视传统的汉字文化圈、华人生活区，关注发展中国家以及与中国关系密切的地区，积极寻找共同理念、共同价值。

2. 教学基础建设准备

（1）教学平台

在新冠疫情后，国内外教学均积极应对形势转为线上教学，国际中文教育也不例外。以往，超星、慕课等平台只是作为线下教学的一种补充，然而，随着线上教学的常态化，各种教学平台也随之蓬勃发展起来。国际汉语教学可采用“录播 + 直播”形式，主要课程由学习者在系统中自行学习并完成作业，教学过程中穿插钉钉、腾讯会议平台的直播课程，给学生多样的学习体验。然而，各个教学平台的功能设置、界面布局、教学资源都有所差异，各有特色和长处，需要教育者积极探索、测试，发现不同平台的优势所在，安排不同的课程学习内容，利用多个教学平台实现教学效果最优化。关于教学平台的使用，大多数汉语教师集中于使用屏幕共享功能，没有很好地探索平台具有的其他功能。此外，考虑到条件限制以及使用的方便性，需要探索更多“竖屏化”资源，方便学生拿起手机随时随地学习。国际中文教育线上教学并非仅为疫情应对举措，而是信息化时代教育教学的发展趋势。

（2）教学资源

随着在线授课大规模普及应用，为了缩小与线下授课时存在的差异，需要在教学资源上花费更多精力。虽然已经存在了丰富的教学资源，但仍不足以应对不断发展变化的教学需求。除了需要汉语教师利用已有资源结合教学实际进行创造性改编外，还需要相关专业机构通力合作，共同开发适合线上教学的资源，建立教学资源库。在合作中也需要做好相应的管理

---

① 吴薇、张靖佶：《重大疫情下跨境高等教育中的学生管理研究》，《比较教育研究》，2020 年第 8 期，第 10–17 页。

工作，比如做好教学资源的版权管理与学生的学分管理工作。另外，教学单位也要及时解决教材的数字化问题，纸质教材的出版及运输需要大量时间，因此需要教师和相关专业人士共同合作，为学生提供及时更新的电子教材以及相配套的音频、视频、练习等，供教师整合使用。师资队伍也是需要大力建设的资源。为了适应教学趋势和质量要求，需要学校关注教师发展，跟进教师培训工作，引导教师顺利进行线上教学角色转变，提高线上教学能力以及信息技术素养。

（3）技术应用

优质、创新的资源开发离不开技术依托，需要教育者涉猎更多领域，将技术应用到教学中，提高效率。例如，刘荣艳提出，将 TTS（语音合成技术）和 ASR（自动语音识别技术）应用于国际中文教育教学[①]，就提供了一个很不错的思路。文字信息转化为语音材料，依托情感丰富、类型多样的输出材料，为学生提供话语情境。老师还能够通过教学情况自动创建或编辑文本材料、倍速回放，也能更好地适应课堂教学需要，帮助其更好地发现学生语音中存在的问题。

（二）实施教学设计与教学管理

1. 教学管理

（1）班级设置

线上教学存在网络条件的不确定性，且学生的注意力和参与性也很难保证，因此在班级规模上可以考虑小班教学。小班教学下，一是人数的减少可以降低对网络环境和硬件设备的要求，保证教学过程的顺畅；二是在有限时间内可以提高学生个人开口率，提供更多练习机会；三是便于教师针对学生练习问题展开个性化指导。

---

① 刘荣艳：《TTS 和 ASR 技术在线上对外汉语听说课中的应用》，“第十二届中文教学现代化国际研讨会”论文集，2021 年，第 607–619 页。

（2）课程设置

教学强调因材施教，条件允许的情况下，可以根据学生个性化需求开发定制课程，更好满足学生学习需求。开发定制课程耗费时间和精力，可以利用前文提到的校际合作、机构合作、资源库建设，为学生提供更多可选课程。线上教学需要结合实际情况开发与本校、本地密切相关的特色资源，打造专属本校的特色课程。

知识和技能是相辅相成的，各个学科之间也有共通之处。学生学习汉语可能最初是出于兴趣，但最终都能有所受益、有所启迪，因此在课程设置上可以突破知识型课程和技能型课程的界线、语言课和文化课的界线、汉语课和其他课程的界线，将各个课程、学科统筹起来，开发一些满足学生需求和发展的跨学科课程。

线上教学课程的可选性要丰富而多样，学习者由于种种限制往往很难长期保持对一门课程的兴趣，因此在课程设置上，应该再设置一些短期课程，可选用多个主题，比如“中文＋技能”、中国节日、中国饮食、中国交通等进行教学，课程时间可以在一周、两周或四周以上，学生能学有所获，不影响后续学习。

2. 教学形式

（1）课堂教学

为了更好地培养学生的交际能力，汉语教学越来越多地使用“翻转课堂”模式，即课前学生先自主学习录制内容，课上再针对学习疑难进行教学阐释和操练。[①] 但由于线上课程存在太多不可控因素，因此对于学生自学和预习，教师要细化、明确、强调清楚学习要求，使学生能够做好课前准备，从而更充分高效地利用有效的课上时间查缺补漏，提升学生个人能力。除了课堂上的师生互动，也可以利用视频会议多开会议室。教师可以进入学生分组的会议室，了解他们的学习情况并有针对性地加以指导，可

① 祝志春、陈曦：《来华留学生线上教学及后疫情时代教育转型的思考》，《黑河学院学报》，2020年第11期，第87–90页。

以利用平台录像功能记录师生、生生互动交际的过程，上传至平台，供学习者进行回顾，或者发现其他问题。

线上教学最大的问题就是缺乏面对面交流的真实感，因此需要教师在教学活动中有更多的设计。[①] 教师教学并不一定要局限于传统的课堂教学，也可以将课堂设置在餐厅、商店、银行等地方，以直播或者录播的形式教学，为学生呈现现实的日常生活情景。也可以运用学生身边的生活语言情景，比如起居、饮食等。因此，尽管学习者们没在线下上课，却能够利用实际的生活情景和同伴们展开交流，在生生互动中也无形中提高了跨文化意识，还可以在了解彼此的过程中找到时间、水平、兴趣合适的语伴进行结对子练习。[②] 真实多样的生生互动是难得的资源，而实际教学中由于种种原因学生往往不愿意参与互动，这就需要教师开发探索一些适用于线上教学的活动、游戏，激励学生参与进来，营造集体学习氛围。此外，线上授课过程中，教师可以通过技术学习，加入板书部分，增强学生课堂体验的真实感。

（2）课后学习

线上教学的作业情况往往不理想，教师可以灵活变通课后作业以及考核形式，提升课后学习的效果。除了常规的口语和写作训练，还可以让学生组成语伴，共同制作视频或音频，然后在课上展示，由教师进行点评。由于时差影响，教学反馈和评估需要更加注意及时性，同时在数量上也要适量增加，保证和学生之间的联系，及时掌握和调整进度。

为了增强学生线上学习的体验感，教师可以利用平台的讨论区，给学生提供自由分享、交流、讨论的空间，这样更容易契合学生的兴趣，教师也能从中获得教学启发。

3. 教学内容

虽然线上教学带来的变化和挑战使得教学形式受到了更多的关注，但

① 赵国艳：《后疫情时代对外汉语线上教学课堂互动研究》，硕士论文，兰州大学，2021 年。

② 许舒宁、刘丽萍：《后疫情时代汉语国际教育的发展方向及教学策略》，《西部学刊》，2021 年第 6 期，第 89–91 页。

内容始终是教学的重中之重，且需要更加严谨。一方面，不能简单地将原有的教学资源、教学内容、课堂环节照搬到线上，会出现很多不适用的情况。如果教师处理不好也会极大地影响学生的学习体验和对教师的信任。因此需要灵活变通课程内容，教师应尽可能以恰当的方式在语言教学过程中讲好中国故事，同时针对学生特点培养其跨文化交际能力。

另一方面，无论直播课还是录播课，考虑到学生学习时间的问题，多数课程在一定时间内是可回放的，因此需要教师仔细备课并反复检查，确保知识输入的准确性。

五、发展对策可行性分析

（一）依靠培训和教师解决网络问题

多样的教学平台、教学形式对教师及学生的计算机、网络等硬件设施提出了更高的要求，尤其是海外学生的设备和网络，硬件问题可能会导致学生缺席甚至放弃学习，因此需要对学生进行培训指导，从而保证所有学生都能够正常参与学习。再者，尽管教师精心设计了一系列网络活动、课程，进行了有针对性的教学，仍然无法保证设备另一头的学生有学习兴趣，缺乏面对面交流也使得教师没有办法完全掌握学生的学习和心理状态。教学的变化可能远远跟不上社会发展的速度。为解决这些问题，教师需要将所有教学资源按照教学计划统筹分配，分阶段发给学生，同时时刻联系学生，关注学生反馈。

（二）政策与外联解决资金问题

相较于线下教学，后疫情时代的线上教学发展在资源开发、交流合作、师资培训、学生管理等各个方面都需要投入更大的资金，尤其是平台的开发，需要投入的人力、物力、财力往往不是一个学校自身能够负担得起的。

资金、技术方面的问题需要相关部门从政策上给予帮助，并在外联合作上付出更大努力。

（三）合理平衡教师工作量问题

为了提高教学质量，教师从备课、讲课到课后都需要投入更大的精力。学生随时随地提出问题，导致教师工作量超负荷。此外，教师还需要应对时代发展不断提高自身素质，更深入地学习计算机等专业知识和技能，也是教学、科研之外的另一压力。教师工作量的增加，需要各方面的沟通和平衡。

后疫情时代，国际中文教育教学并非没有前路，而是需要教学机构及教育工作者付出更多努力，创造优良的汉语学习环境，吸引更多国际学生来华或在线学习汉语，从而促进汉语国际推广事业的发展，扩大中华语言文化影响力。

异步在线教学中存在的问题与优化路径

——以法波大学应用外语专业课程为例

外交学院，外语系　李芮

一、引言

受新冠疫情影响，中方教师与志愿者无法按原定计划赴法属波利尼西亚孔子学院（以下简称“法波孔子学院”）任教。因此，自2020年10月起，应中外语言交流合作中心和法属波利尼西亚大学的要求，法波孔子学院的汉语课程由线下教学转为线上教学。此外，鉴于中国和法属波利尼西亚之间存在时差，法波孔子学院决定采用异步在线授课形式，以突破时间和空间的限制，保障对外汉语课程顺利进行。异步在线授课是指“师生在分离的教学时空下，利用在线学习平台、互动学习工具等开展的教与学活动”[①]。比较常见的异步在线教学方式是通过各种在线学习平台，观看教

① 谢幼如等：《疫情防控期间“停课不停学”在线教学方式的特征、问题与创新》，《电化教育研究》，2020年第3期，第23页。

师提前录制的或其他录播的教学视频。然而，受当地网络条件的限制，法波孔子学院统一采用以文本为载体的异步教学方式：课前，教师在电子文档中撰写教学文本，包含课程目标、内容以及课后作业等，再通过邮件发给孔子学院教学秘书，最后由秘书以邮件形式将教学文本转发给每位学生。由此，在从传统的实体课堂教学转向互联网环境下的异步在线教学的过程中，将会产生一些问题。本文以法波大学应用外语（汉英方向）专业课程为例，总结和分析实际授课过程中遇到的教学问题，并针对这些问题提出异步在线汉语教学的优化路径。

二、学情与教情介绍

异步在线授课的对象为法波大学应用外语（汉英方向）专业大二学生，共有 9 人。其中，7 人为零起点学生，在大一学习了《汉语对话 301 句（上册）》，具备基础汉语知识；2 人为汉语高起点学生，其汉语水平分别达到 HSK 4 级和 HSK 5 级。笔者负责教授商务汉语课和翻译课。考虑到学生之间汉语水平的差异和授课内容的专业性，决定采用双语开展教学。两门课所用教材均为《汉语对话 301 句（下册）》。该教材属于通用汉语教材，采用交际功能与语法知识相结合的方法编写，注重培养初学者运用汉语进行交际的能力。每课分为句子、会话、替换与扩展、生词、语法、练习六个部分。未选择汉语商务类或专业翻译教材是因为这类教材不符合班上大部分学习者的现有水平。为了更加贴合商务汉语课和翻译课的授课目标，突出课程特色，在使用通用汉语教材的情况下，两门课程授课侧的重点有所不同。商务汉语课侧重于培养学生在与生活关系密切的商务场景中的汉语会话能力，使学生初步掌握商务汉语的常用词汇、重点句式等，了解相应的商务礼仪和文化背景知识。因此，笔者在教材设置的语法和交际框架下，从三个方面延伸和扩展课程内容：在语言知识方面，以每课生词为出发点，适当增加商务汉语专业词语，并在教授语言点和重点句式时，加入

商务类例句；在交际功能方面，通过课后任务实践、小组角色扮演等形式，使学生能够利用所学词汇、句式和表达完成商务任务；在商务文化方面，结合具体商务场景，介绍中国特色的商务文化特征以及与商务主题相关的背景知识，培养学生对中国的友好感情。翻译课则侧重于培养学生的翻译能力和跨文化意识。在讲解语法知识时，笔者采用汉法对比的方式，重点翻译、讲解表达方式差异较大的地方，帮助学生寻找两门语言之间的对等语，理解汉语与法语之间的语言习惯差异和思维方式差异。

在异步在线教学的过程中，中方教师身处中国，班上所有学生身处法属波利尼西亚。由于学生依然要线下学习其他课程，因此，同一个班级的学生在校园里每天会相遇，这将为开展课后合作任务提供便利。孔子学院在校园内设有图书馆，藏书包括各种汉语教材、文化读物和工具书，还有部分音像资料，这为学生们自主探究学习创造了一定的有利条件。

三、异步在线汉语教学中存在的问题

（一）教学对象：学生水平差异较大

同线下课程一样，远程商务汉语课和翻译课也面临着学生水平差异较大的问题。这意味着教学内容的组织，既要满足零起点学生学习基本语言知识技能的需求，又要帮助高起点学生进一步提升汉语水平和能力。如若完全按照《汉语对话 301 句（下册）》进行线上授课，很难同时满足学生对教学内容的不同需求。教师如若在每次备课时，准备两份不同的教学文本，这不仅将导致其备课量翻倍，也会造成学生群体内部的割裂。因此，在线异步教学所面临的第一个挑战，即如何有效地组织课程内容，符合因材施教的原则。

（二）教学内容：口语真实语料输入不足

在实体课堂教学中，目的语既是学习的对象，又是教学的工具。教师在课堂上使用目的语给出指令、进行授课以及与学生交流互动，这为学生提供了低沉浸度的目的语环境，为汉语输入提供了重要途径。此外，疫情前的课余时间，法波孔子学院曾多次组织各种文化活动，学生可以暂时沉浸于汉语的交际环境中，与孔子学院的教师和志愿者进行交流对话。

异步线上授课时，低沉浸度的目的语环境消失，线下文化活动被迫取消，导致口语语料输入骤减。在远程授课之初，虽然教师录制了教学文本中的单词、例句等内容的音频，并加入教材自带的录音，但据学生反映，与真实的汉语口语有距离感，希望增加与目的语的接触。

（三）教学活动：口语类教学活动受阻

在实体课堂授课模式中，师生在时间上是同步的，从而为开展实时的交际活动提供了可能。课堂上，笔者经常根据教材设置的练习组织口语活动，如完成句子、造句、完成对话、听述、回答问题、看图说话、自由表达、角色扮演等。口语教学活动对即时互动要求很高，这类活动很难从线下简单地移植和复制到线上。因此，在异步在线授课期间，教师需要根据在线教学环境有效设计口语教学活动，保障学生的口语能力与其他语言能力协同发展。

（四）教学评价：评估方式过于单一

考核评估是外语学习不可或缺的组成部分。根据法波大学的考试要求，学生每门课程的成绩由两部分组成——平时成绩和期末考试成绩，两者所占比例由任课教师自行决定。在面对面的线下教学中，教师通过观察学生的课堂行为，如回答问题、发表观点、展示对话等，不断地、多次地考查学习者掌握知识的情况，从而评判班级和个体的学习进步程度，及时地发现教学中的薄弱环节，并据此调整教学方式。这种评估方式属于形成性评

估，评估的结果构成学生的平时成绩。在每学期教学结束之后，教师将组织期末考试。从评估的时机和目的来看，这种测试方式属于终结性或阶段性评估，旨在对学生所掌握的知识和达到的能力进行总结和评判。从评估的实施者角度看，无论是教师对学生课堂表现的评估，还是期末测试，两者都是单方面的，即由任课教师进行评估。

异步在线授课方式的局限性，容易使教学趋向“重教学”而“轻测评”。教学活动从而被简化为单向的信息传递，缺乏双向的、即时的反馈与评价，这可能会影响在线汉语教学的效果。师生时空分离，教师无法直接观察到学生的外在行为，也无法对后者进行面对面的实时监管。然而，在线学习能否顺利进行，一方面取决于学习者是否有“学习动机、自主意识和学习过程中的自控力”；另一方面取决于教师能否为学习者提供必要的动力支持——“对网络学习者的监督、评价”。[①] 因此，在异步在线教学的过程中，转变评价模式尤为重要，以实现“以评促教”的目的。

四、异步在线课程的优化路径

（一）以线性和非线性结合的方式组织教学内容

因材施教是优化教学过程的重要目标之一。鉴于应用外语班级中学生个体水平差异非常大，笔者认为可以以线性与非线性互相结合、互相支持的教学观念，设计和组织教学内容。

线性教学是指“一个确定的、序列性的、易于量化的秩序系统，它有着清晰的起点和明确的终点”[②]。在纵向上，远程授课的文本可以按照专业教学大纲和《汉语对话 301 句》教材设计教学主线，以保证语言知识之

① 李川：《大学英语网络教学评估模式实验研究》，《外语与外语教学》，2005 年第 7 期，第 33–36 页。

② 小威廉·E. 多尔：《后现代课程观》，王红宇译，教育科学出版社，2000 年，第 5 页。

间的内在逻辑关系、汉语知识的整体性以及各个知识点之间的关联性。如此，以线性方式组织和设置翻译课程和商务汉语课程的知识结构，能够系统地、全面地向班上零基础学生讲授汉语语言知识。

非线性教学是指“一个复杂的、多元的、不可预测的系统或网络”[①]。在横向上，一方面，以每课的知识点（如语法点、句型结构、文化知识、汉字教学等）为超文本的节点，回顾温习学生已掌握的知识点，使学生的既有知识与新知识点产生联结，并在习得新知识点之后，向学生预告后继知识点。例如，在讲授第 19 课中的动量词“次”之前，可先复习学生之前学过的名量词的用法，由此引出动量词的概念以及“次”的用法。讲解完毕后，为后续教学内容进行铺垫，预告之后将学习动量词“回”“趟”等。将既有知识与后继知识联系起来，有助于完善学生对汉语量词的认知，并促进其自主探究学习。这样编排教学知识点，也能够满足不同层次学生的学习需求。基础相对薄弱的学生，可以借此机会巩固之前所学的内容，查漏补缺；基础知识扎实、游刃有余的学生，可以借助语法工具书或网络，查找其他的汉语动量词和例句；高起点学生，可以自己探索思考“次”与“回”的相同点与不同点。另一方面，教师可以按照学生现有的汉语水平，将商务汉语所需的技能知识、翻译课的理论知识以及开阔视野所需的补充知识作为非线性教学元素。这些元素需要与教学内容的核心知识点联系密切，拓展教学内容的深度与广度，以适应不同类型、不同水平学生的个性化学习，并促进学生形成自己的认知结构和自主探究学习策略的运用方式。这些元素可以以超链接的方式融入教学文本之中，使学习者能够直接查看图片、跟读录音、观看视频或跳转至文本的另一知识点或参考书目，能够根据自己的步调决定学习的进度与内容，掌控自己的学习节奏，在异步在线教学中拥有更多的自主性和灵活性。同时，对教师而言，这种教学内容的组织方式也能够提高课程内容的适应性与教师的备课效率。

① 小威廉・E. 多尔：《后现代课程观》，王红宇译，教育科学出版社，2000 年，第 5 页。

（二）增加口语真实语料的输入

尽管法波孔子学院的学生无法在课堂上体验到目的语沉浸式教学，也无法完全生活在汉语环境中，但是教师可以通过以下两种路径增加真实口语语料的输入：第一种路径是利用互联网搜寻电影片段、真人秀电视节目、电视新闻报道、电视广告、博主 Vlog 等口语材料；第二种路径是利用身处中国的优势，在日常生活中录制一些中国人之间真实的交流视频，例如在奶茶店购买奶茶时消费者与店员之间的对话，打车时司机与乘客之间的对话，申请索赔和理赔时客人与客服之间的对话。这些生动真实的画面能够让学生"近距离"观察中国人之间的社交距离、他们的体态、惯用手势和面部表情等，也能够使学生发现一些视频中蕴含的中国文化元素。这些丰富多彩和富有现场真实感的内容不仅能够补充真实语言素材的缺失，拉近学生与汉语和中国的距离，而且能够直观展示中国的发展和当下中国人的生活方式。

在使用收集来的视听材料时，教师也需要进行合理的课堂设计。用于泛听和文化扩展的材料，不能简单地堆砌在教学文本中，而应增设于知识点的节点之上。用于精听的材料最好选用短小的视听片段，以防学习者变成被动的看客，被视听材料牵着鼻子走。对于精听材料的教学活动设计，不能仅限于大意理解或细节理解，还需要引导学生观察视频中的口语因素（如汉语口语用语、口语发音特点、地域口音等）和人物动作神态，思考中国的文化现象，以此激发学生学习汉语的动机和学习热情，使学生感到有交际的需求和愿望，从而接触和逐步熟悉汉语各式各样的表达方式。

（三）将口语教学活动转至线下

异步在线教学对于传统口语教学活动确实造成了一定的阻碍。因此，我们可以通过课后布置多元化的口语练习和任务，将口语教学活动转移至线下。针对每课所学的语言功能用法，教师可以遵循"由易到难"的原则，设计口语练习，从套用固定句型操练开始，到模仿对话，再到角色扮演，最后到真实口语任务。在每课学习的初始阶段，借助教材中的“替换与扩展”练习，帮助学习者熟练掌握句型。要求学生两人一组，一人读一句，同时进行录音，教师对录音进行点评，纠正学生的语音语调问题。在第二阶段，要求学生自行分组，模仿教材配套视频中的人物对话。不仅要注意模仿人物的语音语调，还要练习模仿他们的手势语言和体态语言。演绎的对话需要录制成视频并发给教师。教师“批改”这类练习时，不仅需要关注学生的发音问题，同时需要从跨文化的角度对学生的肢体语言进行点评。待学生熟练掌握了本课的句型后，便可布置第三阶段的口语练习——角色扮演。教师可以根据课文内容，要求学生模拟真实的商务社交场景，通过与生活密切相关的商务体验，让学生贴近中国经济社会生活，学习基本的商务常识[①]，例如超市购物、市场讨价还价、预订酒店、购买车票机票、银行换钱、网购等。在教师提供的场景下，由学生选择和设计自己将扮演的角色，然后由分到一组的学生共同设计对话脚本。这一步骤对于初学者而言是不可缺少的；对于高起点的学生，可以根据其水平适当增加练习难度，要求他们直接演绎对话。学生需要根据对方的话语临场发挥、随机应变。教师在点评学生录制的对话视频时，除了纠正语言问题，还应该指出对话中的语用问题。第四阶段，教师可以设置一些能激发学生自由发挥和创造的口语练习。例如，在学习助词“了”时，可以请全班同学在课后聚在一起，一人添加一句话，共同讲述一个完整的故事。这样的练习有助于激励学习者发挥自己的创造力和想象力。教师也可以发布一些综合性口语任务，利用互联网技术，让学生参与真实的商务活动，鼓励他们灵活运用所学的知识。例如，在教授第 33 课《有空房间吗》时，将口语任务设为“预定酒店”，请学生在手机上利用应用程序搜寻合适的酒店，与店家客服进行真实的在线对话，

---

① 沈庶英：《来华留学生商务汉语实践教学探索》，《语言教学与研究》，2014 年第 1 期，第 45-50 页。

并保存聊天记录，然后教师对聊天记录予以点评。

（四）交叉使用各种评估方式

为了优化在线异步教学效果，对学生整个在线学习过程进行监督和评价，可以交叉使用多种评估方式：除终结性评估之外，还可运用形成性评估、学生自我评估以及学生互评。

形成性评估能够源源不断地给教师提供学习者的信息，了解到学习者朝着既定学习目标的具体学习进程。[①] 形成性评估自然是必不可少的一环。既然教师无法对学生的实时行为表现进行评估，则可以转变评估对象，对学生线下进行的语言活动进行评估。教师可以以课为单位，每课结束之后，布置一项符合本课教学目标的开放性练习，如写作练习、口语练习、翻译练习。评估并不依据统一的标准答案，而是对学生的语言知识和语言实际运用能力进行评估。评估结果将作为指导后续教学的基础，也将作为及时了解学生学习难点和薄弱环节的工具。

在我国传统的教育文化中，教师往往被视为唯一的评估者，学习者很少真正成为语言学习的“责任人”。然而，语言教学的评估可以通过多方面人员的共同判断来开展：评估可以落实到学习者个人——自我评估，也可落实到同伴同组的同学——学生互评。

自我评估是指“由学习者本人利用所提供的相关测评工具为自己组织并实施的一种自发的、非正式的评估”[②]。刘晓玲和阳志清通过实验证明，让学生进行自我评估，对教师和学生而言都大有裨益：教师可以通过自己的评估结果与学生自我评估结果之间的差异，了解教学效果，便于指导今后的教学；自我评估也能够增强学生的学习动机和责任心，促进其学习自

---

① 陈涛：《基于人本主义教学观的合作评估教学模式》，《教书育人》，2019年第30期，第82–85页。

② 让－马克·德法伊：《法语作为外语和第二语言的教学法研究》，傅荣、张丹译，外语教学与研究出版社，2018年，第191页。

主性，提高自我管理能力。[①] 教师可以以教材的单元为单位，以《国际汉语能力标准》为参考，结合每个单元的教学目标，包括语言学习目标、交际能力目标、文化目标等，为学习者打造一张自我评价表。为了进行快速有效的评估，量表中各等级行为表现的描述应尽可能详尽具体，以便为学生提供瞬时可见的评估结果，减少评估所花费的时间。[②] 自我评估具有较强的激励作用，能够从正面肯定学生已经掌握的语言知识和能力，帮助学生看到自己已经取得的进步，从而强化他们的学习动因，让其学会自主学习。

学生互评，或称同伴互评，“其核心是组织学习者对能力相当的其他学习者的学习作品或表现进行水平、价值或质量的考量和判定”[③]。互评的结果可以是量化的评分、文字评价或两者的结合。学生互评既能够减轻教师的工作量，也能够培养学生的主人翁精神和自治精神，强化学术的学习动机和社交存在感，促进他们的高阶思维和元认知能力的发展。学生互评比较适合运用于写作任务、口语任务或翻译任务的评估。以书面作业的评估为例，评估包含纠错和评语两个部分。学生完成第一稿后，教师可以让学生互相纠错。纠错时可以直接在错误处进行修改或指出问题所在，之后由作者本人进行修改；学生需要从内容、结构、语法、词汇和汉字书写等方面对同伴的作文作出评价。同伴互评结束后，学生根据修改意见和评语完成第二稿，教师再对第二稿进行评阅。让全班同学参与评估的过程能够提高学生的自主性、积极性和参与感。如此，评估便可像其他的教学活动一样，自然地融入整个在线教学过程。

交叉使用多种评估形式，充分发挥各种评估方式所具有的优势，能够

---

① 刘晓玲、阳志清：《自我评估在 EFL 课堂教学中的有效性研究》，《外语教学》，2006 年第 3 期，第 56–59 页。

② 陈涛：《基于人本主义教学观的合作评估教学模式》，《教书育人》，2019 年第 30 期，第 82–85 页。

③ Topping K.，“Peer assessment”，*Theory into Practice*，Vol.48，No.1，2009，p.20–27.

平衡教学过程中“教、学、评”三方面的关系。应将每项评估的数据和结果归档，为每位学生建立学习档案，以综合评估该生在线学习的学习表现和学习成效。对于评估结果不理想的同学，教师应利用微信语音及时与学生沟通，了解学生学习的思想动态和学习过程中遇到的困难，为学生提供个性化的指导和有针对性的帮助，帮助学生克服困难、解决问题，并及时反思和调整自己的教学方式。通过对评估模式的优化，异步在线教学才能真正做到“以学生为中心”，优化在线异步教学效果。

五、结论

本文总结和分析了实际在线中文教学中遇到的教学问题：学生水平差异较大、口语真实语料输入不足、口语类教学活动受阻、评估方式过于单一。为优化在线教学、提升教学质量，针对这些问题，教师可以以线性和非线性结合的方式组织教学内容，以满足不同水平学生的学习需求；利用网络搜寻视听素材或亲自录制真实语料素材，增加口语真实语料的输入；通过课后多元化的口语练习和任务，将口语教学活动线下化；交叉使用各种评估方式，综合评估学生的学习进度和情况，并及时调整教学内容和方式。随着法波孔子学院汉语线上教学的推进和新课程的开设，异步在线授课将会面临更多的困难和更大的挑战。我们也应该不断地以宏观和微观视野，对孔子学院线上教学的问题进行反思和探讨。

中级汉语水平外国学生汉语写作课翻转课堂教学
——以对西班牙学生记叙文写作教学为例

首都师范大学，外国语学院　刘柳
外交学院，外语系　刘诗扬

一、外国学生汉语写作课的目标与任务、特点与难点

写作是对外汉语学习中听、说、读、写四个环节中的重要一环，也是汉语学习中必不可少的一项技能，体现了学生书面表达及对汉语知识综合运用的能力。依据学生不同的汉语水平等级，汉语写作教学有不同的安排与任务。赵金铭提出了初级阶段、中级阶段及高级阶段的写作技能训练层次。其中，汉语初级水平的学生主要还在学习汉字书写、扩充词汇量、学习基本语法与句型知识的阶段，因此写作教学主要是精读课上的一些句子或语段的写作练习，主要为了培养学生写出正确通顺句子的能力。到了中高级阶段，写作教学分离成一个独立的课程，主要教授不同文体的特点与写作方法，主题涉及文化、生活的各个方面，并要求学生综合运用所学的语内及语外知识写出立意准确、主题突出、语言通顺流畅、符合汉语表达

习惯与文化的文章。[①] 本部分将集中针对中级阶段汉语水平的学生的写作教学来展开，讨论课程的目标、任务、特点与难点。

（一）外国学生汉语写作课的目标与任务

外国学生汉语写作课与中国学生的写作课不同，后者旨在锻炼学生的写作技巧、语言创作与书面表达能力；而对外汉语的写作课则是对外汉语教学的一部分。具体而言，对外汉语写作的目标是一方面帮助学生复习巩固所学的汉语知识，另一方面培养学生用汉语进行思维与书面表达的能力。“写”是外国学生从语言学习到语言运用的过程。对外汉语写作以话语组织、语段表达为起点，需要学生综合、灵活地运用其所学的汉字、标点符号、词汇、句型、语法知识，综合提升语篇表达能力[②]。

（二）外国学生汉语写作课的特点与难点

对外汉语写作课与其他课程相比，有以下特点。一是训练性。不同于汉语综合课 / 精读课教授学生新的汉字、词语、句型与文化知识，写作课除了向学生教授必要的写作方法、文体类型等写作知识外，主要在于给学生更多写作练习的机会，并辅以教师的修改与指导。对外汉语写作课也不同于中国学生的汉语写作，主要是为帮助学生复习巩固所学的汉语知识，培养学生用汉语进行思维与书面表达的能力。因此，可以说，写作不是理论课，而是一门技能训练课。[③] 二是综合性。写作需要学生综合运用所学的汉字、词汇、语法、句型以及语用知识，从而写出一篇正确通顺、表意清晰、结构完整、立意恰当的作文，任何一方面能力的缺失或知识掌握的

---

① 赵金铭：《汉语可以这样教——语言技能篇》，商务印书馆，2006 年，第 156–158 页。

② 辛平：《对 11 篇留学生汉语作文中偏误的统计分析及对汉语写作课教学的思考》，《汉语学习》，2001 年第 4 期，第 67–71 页。

③ 孙荔：《对外汉语写作教学的原则与模式》，《教育与职业》，2011 年第 11 期，第 104–105 页。

不足都会导致写作出现问题。

对外汉语写作课教学也有其特有的难点。基于笔者在西班牙的教学经验以及汉语－西班牙语间的差异以及写作课的特点，笔者认为写作课教学有以下几个难点。首先，写作教学最突出的难点便是外国学生用汉语写作的困难。汉语与西班牙语在书写、词汇使用、句型构建、语法规则等方面存在巨大差异，因此母语干扰常常导致西班牙学生难以下笔，或写出来的作文词不达意、西班牙语表达与思维痕迹过重。其次，教学中调动学生学习与写作的积极性也一直是教师面临的一项难题。不同于精读、听力、口语等课程，可以采用教师课上授课统一引导的教学与作业方式，写作课是一门更加个性化的课程，需要学生在审题、构思、写作、修改的过程中有更多的主动性，因此全面高效地调动学生的写作积极性与主动性显得尤为重要。再次，汉语与西班牙语的文化背景差异较大，这可能会导致学生在写作中因为对汉语文化不了解或者误解而犯语用错误。最后，新冠疫情严重阻断了人员的国际往来，这大大影响了线下授课。对外汉语写作教学面临学生分散、教员不足、学习需求多元化的问题。

二、对外汉语写作课翻转课堂教学形式

关于“翻转课堂”的概念，是杰里米·斯特雷耶在博士学位论文中第一次提出的。该作者探讨哪些教学内容可以在教室内实现“翻转”，哪些教学内容可实现在教室外的“翻转”，从而打破了传统教室的限制，让教学内容可以在空间和时间上移动。[①] 在当前形势下，国际汉语教学发展亟

① Jeremy F. Strayer, “The Effects of the Classroom Flip on the Learning Environment: A Comparison of Learning Activity in a Traditional Classroom and a Flip Classroom that Used an Intelligent Tutoring System”, Ph. D. dissertation, The Ohio State University, 2007, quoted from Lakmal Abeysekera & Phillip Dawson, “Motivation and Cognitive Load in the Flipped Classroom: Definition, Rationale and a Call for Research”, *Higher Education Research & Development*, Vol.34, No.1, 2014, p. 2.

须向线上教学转型，从而实现教学方式的变革与教学资源的重新配置。基于对外汉语写作课练习性、综合性的特点以及写作活动的个体性，本文所讨论的翻转教学模式指学生在课前观看查阅教师分享给学生的写作知识讲解以及汉语知识复习提纲，自主学习，并完成一定的写作任务；课堂上灵活使用各种技术手段开展线上远程授课，教师不再占用大量时间来讲授知识，使课堂变成了师生、生生之间互动的场所，完成头脑风暴、口头练习、作业评价、答疑解惑、合作探究等任务。综合使用工作坊、混合教学、任务型教学、探究型教学等多种模式，从而达到更好的教育效果。课后教师结合学生的反馈进行反思总结，批改作业，并对学习效果跟踪监测。本部分将从写作课使用翻转课堂的可行性与必要性、所需的技术手段以及教学的原则与方法三个方面展开讨论。

（一）翻转课堂开展写作课的可行性与必要性

从写作教学的特点而言，对外汉语写作课所传授的新知识基本上是写作知识而非语言知识，不需要教师手把手地教新的语言知识，这使得写作课的线上授课与翻转教学成为可能。对于非母语者而言，一篇汉语作文是否写得好很大程度上并不取决于课上知识是否接收得好，而是取决于汉语精读课语内知识掌握程度、学生的语篇构建能力、立意能力以及对于作文题目所涉及的背景知识与文化的了解程度。这也在客观上提出了将更多写作活动由课上转移到课下的需要。

从教学效果而言，翻转课堂辅以综合运用各种教学技术手段，可以冲破传统教室的时间空间限制，丰富教学形式，调动学生学习的主动性，从而提升学习效果，解决写作教学所面临的学生学习积极性低、写作错误率高、文化背景知识不足等问题。教师可在课前将课程所需要了解的材料与知识以网络学堂、微信群、邮件等方式分享给学生。这使学生在课前做好了充足的准备，提升了课上学习效率，并且为课堂留出更多交流讨论的时间，同时也锻炼了学生独立学习与探究学习的能力。在课堂上，教学由教师支配转为以学生为中心，开展各种翻转教学活动，例如，以学生展示讲解或者答疑的方式讲授写作知识，培养学生批判性思维与探究型学习的能力；给定与主题相关的关键词、图片或影视片段，引导学生开展头脑风暴，思考写作的主题与方式，激发学生发掘写作的乐趣，培养学生创造力与想象力；开展学生作文互评，让学生不只是被动地接受教师批改作业，而是转换角色，评判同学的作文，从而促进学生之间的交流切磋，培养学生的主动思考能力与批判性思维。

（二）翻转课堂所需技术手段

翻转课堂有多种多样的组织形式，既可以使用各种技术工具开展教学，也可以在无技术支持的混合学习环境中组织学习。[①] 本文所提出的翻转课堂教学模式，综合运用多媒体技术和网络技术，以及丰富的多媒体素材和资源进行教学，以实现远程教学的互动性与趣味性，调动学生的各个感官和学习的积极性，并连接课前、课中和课后三个阶段引导学生全方位学习。

翻转课堂所需的第一项技术手段是网络课堂平台。一体化的网络课堂平台可以实现学校内教师和学生之间的信息分享、教案上传、网络授课、邮件交流、提交作业和作业批改等功能。尤其是在新冠疫情之后，线上教学以及线上线下混合式教学需求增加，各个学校积极开发网络课堂平台，实现授课的翻转与混合模式。国内的网络课堂平台如清华大学的雨课堂、外交学院的网络学堂，国外的网络课堂平台如西班牙巴塞罗那自治大学的 Campus Virtual（虚拟校园）、西班牙庞培法布拉大学的 Campus Global（全球校园）等。第二项技术手段是大型开放式网络课程平台。国际上比较知名的开放式网络课程提供商有 Coursera、Udacity、edX，这些平台更便于国外的对外汉语教学。在国内有中国大学 MOOC（慕课）、清华大学的学堂

① Ngoc Thuy T. Thai，Bram De Wever& Martin Valcke，“The Impact of a Flipped Classroom Design on Learning Performance in Higher Education: Looking for the Best ‘Blend’ of Lectures and Guiding Questions with Feedback”，*Computers & Education*. Vol. 107，2017，p. 113.

在线、上海交通大学的好大学在线以及网易云课堂等。第三项是实时线上授课工具，可以实现师生面对面的线上交流，如Zoom、腾讯会议、钉钉等。

此外，顺应当今科技发展潮流，写作课的教学材料不应仅局限于纸质的传统教材，而应适当应用多媒体、电子化、立体化的教材与灵活性的教学材料，尤其是综合运用微博、微信公众号、微课、对外汉语学习网站等多元的知识传播方式，实现碎片化、非线性的教学。一是教师可以自建相关网络材料并分享给学生，也可以分享影响力、权威性较高的账号中的信息，例如各西班牙语国家的孔子学院、世界汉语教学学会、北京语言大学汉语学院、北京大学对外汉语教育学院等。二是材料形式应当更加丰富多元，如图片、音频、影视等，充分调动学生各个感官，帮助学生学习写作知识，进行写作主题导入等。三是创造性地应用语料库教学。教师可以建立写作素材语料库与范文语料库，使写作材料更加丰富，使用更加便捷。此外，还可以灵活使用已建成的作文语料库开展教学。现今大型的对外汉语语料库包括HSK动态作文语料库①、全国汉语中介语语料库②、现代汉语句型语料库③等，专门针对西班牙学生汉语写作的语料库有“西班牙学生汉语写作偏误语料

---

① “HSK动态作文语料库”是母语非汉语的外国人参加高等汉语水平考试（HSK高等）作文考试的答卷语料库，收集了1992—2005年的部分外国考生的作文答卷。语料库1.0版收入语料1 0740篇，约400万字，于2006年12月上线。2008年7月，经修改补充，语料库1.1版语料总数达到11 569篇，共计424万字。地址：http://ric.blcu.edu.cn/info/1053/2235.htm。

② 全球汉语中介语语料库全面展现外国人学习汉语的整体面貌，为全世界汉语教师、研究人员的教学与研究提供优质资源，为推动汉语国际教育、落实国家的语言政策服务，包括笔语语料、口语语料和多模态子库。语料库全面建成后，其规模预计达5 000万字，包括笔语语料4 500万字，其中2 000万字将加工为熟语料；口语语料450小时（150字/分钟，约合400万字），其中170小时的语料（约合150万字）将加工为熟语料；多模态语料110小时（150字/分钟，约合100万字），其中55小时语料（约合50万字）将加工为熟语料。地址：http://ric.blcu.edu.cn/info/1053/2237.htm。

③ “现代汉语句型统计与研究”是国家教委博士基金项目。这是一项对现代汉语进行句型调查和研究的基础工程。地址：http://ric.blcu.edu.cn/info/1053/2238.htm。也可通过微信搜索“现代汉语句型语料库”访问语料库小程序。

库”[①]。这些语料库信息量大、便于检索，可为学生有针对性地复习语言知识、避免常见语言偏误提供重要参考。四是综合利用各种其他电子资源与电子信息学习手段开展学习。电子资源如在线电子字典新华字典、西班牙语助手；翻译软件如百度翻译、有道翻译、谷歌翻译；线上笔记学习手段如印象笔记等。

（三）翻转课堂写作课教学的原则与方法

在翻转课堂写作课中，应遵循以下几点教学原则与方法。一方面，赋予学生学习的自主权，教师在全过程中发挥好引导者、监督者的作用。通过翻转课堂，将课下与课上的时间联结，通过技术手段支持以及各种教学法（如探究型教学、学习共同体、任务型教学等）促进学生主动学习，教师在整个过程中进行引导和监督。另一方面，充分利用各种技术手段开展混合教学，调动学生学习积极性，提升知识传授效率。鉴于现今远程教学的需要，对外汉语写作课应充分运用上文中提出的各种技术手段与多媒体，激发学生学习动机与兴趣。此外，要以听、说、读的训练促进写作，突出写作课的练习性与实践性，强化语言技能训练。中级汉语水平的学生对于语言知识的掌握仍不够牢固，还未形成汉语的思维与表达习惯，因此这一阶段的写作教学应以练习与模仿为主，帮助学生查漏补缺已学过的语言知识，培养汉语书面表达能力。

三、面向西班牙语学生的写作课翻转课堂教学设计

为了以更直观形象的方式阐述如何以翻转课堂的形式开展对外汉语写作教学，本部分以向中级汉语水平的西班牙学生教授记叙文写作

---

① Liu Shiyang，“Principales Problemas en la Adquisición del Chino como Lengua Extranjera a partir del Análisis de Errores de Estudiantes Españoles”，Ph. D. dissertation，Universidad Autónoma de Barcelona，2019，https://www.tdx.cat/handle/10803/670110.

为例，设计了一堂翻转课堂的教学模式。教学对象为中级汉语水平的西班牙学生。教学任务与内容为：（1）教授学生记叙文写作的基础知识与理论；（2）帮助学生完成记叙文写作所需的相关语言知识准备与文化知识了解；（3）引导学生在学习写作知识的基础上进行主题为“旅行”的记叙文写作构思；（4）学生自主完成该主题的记叙文写作；（5）完成作业的批改、讲评与讨论。在本部分，笔者将从课前准备、课堂讲解与课后反馈三个教学阶段来展示翻转课堂写作教学设计。

（一）课前准备

在上课前，教师将记叙文写作的相关基础知识与理论分享给学生，并引导学生进行相关的语言知识准备与写作热身练习。分享内容、材料形式及可用分享途径见表 1。

表 1　课前准备阶段共享材料清单

材料内容	可用材料形式	功能	分享途径
记叙文写作理论与知识	课件、微课、慕课	写作基础知识准备	网络学堂、慕课平台、微课
记叙文范文	文件、音频	记叙文写作范式模板	网络学堂
语言知识准备	精读课本、已学过的阅读听力材料、教师自建词汇表与句型库	帮助学生复习准备写作所需的语言知识	网络学堂、微课、慕课平台、在线语料库
课前练习题	文件	课前语段写作热身	网络学堂

表 1 列出了四类分享材料，分别为记叙文写作理论与知识、记叙文范文、语言知识准备和课前练习题。其中，记叙文写作理论与知识主要讲述记叙文的文体特点、行文方式、写作方法等内容。教师分享的课件一般为 PPT 格式的课堂展示或文档形式的教案。微课尽量做到短小精悍，时长在 10 分钟左右，帮助学生碎片化地掌握写作技巧与知识，慕课选取内容精致、与教授内容契合度高的课程实现学习的翻转。

记叙文范文旨在从内容和形式方面给学生写作实践提供借鉴，一般提供一个优秀的范文供学生学习参考。也可以同时提供一个优秀范文和一个问题范文让学生比较。总之，为学生在自己写作前提供一个感性的认识与印象。下面是一篇可分享给学生的记叙文写作佳作：

上个星期，我的老板建议去巴塞罗那吃饭。我和我的同事不明白为什么他约大家去，可是我们很喜欢那个主意。

在巴塞罗那，我们在一家餐厅等我的老板。他来的时候，我们一起进入了餐厅。我们一共坐了10个人。我们没点菜，因为老板已经选择了菜单。吃完了以后，老板说：

——服务员，买单！

——好，这是账单。

接着他们人人都要买单，一个同事建议AA制，但是老板说：

——今天是我约大家来的，就应该由我付钱。

我们不明白为什么他想请客，所以我问他。他告诉我们：

——今天是我生日。

最后我们都明白<u>（了）</u>，我们唱起生日快乐来了。服务员给我们每个人敬酒<u>（，）</u>所以我们为他干杯。<u>（我们）</u>越喝越高兴，老板非常愉快。

（注：文中括号中内容为学生漏写的内容，教师改正的部分均用下划线标出）

（本文摘自西班牙巴塞罗那自治大学翻译系西班牙学生作文）

这篇作文是以聚会/餐厅为主题的记叙文，文章结构符合开端—发展—高潮—结局的记叙文结构，时间、地点、人物、事件要素齐全，语言流畅准确（仅在最末一段出现了漏写逗号和漏写主语的错误），是学生在课前可以借鉴的范文。

语言知识准备对于写作是十分重要的。有学者研究表明，写作题目难度对学生的影响较小，而汉语基础知识仍是学生写作水平提高的障碍。关于困难产生的原因包括母语干扰、词汇量太少及对写作重视度不够，其中

母语干扰所占比重最大。[①] 因此，教师对语言知识材料进行细致全面的准备至关重要，需要教师依照教学经验分析哪些是本堂写作课使用较多且学生掌握欠佳的语言知识。教师可以从之前的学习材料中摘取，引导学生有针对性地复习，并建立词汇表或者句型库。记叙文一大特点便是叙事，而动词使用、兼语句、连动句、篇章衔接中的时间关联词等记叙文中常见的语言现象是西班牙学生掌握不牢且最易出错的地方。因此，教师可以从精读及语法教材中摘取相关内容引导学生复习。此外，教师还可整理与旅行相关的背景知识与词汇表，让学生在课前进行学习和记忆。

课前的语段写作热身主要是对学习翻转自主预习的一个检测，让学生从小的记叙语段入手，如“记叙今天的一件小事”“描写你的家”等，了解记叙文的语段组成与行文方式，为篇章写作热身做好准备。

（二）课堂讲解

课堂讲解可以使用腾讯会议、Zoom 等实时线上授课平台。课程分为预习答疑、语段练习、写作实践、作文批改四个环节。

在课上，教师首先用较短的时间对课前分享的资料进行大体梳理与讲解，对于学生的语段练习进行讲评，并对学生在预习中遇到的问题答疑解惑。

之后进入第二环节——语段练习，主要目的是在课前翻转学习的基础上，进一步提升学生的语段记叙表达能力及语篇能力。语段练习分限制性表达与自由表达两种。[②] 具体可以采用多种方式开展，例如教师提供一些词语，要求学生讨论并将语段补充完整：

今天星期日，天气_______________，我和朋友们去_______________。

---

① 王胜男：《混合式教学模式在对外汉语中级阶段写作课教学中的应用——以浙江师范大学为例》，硕士论文，浙江师范大学，2020 年。

② 赵金铭：《汉语可以这样教——语言技能篇》，商务印刷馆，2006 年，第 168 页。

首先，__________________。后来，____________________。最后，________________。我们度过了愉快的一天。

另外，可以给学生几幅图片，要求学生用几句话描述图片中的场景，或者发挥想象写一段记叙性语言。

在学生表述过后，教师引导其他同学对语段表述的优点及问题进行点评，着重点评表述中用词、句型、语法不当之处，语篇衔接连贯问题，以及记叙顺序与方式是否合理。

在语段练习结束后，正式开始写作实践环节。首先，教师可用一段讲述旅行的影视短片或一组关于旅行的图片，向学生提供一些关于旅行的话题和信息，引导学生构思“旅行”主题的作文内容和结构。构思环节可以让学生自主构思，并用思维导图画出文章结构。也可以让学生自行组成小组讨论，集思广益开展头脑风暴。之后给学生 15 分钟开始独立写作。

写作结束后，教师组织学生互改作文，让学生分组协作，交换作文，发现对方作文中的错误并予以改正，并在作文上写下自己的评语和认识。作文互评的方法有助于增强学生学习的主动性，培养学生主动发现问题、解决问题的能力，并且转换角度思考作文错误，避免以后写作中犯相同的错误。

（三）课后反馈

课后反馈包括两方面内容：一是教师统一批改学生作业，并总结学生作业的优缺点；二是向学生发放调查问卷，调查学生本节课学习效果及对教学的评价，用来反思改进教学方式。

课后，教师负责批改所有学生在课上独立完成的作文写作。整个批改过程在线上网络课堂完成。批改内容主要涉及语言使用、篇章结构、语用等方面的内容，并在批改结束后写出一段给学生的评语，总结批改发现的问题以及对今后汉语学习与写作的建议。在全班作文批改完成后，教师对整体情况进行总结，分析学生对哪些内容掌握得较好，在哪些地方出现的问题较多。在写作错误方面，笔者使用“西班牙学生汉语作文偏误类型表”，以词汇（名词、动词、形容词等）、句型（比较句、兼语句、连动句等）、语法（主语、定语、状语、补语等）、语篇（衔接、连贯、语用）四个层级记录学生偏误，并在每个偏误词条标注错误原因及改正方式，建成语料库，使师生对学生作文情况有整体的把握。[①]

调查问卷是教师根据该堂写作课的目的任务、教学方式及学生学习情况设计的，旨在了解教学的翻转材料及训练是否有效；教学方式是否得当；学生认为本节课学习的重点与难点是什么，通过学习是否得以解决；对学习内容仍存在的疑惑以及对教师教学的建议。

四、结语

本文基于对外汉语写作课的目标任务、教学重难点及其特殊性，提出了翻转课堂的教学方案。本文列举了翻转课堂所需要的一系列技术手段，并且提出了坚持以学生为主体的学习方式，将新技术与教学相融合，以听、说、读的训练促进写作的教学。写作教学的翻转课堂旨在解决对外汉语写作教学所面临的学生写作困难、学习积极性缺失、文化背景差异大以及面授课开展困难等问题，从而调动学生学习积极主动性，拓宽教学时间维度，提升教学效率，培养学生包括语言运用、汉语思维、文化知识、批判思维、团队协作在内的全方位能力。

---

① Liu Shiyang，“Principales Problemas en la Adquisición del Chino como Lengua Extranjera a partir del Análisis de Errores de Estudiantes Españoles”，Ph. D. dissertation，Universidad Autónoma de Barcelona，2019，https://www.tdx.cat/handle/10803/670110.

后疫情“互联网 +”环境下外国文学混合式教学探索[①]

——以外交学院“拉美文学课”为例

外交学院，外语系　孟夏韵

一、引言

互联网信息技术的不断发展改变了人们的工作和学习方式。在“互联网 +”模式融入社会的各个领域的今天，高校教师开始探索借助“互联网 +”手段提高课堂教学的有效性，整合教学资源、改善教学方式，力图提升教学效果。

在后疫情“互联网 +”的大环境下，笔者重新思考为外交学院本科三年级学生开设的拉美文学课程授课模式，探索并应用混合式教学。外交学院于 2016 年开设拉美文学课程，选课学生来自各院系各年级，包括外国留学生。受众群体多元化，为拉美文学的授课内容和方式带来了挑战，需要教师根据学生群体的不同水平时刻进行调整和完善。同时，该课程每周

① 本文为 2021 年度中央高校基本科研业务费专项资金青年教师科研启动基金项目（一般项目，编号：3162021ZYQB05）的阶段性成果，并获 2022 年外交学院第二批特色课程之“拉美文学史”课程建设资助。

仅有两学时，这就导致了课堂教学时间有限、学生阅读时间欠缺、师生交流互动受限等问题。结合该课程教学内容随学生群体变动的特点，以及疫情线上网络授课模式的新尝试，疫情后教师将继续探索基于线上线下的混合式教学模式。教师将把拉美文学的相关历史背景介绍、文本阅读和知识延伸内容以电子资料、课件、音频或视频的形式提供给学生，让学生提前学习，做好课下预习工作，从而有准备地参与线下课程，在教师带领下对经典文本进行具体分析、讨论和归纳。

二、“互联网 +”对拉美文学课堂教学的影响

随着“互联网 +”行动计划被写入 2015 年的政府工作报告，国家开始加大教育信息基础设施建设、投入开发应用优质教育资源并努力构建国家教育管理信息系统，诸如快课、微课、MOOC、SPOC（小规模限制性在线课程）、雨课堂、翻转课堂等在线教育课程平台不断涌现，能够固定对接高校教务系统。一些即时通信软件如微信、QQ、Zoom、钉钉、腾讯会议等为师生随时提供自主创建的在线教学空间，在拉美文学课的教学模式中产生了影响。

在疫情期间，拉美文学课程采取“外交学院网络学堂 + 企业微信直播 + 微信课程群”的模式授课，利用互联网打破了学生学习的时空限制。教师重新思考和定位自己在拉美文学课堂教学中的角色。开课前，教师在网络学堂平台撰写在线环境下的课程学习说明，根据新学期调整教学单元完善各单元教学资源与活动，发布单元导学信息，使学生在课前对课程学习内容、方式和目标建立清晰认知。开课后，教师利用企业微信和腾讯会议直播工具同步教学直播，在微信课程群发布即时信息、课外阅读资料和延伸内容，引导学生做好课下阅读工作，实现课外互动交流。学生依据网络学堂单元导学信息完成学习任务和小测试，实现课堂内外双重考核。如此，互联网不仅成为信息与知识的主要载体和来源，还成为教与学发生的主要场所和阵地。疫情期间拉美文学线上授课模式较好地完成了课程管理、教学互动、资源共享、测评管理和学情反馈的教学任务，也助力了拉美文学课堂从传

统教学模式向智能教学模式的转变，为打造混合式教学模式奠定了基础。

传统的拉美文学课堂主要依靠教师进行课堂讲授，而学生获取信息的渠道相对单一。此外，缺乏相关教材和学习资料也导致学生对拉美文学知之甚少，可能导致学生在课堂学习中兴趣不足、缺乏学习动力和理解偏差问题。每学期有限的 32 课时对于内容丰富多样的拉美文学授课并非益处，教师在短短的课堂时间内很难为学生全面讲授拉美文学作品的内涵和相关知识，无法满足学生对神秘魔幻的拉美文学及其背后反映的文化现象的求知欲。然而，互联网提供给学生丰富的信息资源，学生可以通过点击海量的相关知识链接，通过微信公众号、知乎、微博等平台获取、分享课堂的延伸知识，还可通过中国大学慕课、网易公开课、网易云阅读等学习读书平台获取学习资源。教师需要引导学生利用好互联网资源，有针对性、有侧重地学习课程相关的知识，为学生筛选有效信息并纳入课堂教学内外的学习计划中。通过互联网媒体为学生展示更多课程内容，使学生对拉美文学及其背后的文化现象有更深入的理解和更深层的剖析。因此，在“互联网 +”环境下探索混合式教学模式将帮助教师克服拉美文学课堂的教学难题并摆脱教学困境。

三、混合式教学内涵及特征

混合式教学基于互联网技术，融合音频、视频、图像、动画等多媒体技术，以慕课、微课等教学手段为辅助，结合传统教学手段与信息技术手段的独特优势，对学生展开多样化教学，可以发挥教师的主导作用与学生的主体地位，激发学生主动参与和积极创新，并通过过程评价和结果评价等多种评价方式，达到最佳教学效果。混合式教学是“在适当的时间，通过应用适当的媒体技术，提供与适当的学习环境相契合的资源和活动，让适当的学生形成适当的能力，从而取得最优化教学效果的教学方式”[①]。

① 李逢庆：《混合式教学的理论基础与教学设计》，《现代教育技术》，2016 年第 9 期，第 18 页。

这种教学模式将学习的主动权和决定权从教师转移给学生，让学生实现从“被动接受”到“主动探索”[①]，从自主学习思考到参与课堂讨论的转变。教师则负责课堂知识精讲、答疑解惑与运用实践，课堂成为师生和生生互动的交流场所。

混合式教学通过不同教学手段的优势互补，实现了最佳教学效率和效果，在具体方案实施中呈现如下特征。

（一）教师教学过程的混合性

混合式教学中，教师教学过程体现为面对面教学与网络化教学相结合，发挥“线上”“线下”两种教学优势。要正确把握两个途径教学过程的主次，明确“线上”教学“不是整个教学活动的辅助或者简单的预习，而是教学的必备活动和基础性环节”[②]，而“线下”教学“也不是传统课堂教学活动的照搬照套，而是基于‘线上’前期学习结果而开展有针对性的、更加深入的教学活动”[③]。学生在利用好线上教学的知识普及自主学习后，便更有针对性地参与线下课堂，聆听教师重点讲评并进行提问。教师的教育行为随之发生改变，通过深度融合信息技术与学科教学，“将大数据理念引入教与学中，记录、分析自身的教学行为和学生的学习行为，参考数据的分析，不断校正、调节教学的策略和学生学习的行为”[④]，如此能有效避免教师单方面“满堂灌”和“填鸭式”教学导致学生参与性、主动性不高的问题，实现教与学的良性互动。

---

① 李兆新:《外国文学混合式教学探索》,《广西教育学院学报》,2020年第3期,第38–42页。

② 谭永平：《混合式教学模式的基本特征及实施策略》，《中国职业技术教育》，2018年第32期，第7页。

③ 谭永平：《混合式教学模式的基本特征及实施策略》，《中国职业技术教育》，2018年第32期，第7页。

④ 李颖、孙奕：《“互联网+”教学的本质及模式改革》，《现代教育管理》，2017年第10期，第93页。

（二）学习资源的混合性

“随着人类已经进入视觉化、视像化学习的时代，知识的可视化、教学环境的虚拟化、人际互动化和智能化已经成为现今人们获取信息最重要的方式。”[①] 传统教学往往依靠纸质出版物、教材和教辅材料等学习资源，而随着知识数字化和移动通信技术的飞速发展，以各种形式存在的海量网络学习资源不断涌现，如电子图书、PPT、学习文档、图表等静态性学习资源，视频、动画、影视等动态性学习资源，以及依托信息互联网技术搭建的课程教学平台，如快课、微课、MOOC、SPOC、雨课堂等，还有高等院校互联网知识服务平台如学习强国、喜马拉雅、知乎、得到等。教师需要有效整合教材和网络资源，将相关知识点、新信息等网络资源渗透到教学中，帮助学生有效利用整合资源，实现课上课下学习的有机连接。

（三）学生学习方式的混合性

传统教学满堂灌式的学习“是被动的，学习形式也被限定在学校或者家庭，是固定的”[②]，未能调动学生学习的主动性和创造性。而混合式教学则摒弃了传统学习的弊端，给学生充分自由，允许学生结合课程教材、教辅资料，根据教师导学计划选择网络课堂资源和学习资料，制订学习计划并自主选择时间学习。学生可通过个人学习与集体学习混合、自主思考和小组讨论结合、提出问题和教师解答配合、网络阅读和课堂聆听融合、线上听讲和线下点评结合的方式开展多渠道多样化的混合式学习方式，亦可与全球各地学习者同步异步互动交流，实现坐立、行走、运动，在家、学校、公交及任何公共场合随时随地学习知识的愿望，“使全时空、全覆

---

① 谭永平：《混合式教学模式的基本特征及实施策略》，《中国职业技术教育》，2018 年第 32 期，第 6 页。

② 李颖、孙奕：《“互联网 +”教学的本质及模式改革》，《现代教育管理》，2017 年第 10 期，第 93 页。

盖的学习方式成为可能”[①]，满足“网生代”青年学生的学习需求和习惯。

（四）课程考核方式的混合性

传统考核方式以期中期末两次考试为主要考核办法，采取或笔试或论文的结课形式，倾向关注学习结果。而混合式教学的考核方法更多元全面，除将线上线下学习考核相结合、网络课程平台系统数据考核与教师手动考核相结合外，还增添了平时成绩考核，并将课内课外学习环节纳入考核范围，更关注学习过程。课程考核由平时成绩、期中测试及期末考核三部分构成，其中，平时成绩占比提高，考核范围包括学生出勤、课堂测试、课堂讨论、作业展示等；期中测试环节设置社会实践及调查研究考核，以达到促进学生学以致用、提高学生实践活动参与度的目的；期末考核侧重考查学生知识综合运用能力，教师灵活选择卷面笔试或论文结课的形式。最后，教师按不同百分比，结合平时、期中、期末三部分评估对学生进行全面考核，保证考核的公平性和公正性。通过这种“多维度、多形式的客观、全面、系统的混合式考核”[②]，学生学习的积极性和主动性均得到了提升。

四、混合式教学在拉美文学课的具体应用

外交学院经历了2020年春季学期的线上教育，于秋季学期正式恢复线下教学。拉美文学课历经了2020年线上教学的洗礼，充分吸取了网络教学的优势和经验，灵活应对疫情发展势态，又顺利完成了2021年春季学期为期两周的线上教学过渡和为期十四周的线下教学任务。在线上线下教学模式的快速切换下，笔者探索出一套适合拉美文学课的新混合式教学模式。

---

① 李颖、孙奕：《“互联网+”教学的本质及模式改革》，《现代教育管理》，2017年第10期，第93页。

② 谭永平：《混合式教学模式的基本特征及实施策略》，《中国职业技术教育》，2018年第32期，第7页。

（一）制订教学实施方案

疫情前，拉美文学课程依靠传统线下授课模式进行。疫情期间采用线上授课方式，前者由教师主导、学生处于被动地位，导致学生无引导、学习效率低；后者缺乏面对面的互动和监督管理，丧失了教学的有效约束力。疫情后，教师结合线上线下的混合教学手段，打造了“外交学院网络学堂＋线上教育导入＋线下课堂＋微信课程群”的混合教学模式，以学生为主体，教师引导，提高了教与学的双向效率。为此，教师需确定教学目标，精心设计课程实施方案。

在课堂教学活动开展前，教师应根据选课学生数量及专业分布确定教学内容和教学目标。若教学群体全部是西班牙语专业学生，教师则用西班牙语授课，课程教材及发放的资料均为西班牙语原文，学生的课上互动和课后作业也需用西班牙语完成。若教学群体来自不同院系学生及留学生，则应调整授课方式和内容，以中文讲授为主，配套对应原文的中英文阅读和学习资料。应根据各专业学生的不同特色，确定问题讨论和作业类型，在本专业与其他专业学生之间、在本国学生与各国留学生之间搭建无障碍的交流平台，让学生互相学习，查补知识盲点。

开课前，教师应在“外交学院网络学堂”撰写课程学习说明和导学信息，明确教学目标和课时分配，引导学生根据兴趣和专业选择课程。经历两周试听改选课后，确定拉美文学课程学生名单，并根据专业国籍类型微调授课内容和方式。随后建立本班级微信课程群，开启线上线下混合式授课模式。

此外，应制定多维考核方式，平时成绩占比40%，期末成绩占比60%。其中，平时成绩包括线下教学的出勤、课堂展示、课堂讨论和小组发言、线上教学的资料阅读、音频学习、慕课学习、课外作业和自媒体学习平台参与度等；期末考核应以整学期所学拉美文学内容为基础撰文，学生自由选择感兴趣的作家作品进行分析。教师要综合平时与期末成绩，多维度地考查学生对本课程知识的掌握情况和综合实践能力。

（二）完善线上教育

教师应充分利用网络教学平台完善线上教育，将其转化为拉美文学课程的必要环节，并纳入课程实施方案中。

首先，利用“外交学院网络学堂”平台设置单元导学，对一个单元的主要学习内容、重难点、课时安排、课堂内外任务做出说明，建立“分课时任务驱动单”“通过任务驱动单让学生真正行动起来”。① 例如，对于拉美文学课程，共设置九个单元，除第一单元拉美文学概述和历史分期外，分别介绍了拉美浪漫主义、自然主义、现代主义、地域主义、先锋派文学、新小说、“文学爆炸”及“文学爆炸”后小说的文学流派和现象。以第五单元拉美地域主义小说为例，列出单元导学任务驱动单如表1所示。

表1　单元导学任务驱动单

<table>
<tr><td>学习内容</td><td colspan="3">拉美地域主义小说</td></tr>
<tr><td>重点难点</td><td colspan="3">重点：1. 地域主义小说发展成因和发展过程；2. 地域主义小说艺术手法和题材特点；3. 地域主义小说的分类及特色
难点：1. 墨西哥革命小说三个时期的不同特点；2. 大地小说与土著小说不同主题、体裁的文学特点</td></tr>
<tr><td>课时安排</td><td>第一讲 墨西哥革命小说</td><td>第二讲 大地小说</td><td>第三讲 土著小说</td></tr>
<tr><td>课前学习</td><td>1. 了解墨西哥革命
2. 阅读相关作品节选《Los de abajo》</td><td>1. 阅读教材大地小说概论
2. 阅读相关作品节选《Doña Bárbara》《Cuentos de amor，de locura y de muerte》</td><td>1. 了解土著文化和相关历史
2. 阅读相关作品节选《El mundo es ancho yajeno》</td></tr>
<tr><td>课堂参与</td><td>学生讲解指定作家Mariano Azuela生平及创作，课堂讨论节选作品文本</td><td>学生讲解指定作家Horacio Quiroga和Rómulo Gallegos生平及创作，课堂讨论节选作品文本</td><td>学生讲解指定作家Ciro Alegría生平及创作，课堂讨论节选作品文本</td></tr>
<tr><td>课后作业</td><td>自愿撰写读后感（发给教师或文学课程群和微信公众号）</td><td>自愿撰写读后感（发给教师或文学课程群和微信公众号）</td><td>自愿撰写读后感（发给教师或文学课程群和微信公众号）</td></tr>
</table>

① 李兆新:《外国文学混合式教学探索》,《广西教育学院学报》, 2020年第3期, 第38–42页。

其次，可以在线上教育环节引入微课和慕课视频学习。微课和慕课是混合式教学的重要资源，对于学生的课前预习起到了帮助作用。教师可以亲自录制或借用网络微课资源，在讲解“文学爆炸”后小说和当代拉美作家作品时，教师可以将阿根廷访学采访的作家视频作为背景资料发给学生观看，让学生通过作家亲切的自述，了解其人格魅力和创作风格，进一步接近拉美作家的想象世界。教师可以将自己参与录制的文学节目、短视频和音频发放给学生课外学习，如教师参与解读加西亚·马尔克斯（García Márquez）的《霍乱时期的爱情》的《宸冰初见》读书节目，让学生了解更多课堂上未深入讲解的作家作品。在讲授相关文学流派受欧美文学影响时，引入外国文学及世界文学慕课资源，引导学生对比学习相关内容，并记录疑难困惑的问题以供课堂讨论。例如，讲到拉美文学浪漫主义和现实主义受欧美浪漫主义和现实主义影响时，借助中国大学慕课平台国家精品课程片段，指定浙江工商大学《外国文学史》课程对应章节让学生课外聆听学习。

最后，可以丰富线上教育的教学资源和在线测评。外研社出版的《拉丁美洲文学教程》文史篇和阅读篇两本教材是西班牙语专业学生的指定教材，但鉴于外交学院拉美文学选课学生的多样性，教师需借助更多中英文学习资源，甚至在无教材的状况下选编合适资料。“教学资源可以是本地特色资源，也可以是社会在线资源”[①]，因此，教师应该丰富作家生平介绍图文、作品原文及译文资料、作品分析解读文章及论文、多媒体语音视频等本地特色资源，并上传网络学堂平台让学生课下自学。同时，教师还可以提供学生社会在线资源，例如知识解惑搜索平台、相关课程网站、外国文学主题公众号和“慕课”资源链接等，打通渠道丰富线上教育的教学资源。在此基础上，可以设置在线测评，选编测试题以课前课后提问的形式发布到网络学堂或微信课程群中，例如课前的“哪部作品是拉美浪漫主义的开山之作？”“阿根廷浪漫主义三杰是谁？”等客观问题，以考查学生自学状况和效果。而课后则可以出一些以启发学生思考作家特定作品表现手法和思想主题为目的的主观问

① 李兆新：《外国文学混合式教学探索》，《广西教育学院学报》，2020年第3期，第40页。

题，例如“古巴作家阿莱霍·卡彭铁尔在吸收借鉴欧洲超现实主义文学的同时，牢牢立足本民族的文化传统，他是如何通过作品反映本大陆现实的？其作品又有哪些艺术特色？”等，以充分考查学生的思考能力，并督促其复习巩固知识，深化对学习内容的理解。

（三）细化教学环节、优化线下课堂

混合式教学的实施分为课前、课中、课后三个阶段。具体应用于拉美文学课程，需要做好每个教学环节的细化工作，精心安排三个阶段的教学内容，特别是优化课中环节的线下课堂。

根据拉美文学课程特色调整教学方案细节，具体运用在各个环节，体现如下。

1. 课前

教师应该精心设计并制订教学实施方案，同时要求学生配合完成课前对应的学习任务，课前教学与学习准备是双向的。教师需要完善“外交学院网络学堂”，学生认领任务，并根据单元导学图和任务驱动单进行课前预习和自学，将疑难问题记录并提交至学习平台或微信课程群，形成课前自主学习反馈。教师可以据此把握学生课前学习状况，了解其问题所在，并通过学习平台、微信课程群解答或将疑难问题带入线下课堂进行答疑。

在讲解各个文学流派和介绍代表作家时，教师可以选择一些作家的作品提前分配给学生阅读并在课上进行解读。例如，在第三讲拉美自然主义文学和第四讲拉美现代主义文学课程前，教师可以分别将三位代表作家巴尔多梅罗·里洛（Baldomero Lillo）、何塞·马蒂（José Martí）和鲁文·达里奥（Rubén Darío）的作品分配给学生，并发送相关学习资料，让学生课前预习并在下节课讲解作家和作品阅读感悟。每讲安排 1 ~ 2 个同学发言，保证一学期每个学生至少轮到一次展示机会。

2. 课中

课中环节即混合式教学的重中之重——线下课堂。因此，发挥好线下课堂的教育、讲授、引导、解惑、带动的作用是混合式教学精品课的目标之一。拉美文学课程摒弃了满堂灌的讲授方式，以翻转课堂为基础，教师引导、学生主场，重在发挥学生的主导作用，形成师生互动、生生互动的混合教学模式。

教师应将课堂分为问题式启发性讲解、引导式思考发言、讨论式小组交流、讲演式作业展示、合作式答疑点评五个环节。

（1）问题式启发性讲解

教师针对不同专业学生以不同类型问题引入课程讲解。例如，在第一讲概述课上，教师可以以“对拉美这片大陆及各国文化有什么印象？”“对拉美文学哪些作家作品印象深刻？”“与了解的中国文学、欧美文学以及俄罗斯、非洲文学有什么不同？”（选课学生除中国学生外，还有俄罗斯及非洲留学生）“是否熟悉魔幻现实主义？它就是拉美大陆的代名词吗？”等问题引入，让学生带着问题聆听讲解，在讲解中边思考、边寻求答案。教师以此确定“学生的初始能力以及教学起点”①，了解学生对拉美文学学科具备哪些相关知识储备。

（2）引导式思考发言

教师应在讲解过程中不断以问题导入方式启发学生思考回答，摒弃单方面灌输知识，而通过交流互动掌握学生的听课状态和对知识的理解程度。例如，在讲解拉美文学在世界文学中的地位时，教师可以以问题“拉美几位作家获得了诺贝尔文学奖？能否列举一二？”考查学生知识积累和课前预习工作，让不同专业和国家的学生回答，进行有针对性的讲解，当学生提到《百年孤独》时，则讲解加西亚·马尔克斯魔幻现实主义外的其他创作风格；提到巴勃罗·聂鲁达（Pablo Neruda）的情诗时，则补充讲解两位获得诺贝尔文学奖的拉美诗人加布列拉·米斯特拉尔（Gabriela Mistral）和奥克塔维奥·帕斯（Octavio Paz）。让学生成为问题的思考者和答题者，

① 曾敏、唐闻捷、王贤川：《基于“互联网+”构建新型互动混合教学模式》，《教育与职业》，2017年第5期，第49页。

而非单纯的知识接受者，让“提问和回答成为课堂的核心，学生成为课堂的主体，问题的提出和解答都由学生自己完成，能够充分发挥学生的主观能动性，提高学生的学习兴趣和独立思考能力”①，加深学生的学习记忆。因为“被动地接受教师教学中传递的抽象经验和观察经验，学生的记忆保留时间较短，学习效率低下；由于做的经验能以生动具体的形象直观地反映外部世界，故主动参与性的学习活动能够促使记忆长期保留”②，从而从被动接受者成为主动参与者。

（3）讨论式小组交流

教师应在讲解与互动过程中设置探讨学习环节。当遇到学生有争议和不确定的知识点时，教师可以组织学生分组讨论。例如，在讲解拉美新小说代表作家玛利亚·路易莎·邦巴尔（María Luisa Bombal）的《最后的雾》时，对于作品中女主人经历的刻骨铭心的爱情是真实存在的还是幻梦一场，教师可以组织学生分组讨论文本细节、交流判断作者用意。然后，选出小组代表给出综合意见进行分享。这样的“课堂讨论不仅能锻炼学生的辩才，培养学生人际交流的技巧，提高沟通和表达能力，还可以让学生学会多角度思考问题，形成比较全面、客观的观点，发展批判性思维，丰富自己的认知”③。

（4）讲演式作业展示

学生结合课前分配的任务登台发言展示自主学习成果。这个环节充分发挥了学生在课堂的主体作用，将线上和课前学习转变成课上的分享演示，调动了学生的积极性。学生可以借助多媒体工具，例如PPT、音频、视频等，分享感悟。教师应聆听并给予点评、归纳和总结，帮助学生完善知识体系。

---

① 曾敏、唐闻捷、王贤川：《基于“互联网+”构建新型互动混合教学模式》，《教育与职业》，2017年第5期，第51页。

② 李逢庆：《混合式教学的理论基础与教学设计》，《现代教育技术》，2016年第9期，第19–20页。

③ 曾敏、唐闻捷、王贤川：《基于“互联网+”构建新型互动混合教学模式》，《教育与职业》，2017年第5期，第51页。

例如，当学生讲解马里阿诺·阿苏埃拉（Mariano Azuela）及其作品《底层的人们》时，教师可以对其作品所处的历史背景——墨西哥革命加以阐发。同时，结合历史背景，点明作品体现的农民起义的原因特点和弱点，加深学生对作家作品及时代背景的深层次理解。

（5）合作式答疑点评

每讲结束前，教师应对学生答疑解惑并点评交流，突出师生、生生的合作性，这种方式不应局限于教师点评学生作业和展示，也应让学生相互点评，形成协作答疑和点评模式。学生能从相互点评中了解各自知识盲点，相互借鉴、查漏补缺。教师针对学生课下和课上的疑问，应先让学生自愿问答，再做更正或补充。例如，在讲解拉美先锋派小说时，中国学生提问“拉美先锋派小说受欧美现代派文学的影响体现在哪里？”，教师便介绍欧美现代派文学的艺术特色和对拉美作家影响较大的欧美作家。班级中有欧美国家留学生，教师点名读过乔伊斯、普鲁斯特原文小说的留学生，让他们谈论这些作品的主题表现和艺术手法。再对比中国学生对欧美现代派文学作品的认知，一同探讨解答与课上阅读的拉美先锋派小说的相似处。随后，教师针对每个学生的发言做点评、总结和归纳，完成合作式的答疑和点评学习。在这种合作过程中，“学生通过观察与内省获得知识和技能，掌握问题解决的思路与方法，并不断丰富和完善自我的情感、态度和价值观”①，在学习中实现了自我超越。

在实施拉美文学线下课堂五个环节的混合式教学步骤的同时，教师还需注重课堂内容与形式的统一，做到知识内容总结式的精讲和文学课堂诗意化的展现。既要提供“干货”，又要增加课堂的趣味性。结合各专业学生特色，可以在阅读文学文本时设置学生分角色朗诵、影视片段欣赏、经典文本戏剧表演等参与性强、趣味性强的浸入式学习方式。例如，在讲解拉美浪漫主义文学时，教师可以分别邀请英语国家、俄语国家的留学生

① 李逢庆：《混合式教学的理论基础与教学设计》，《现代教育技术》，2016年第9期，第20页。

朗诵拜伦、济慈和普希金的原文诗歌，西语专业学生朗诵哥伦比亚作家豪尔赫・伊萨克斯（Jorge Isaacs）的诗篇《玛利亚》，外交学院国际法系的学生朗诵雪莱、华兹华斯的中文译本诗歌。这样可以让学生沉浸在诗情画意的文学课堂氛围中学习体悟，既富有互动的趣味性，又富有知识的实践性。在讲解拉美"文学爆炸"后小说时，教师可以选择阿根廷作家曼努埃尔・普伊格（Manuel Puig）的《蜘蛛女之吻》作为文本鉴赏对象，配合放映电影节选，组织学生现场演绎经典片段，加深学生对作品的理解和思考。由此，教师将枯燥的灌输知识的传统文学课堂转变成富有诗意趣味的交互文学课堂，将"学生为主体"真正落实在了具体的混合教学模式中。

3. 课后

课后环节是混合式教学的收尾工作。教师应根据课程内容布置拓展任务，帮助学生拓展学习、升华知识。学生根据课上教师的指导、建议和同学的讨论，修改完善学习成果，并根据兴趣爱好自选阅读文本撰写读后感，上传至学习平台或分享至微信课程群。拉美文学课每讲结束后，教师除了应发送作家的额外阅读材料和学术评论文章外，还应鼓励学生对感兴趣的作家作品撰写读书心得，教师批改后择优推送至"中西拉文化之桥"公众号①。例如，在讲解拉美先锋派小说代表作家豪尔赫・路易斯・博尔赫斯（Jorge Luis Borges）后，学生阅读了其作品《巴别图书馆》并撰写了鉴赏文章，教师修改后推送至公众号，将学生的学习心得分享给更多高校师生及社会人士，获得了更大范围的传播。学生作品受到好评的同时加深了他们的学习自信和动力，激发了文学热情，形成动力式的良性循环学习模式。这种课后学习环节一方面可以作为"过程性学习评价的重要组成部分"，

---

① 该平台建于疫情中期，由授课教师带领学生运营，旨在推动针对西班牙及拉美各国国情文化研究，推动中拉、中西外交、经贸、人文、学术等交流活动，在为西语语言文学、外交国关等专业学生、学者提供学习交流平台的同时，以期促进中国和西语国家双边关系的发展。大部分推文来自学生的自学感悟。

另一方面也可转化为“可重用、可再生的学习文化资源和教育改革资源”①，从而促使教育系统进入一个螺旋式上升的“超循环”和“自组织系统”②。

此外，课后还应开展教学检测和教学评价。教师应在学习平台和微信课程群发送每讲的课程评价问卷，分为学生测评和课程的评价两部分。其中，学生测评按照每讲内容设置 2 ~ 3 个问题，检测学生每课的学习效果。例如，在第八讲拉美“文学爆炸”中，教师可以设置问题“拉美文学爆炸四大主将分别是谁？”“‘文学爆炸’时期作品特点有哪些？”“中国哪些作家受到拉美魔幻现实主义文学的影响？”考查学生的知识掌握情况，并为其课堂表现做出打分评价。课程评价则是教师为进一步完善和改进课程向学生发放的意见反馈问卷，可以从课程满意度、学习效果、内容设置、作业任务量、其他建议等方面了解学生的需求和对课程的评价和建议。通过学情反馈，教师应总结分析教学方案，概括、归纳和总结教学活动，督促自身查漏补缺，日臻完善拉美文学课程建设。

五、混合式教学对拉美文学课程建设的应用意义

拉美文学课程的混合式教学打破了传统教学模式的局限，通过对多媒体及互联网先进技术的合理运用，实现了将资源、学习、互动、监控、评价和管理等教学要素有机融合的目的，实现了理想化外国文学课程的教学效果，对拉美文学课程的建设具有重要的应用意义。

（一）激发教师教学热情和学生学习热情

混合式教学不仅翻转了师生角色，还增进了师生互动和学生个性化学

① 李逢庆：《混合式教学的理论基础与教学设计》，《现代教育技术》，2016 年第 9 期，第 23 页。

② 桑新民：《学习主体与学习环境双向建构与整体生成——创造全球化时代的学习文化与教育智慧》，《教育发展研究》，2009 年第 23 期，第 58–65 页。

习，强调了做与学的融合，体现了“为做而学，以学促做，做学相长”①的优势。混合式教学在拉美文学课程上的应用激发了教师的教学热情和学生的学习热情。对教师而言，无须在课堂事无巨细地填鸭式讲解、滔滔不绝地旁征博引和时刻不停地切换知识，单方面讲述不仅会加重备课负担和用嗓疲劳，也会加重学生课堂学习压力，缺乏思考，收效甚微。翻转课堂的课前传授和课上内化的教学形式扭转了传统教学单调乏味的弊端，不仅能使学生课外深入学习，还能高效利用课堂时间交流学习经验。教师看到新模式获得学生喜爱，教学效果更佳，更有动力和热情完善教学计划。对学生而言，混合式教学给予学生更多自主学习和展示自我的机会，增加了学习热情和动力。更最大限度地发挥热爱文学的学生的特长，课上演讲发言，课下撰文施展才华，实践文学梦想。

（二）创设国际教学情境

鉴于外交学院拉美文学课的学生群体来自各个院系及各国留学生，呈现出国际化的课堂氛围。教师应根据学生群体的不同特色，调整教学方式和内容；针对异域书写的文学文本所呈现的复杂社会问题，组织中国学生和外国留学生交流讨论，例如，将诸多拉美作家在外交政治领域均有突出表现的现象与中国学生熟知的中国作家及来自非洲、俄罗斯、哈萨克斯坦等国学生熟悉的本国作家的跨职业现象做对比，不仅增添了互动的趣味性，还让学生了解到除了拉美文化之外的他国文化现象。在探讨拉美文学文本时，各专业、各国学生会以各自独特的视角进行分析，给其他学生耳目一新的分析思路。在课堂作业展示部分，学生以中、西、英三种语言发言，对比拉美文学文本朗诵本国语言作品，充分营造出国际化的课堂氛围，体现出外交学院模拟联合国小型现场特色，不仅给学生提供了更优质的课堂体验，也给教师带来教学改革新启发，为日后打造外交学院国际化拉美文

① 谭永平：《混合式教学模式的基本特征及实施策略》，《中国职业技术教育》，2018年第32期，第7页。

学课程奠定了基础。

（三）强化网络教学实践，促进外国文学教改

拉美文学课堂混合式教学模式既强化了网络教学实践，又促进了外国文学课程的教学改革。网络教学平台的多元选择和优质资源整合是外国文学网络教学开展的基础，也是课程改革的首要前提。从长远来看，教学工作一旦遇到类似疫情等不可抗力因素，大学课程教育便需要具备应对能力。教师必须做好网络与线下教学工作的衔接。因此，教师需要继续完善网络教学工作，探索和总结外国文学线上线下课程教学经验，娴熟地切换两种教学模式，为进一步深化课程改革做好准备。

经过几学期的混合式教学模式应用，拉美文学课避免了传统文学课堂因教师过分单方面讲授而导致学生学习主动性和积极性不高的弊端。通过线上线下教学的融合并行，重构了传统课堂的教学结构，延伸扩展了传统教学的时间和空间。这使得“教”与“学”在不同时间、不同地点发生，实现了学生“人人皆学、处处能学、时时可学”的梦想。同时，混合式教学模式在拉美文学课上的应用还提升了学生的学习认知和课堂参与度，缩小了不同学生学习结果差异过大的问题。它突出了课程的应用性和实践性，让学生真正融入拉美文学课堂，亲身实践体悟，并以演示或撰文的方式思索创造更多有趣而且现实的学习价值，做到学以致用，达到拓宽视野及锻炼综合能力的目的。